Reden eines außergewöhnlichen Unternehmers

Hans Gerling

Reden eines außergewöhnlichen Unternehmers

Herausgegeben von Rolf Gerling

Gerling Akademie Verlag

Die Deutsche Bibliothek – CIP-Einheitsaufnahme

Gerling, Hans:
Reden eines außergewöhnlichen Unternehmers / Hans Gerling. Hrsg.
von Rolf Gerling. – München : Gerling-Akad.-Verl., 1999
ISBN 3-932425-21-9

Gestaltung: Claus Seitz, München
Abbildungen, soweit nicht anders verzeichnet, Gerling-Konzern-Archiv, Köln
Satz: Fotosatz Reinhard Amann, Aichstetten
Druck und Bindung: Clausen & Bosse, Leck
ISBN 3-932425-21-9

www.gerling-academy-press.com

*»Auf einer bestimmten Daseinshöhe ist es gleichgültig, was man tut.
Dann wird alles zur Kunst.«*

Robert Gerling

Inhalt

Rolf Gerling
Geleitwort

Anläßlich der Aufnahme von Hans Gerling in die »Hall of Fame« im Haus der Geschichte der Bundesrepublik Deutschland in Bonn hat Hilmar Kopper eine Rede gehalten, die die Persönlichkeit meines Vaters beschrieben und gewürdigt hat.

Diese Rede ist in bearbeiteter Form als Vorwort dieser Sammlung der Reden von Hans Gerling vorangestellt worden. Ich habe seinerzeit dieser schönen Charakterisierung von Person und Lebenswerk meines Vaters nur hinzugefügt, daß zwei weitere Menschen von großer Bedeutung waren:

Zum einen ist dies Robert Gerling, mein Großvater. Als er 1904 Gerling gründete, tat er das mit 1000 Reichsmark und in Partnerschaft mit der Industrie, die ihm Geld zur Verfügung stellte. Er baute innerhalb von knapp 20 Jahren den Konzern so auf, wie wir ihn heute kennen: mit eigenem Vertrieb, eigener Erstversicherung, eigener Rückversicherung, gegen eine wahrhaft übermächtige Konkurrenz, gegen das rheinische Versicherungsmonopol. Er war außerordentlich mutig, außerordentlich erfolgreich. Aber das, was ihn und vielleicht auch meinen Vater ausgezeichnet hat, drückte Robert Gerling einmal so aus: »Auf einer bestimmten Daseinshöhe ist es gleichgültig, was man tut. Dann wird alles zur Kunst.« So hat mein Großvater auch das Unternehmen verstanden – als Kunstwerk. Und so sah sich mein Vater als Architekt eines Kunstwerks. Für ihn war das Werk wichtig. Und das heißt, ein Unternehmen zu gestalten, mit Freude, in Schönheit. Erfolg war wichtig, aber zweitrangig.

Und da ist noch eine Person, die ich nennen muß, meine Mutter. Irene Gerling war für viele die Seele des Unternehmens und wurde vor allem von den Mitarbeitern sehr geschätzt. Sie war auch für die Vorstände und für alle Führungspersönlichkeiten eine Anlaufstelle, wenn man den Patriarchen, wie Herr Kopper ihn korrekt bezeichnet hat, einmal wieder nicht verstand oder wenn er zu ungeduldig war. Wenn ich insbesondere an die schweren Zeiten der Herstatt-Krise zurückdenke, als wir ja schlicht und ergreifend mit Bombendrohungen und Mordankündigungen zu leben hatten, so war meine Mutter gerade damals eine große Stütze. Sie war nicht aufopfernd, aber hingebungsvoll. Insofern ist sie Teil des Erfolgs von Hans Gerling. Und ich bin froh, daß ich das an dieser Stelle zum Ausdruck bringen kann.

Die hier zusammengestellten Reden meines Vaters wurden hauptsächlich auf den jährlichen Gesamtsitzungen der Aufsichtsräte, der Beiräte, des Verwaltungsrates und der Geschäftsleitung des Gerling-Konzerns gehalten. Die Reden sind zum einen aufschlußreiche Dokumente für die wirtschaftliche Entwicklung Deutschlands nach dem Zweiten Weltkrieg. Zum andern sind sie persönliche Zeugnisse eines Unternehmers, der sich als Partner der Industrie, der Mitarbeiter und der Zukunft verstanden hat. Sie sind zugleich eindrucksvolle Aufrufe zu vernünftiger, weitsichtiger und humaner Wirtschaft, die dem Ganzen verpflichtet ist. In diesem Sinn möchte auch ich das Erbe weiterführen mit Wille zu Leistung und Erfolg, in Achtung vor Mensch und Natur und der Freude am Schönen und Gestalten.

Zürich, im Juni 1999

Hilmar Kopper
Hans Gerling

Ein unabhängiger Unternehmer

Hans Gerling hat sein Leben stets als Berufung verstanden. Es war ihm – so formulierte er es einmal – *eine Lust und Freude, zu gestalten, Neues zu schaffen, kreativ und innovativ zu sein.* Und er hat dieses unternehmerische Bekenntnis auch stets gelebt. Ohne ihn wäre die »Gerling Versicherungs-Gruppe« nicht zu dem geworden, was sie heute ist. Sie hätte sich wahrscheinlich nicht aus den Trümmern des Zweiten Weltkrieges befreien können.

Hans Gerling war Erbe. Er hat von seinem Vater Robert, dem Unternehmensgründer, den Versicherungskonzern übernommen. Er war gerade 20 Jahre alt und Student, als er 1935 in die Geschäftsführung eintrat. Aber Hans Gerling war weit mehr als ein Erbe. Er hat nicht nur die Erbschaft bewahrt, er hat sie als Fundament und Startbasis genutzt, um Neues aufzubauen und das Unternehmen in viele Richtungen zu entwickeln. Er war ein zweiter Gründer. Nach dem Zweiten Weltkrieg hatte er mit einem kleinen Team von zunächst zehn Mitarbeitern und einer Kundenkartei den Wiederaufbau begonnen.

Dabei ging er unkonventionell vor. Er war ein Individualist. Ohne ihn wäre der Konzern vor allem eines nicht: eines der letzten deutschen Unternehmen dieser Größenordnung, das sich mehrheitlich im Besitz einer Familie befindet. Unabhängigkeit – vor allem geistige Unabhängigkeit – ist einer der Schlüsselbegriffe, die Hans Gerling kennzeichnet. Konformität war ihm zuwider. Er kämpfte darum, unabhängig zu sein und es zu bleiben. Unabhängig von Politik und Politikern, denen er nicht viel Vertrauen entgegenbrachte. Unabhängig von Regulierungswahn und Handlungszwängen. Unabhängig vor allem jedoch von Mit-

Laudatio anläßlich der Aufnahme von Hans Gerling 1999 in die »Hall of Fame« im Haus der Geschichte der Bundesrepublik Deutschland in Bonn

gesellschaftern, Maklern und Wettbewerben. Autonomie, Entscheidungsfreiheit und Identität hatten für ihn allerhöchste Priorität. Er sagte einmal: *Es muß uns allen bewußt bleiben, daß die Autonomie des Unternehmens das wichtigste und höchste Gut ist, das wir in unserem gemeinsamen Wirken zu bewahren haben.* Und wir alle wissen ja – ich als Vertreter der Deutschen Bank ganz besonders –, daß es ihm gelungen ist, diese Überzeugung auch an seinen Sohn, Rolf Gerling, weiterzugeben.

Ein visionärer Realist

Oft als Vorreiter, nicht selten zum Entsetzen der Mitbewerber, aber immer zur Freude der Kunden hat Hans Gerling für jeden neuen Versicherungsbedarf auch den passenden Versicherungsschutz entwickelt. Er hatte ein Ohr für Kunden und eine Nase für Märkte. Wenn es um die Interessen seiner Kunden ging, gab es für Hans Gerling keine Tabus, er war jederzeit offen für unternehmerische Experimente, und er forderte von seinen Führungskräften, daß sie so unternehmerisch denken und handeln wie er selbst. Er forderte Mut zum Risiko. So galt »der Gerling«, wie man den Konzern noch immer gern nennt, von jeher als etwas Besonderes im Versicherungsmarkt. *Hecht im Karpfenteich* und *Außenseiter.* Und Hans Gerling war stolz auf diese Außenseiterrolle. Ja, er hat sie genossen.

Hans Gerling hatte ein Marketingkonzept – wie wir heute sagen würden. Es hieß: Partnerschaft mit dem Kunden. Mit dieser geschäftspolitischen Ausrichtung griff er einen Grundgedanken seines Vaters auf, verfeinerte und optimierte ihn: Der Kunde als mitgestaltender Partner, dem nicht nur die Möglichkeit verbleibt, fertige Versicherungen von der Stange zu kaufen, sondern der selbst Ideen und Lösungsansätze in die Produktionsgestaltung einbringt. Hans Gerling war mit seinen Kunden – den Spitzen der deutschen Wirtschaft – ständig in direktem Kontakt und hinterfragte deren spezifische Bedürfnisse.

Für Hans Gerling war der Kunde Dreh- und Angelpunkt aller unternehmerischen Anstrengungen. Er sah sein Unternehmen im wahrsten Sinne des Wortes als Dienst-Leister. *Erfindungsgabe, individuelle Beratung und Serviceleistungen, spezielle Vertragsgestaltung und Vertragstreue, unbürokratische Schadenregulierung und Vermeidung von Prozessen*, so seine Formulierung, waren Maximen, an denen er den Konzern ausrichtete. So bildete er *Vertrauenskapital* – wie er es nannte. Dank dieses Vertrauenskapitals wurden aus seinen Partnern vielfach Freunde. Hans Gerling pflegte und nutzte diese Freundschaften. Er entwickelte ein ausgeklügeltes Beziehungssystem. Er betrieb Networking auf höchstem Niveau und mit distinguiertem Stil. Und wie wir wissen: Dieses Netz hat während und nach dem Herstatt-Zusammenbruch gehalten.

Ein kreativer Gestalter

Hans Gerling war ein global denkender und handelnder Stratege.Eher am Rande sei hier vermerkt, daß »Gerling« der erste deutsche Versicherer war, der nach dem Zweiten Weltkrieg wieder die deutschen Grenzen überschritt. Wichtig erscheint mir in diesem Zusammenhang, daß Hans Gerling immer in langen Zeiträumen dachte, plante und handelte. *Über Versicherungen nachzudenken* – so sagte er einmal – *heißt immer, in erster Linie vorauszudenken, und nicht zuletzt heißt es vorauszusehen, welche Gefahren und Risiken jeder Art ... auf uns zukommen werden.*

Er hat früher als andere erkannt, welche Probleme sich stetig verschärfende Produkt- und Umwelthaftungen nach sich ziehen – für die Unternehmen und damit auch für deren Versicherer. Er wußte, daß zur Rechnung dieser komplexen Risiken Versicherungsschutz allein nicht mehr ausreicht, daß es vielmehr darum geht, Risikopotentiale zu erforschen und Maßnahmen zur Vermeidung oder Verminderung der Gefahren zu entwickeln. So führte er nicht nur ein ganzheitliches »Risk-Management« ein, sondern gründete auch eine eigenständige Consulting-Gesellschaft, zu deren Aufgaben es gehört, umfassende Risikoberatung als Dienstleistung anzubieten. Ganz nach seinem Motto: *Sichern und Versichern,* bot er seinen Kunden mehr als den finanziellen Rückhalt zur Reparatur eventueller Schäden. Er war Berater der Wirtschaft. Seine ebenso einfache wie bestechende Idee war, das umfassende Know-how im Umgang mit Gefahrenpotentialen dem Kunden bereits im Vorfeld nutzbar zu machen, um dadurch Schäden vorzubeugen.

Der kreative Gestalter Hans Gerling war jedoch nicht nur Produktinnovator und Konzernbaumeister, erster Vertriebsmann und Netzwerkplaner. Er war ein Ästhet und wäre gerne Architekt geworden. Er hatte Freude am Schönen – von der Baukunst bis zur Malerei, von der Musik bis zur Gartengestaltung.

Ein sozialer Patriarch

Ja, Hans Gerling war Patriarch. Ein Herr im alten, heute fast in Vergessenheit geratenen Sinne: groß, schlank, distinguiert, respektgebietend, nicht selten streng, ein Herr, der nie einen Zweifel darüber aufkommen ließ, wer letztlich das Sagen hat. Gleichzeitig war er sozial. Er lehnte die Mitbestimmung ab, weil er gegen die Einflußnahme von außen ohne korrespondierende Verantwortung nach innen war. Aber er räumte seinen Führungskräften unternehmerische Freiheiten und den Sozialpartnern Mitspracherechte ein, die weit über die gesetzlichen Vorgaben hinausgingen. Das war kein Widerspruch, sondern die Logik des »sozialen Kapitalisten«. Er wandte sich häufig gegen überzogene Sozialansprüche von außen, gleichzeitig gewährte er Leistungen auf freiwilliger Basis, die weit über die Regelungen des Gesetzgebers hinausgingen. Er beklagte zu hohe Lohn- und Gehaltsforderungen der Gewerkschaften – selbst aber zahlte er übertariflich und überdurchschnittlich.

Mitarbeiter waren für ihn kein Kostenfaktor, sondern stets ein Leistungsfaktor und eine Investition, die sich nicht nur finanziell rechnet. Noch heute genießt er bei Mitarbeitern einen geradezu legendären Ruf. Dies, obwohl ihn nur wenige Mitarbeiter persönlich kannten. Aber alle wußten, an der Spitze des Unternehmens steht der kreative Versicherungsfachmann schlechthin, der sie teilhaben läßt am Erfolg des Unternehmens – ideell wie materiell.

Ein unbeugsamer Kämpfer

Das Vertrauenskapital, das er bei seinen Kunden und Mitarbeitern besaß, half Hans Gerling auch über die bittersten Monate seines Unternehmerlebens: die Herstatt-Krise 1974. Um den Konkurs der Bank, den er nicht zu verantworten hatte, abzuwehren, verkaufte er die Mehrheit seiner Anteile und gab den Vorstandsvorsitz ab. Er reagierte und agierte nach dem ethischen Prinzip: Eigentum verpflichtet.

Die Herstatt-Krise war ein Testfall, der nicht nur zeigte, welches Format Hans Gerling besaß – der Fall demonstrierte auch, welches Ansehen er in der deutschen Industrie genoß. Seine Kunden verhinderten damals, daß die Mehrheit von »Gerling« in ausländische Hände gelangte und der Konzern substantiell Schaden nahm. Und die Betriebsräte praktizierten gemeinsam mit der Mitarbeiterschaft gegenüber den neuen Anteilseignern kreativen Ungehorsam und minimierten deren tatsächlichen Einfluß.

Am Ende gelang es Hans Gerling dank seiner unglaublichen Hartnäckigkeit und durch eine strategische und taktische Meisterleistung, seinen Konzern wieder zu 100 Prozent zurückzugewinnen – ich sollte sagen: zurückzuerobern. Im nachhinein gesehen, sein wohl größter Kampf, sein wohl größter persönlicher Erfolg, sein wohl größter unternehmerischer Sieg. *Der Mann, der nie aufgibt* – so titelte damals voller Respekt das ihm ansonsten eher kritisch gesonnene »Manager Magazin«. Hans Gerling war wieder Herr im eigenen Haus.

Hans Gerling war ein harter und fordernder Verhandlungspartner. Halbwissen, Rumrederei, Bürokratismus, Unvorbereitetsein waren ihm ein Greuel. Da konnte er schroff, abweisend, unduldsam und bisweilen auch verletzend sein. Gerade gegenüber seinen höchsten Führungskräften.

Ich habe ihn als eher reserviert, zurückhaltend, vorsichtig – ja fast scheu – kennengelernt und erlebt. Als jemanden, der sich sensitiv vorantastet. Seine Welt war nicht die gesellschaftliche Bühne. Selten sah man ihn in der Öffentlichkeit. Er war ein abwägender Unternehmer, der wohl nie spontan oder assoziativ Entscheidungen getroffen hat, sondern jedes Für und Wider sorgsam und rational abwog, dann aber intuitiv seine Entscheidung traf. Dabei halfen ihm sein scharfer Intellekt, seine Inspiration, sein Risikobewußtsein, seine disziplinierte Gedankenführung und nicht zuletzt seine unbestritten hohe Fachkompetenz. Hermann-Josef Abs sah in ihm den Fachmann für das Versicherungswesen schlechthin. *Alles* – so sagte Abs – *was dazu gehört, das kennt er, das beherrscht er, und er hat den Mut, unternehmerische Entscheidungen zu treffen.*

Hans Gerling war ein unabhängiger Unternehmer, ein visionärer Realist, ein kreativer Gestalter, ein sozialer Patriarch und ein unbeugsamer Kämpfer. Hans Gerling hat ein wichtiges Kapitel deutscher Wirtschaftsgeschichte geschrieben. Er war eine ganz außergewöhnliche Unternehmerpersönlichkeit seiner und unserer Zeit.

Reden

Die Gerling-Gemeinschaft

Wir sind heute glückliche Menschen. Wir feiern zu glücklicher Stunde einen glücklichen Tag. Wir überschauen fünf Jahrzehnte der Vergangenheit unseres Unternehmens, wir sehen fünf Jahrzehnte Zukunft voraus. Wir glauben an den Bestand dessen, was wir schaffen, und zweifeln nicht, daß im Jahre 2000 und im Jahre 2004 wieder Gerling-Leute zusammensein werden, um dann *unserer* zu gedenken und *ihre* Hoffnungen für die Zukunft zum Ausdruck zu bringen. Dann wird es heißen: »Ein Jahrhundert Gerling«; heute sagen wir: »Ein halbes Jahrhundert«.

Wer von uns hätte vorausgesagt, daß wir uns im zehnten Jahr nach dem größten politischen, wirtschaftlichen und sozialen Zusammenbruch der deutschen Geschichte wieder zu einer solch zufriedenen und abgerundeten Gemeinschaft zusammenfinden würden? Aber wir *haben* uns zusammengefunden, denn wir haben nach dieser neuen Gemeinschaft gesucht und haben mit einer Geschwindigkeit, einer Heftigkeit und einem Schwung, wie er nur den Gerling-Leuten eigen ist, eine neue Gerling-Gemeinschaft im alten Gerling-Geist gegründet.

So sind wir denn heute hier versammelt, mitten im rheinischen Frühling, an einem sonnigen Tage, von Blumen umgeben, in einem luftigen Zelt – Sinnbild unserer steten Wanderschaft in die Zukunft, Gleichnis unserer Bereitschaft, stets zu neuen Taten aufzubrechen, nie müde zu werden und nie auf Lorbeeren auszuruhen. Wir wollen weiter vorwärts streben, nicht mit tierischem Ernst, nicht in verbissener Hartnäckigkeit, nein, wir wollen unsere Fähigkeiten *spielen* lassen, wir möchten es auf *leichte*, rheinische Art tun, wir möchten auch weiterhin einfach und großzügig bleiben, wie es der Gründer unseres Unternehmens war, wir möchten in Frieden arbeiten und in Ruhe gelassen werden. Das aber, die Ruhe und der Frieden, war unserem Unternehmen in seiner nunmehr fünfzigjährigen Vergangenheit fast nie – höchstens auf kurze Frist – beschert.

Rede anläßlich des Betriebsfestes am 30. April 1954 in Köln

Die Sonne, die uns heute so freundlich scheint und die wir in vollen Zügen genießen wollen, war häufig durch düstere Wolken verdeckt. Stürme, ja Orkane, mit Blitz, Donner und Hagelschlag brausten über das Gerling-Schiff hinweg. Daß es den Stürmen trotzte, können wir heute nach glücklicher Landung mit Beruhigung und Genugtuung feststellen. Wir müssen freilich wissen, woran es lag, daß selbst die größten Brecher überwunden wurden und wir nicht am Felsenriff strandeten. Das Schicksal eines Schiffes und einer Flotte hängt stets von dem Kapitän oder dem Admiral ab, der sie befehligt. Bei Gerling war dies noch ausgesprochener der Fall als normalerweise. Der Konzerngründer Robert Gerling hat Schiff und Flotte nicht nur befehligt, er hat sie vor allen Dingen selbst gebaut. Das dürfen wir nie vergessen. Was es bedeutet, kann in dieser Stunde nur angedeutet werden; ausführlich finden wir Leben und Wirken Robert Gerlings in seiner Biographie beschrieben, die soeben erschienen ist. Dort mögen Sie nachlesen und sich wundern, welch eine spannende Geschichte unser Unternehmen hinter sich hat. Sie werden danach auch die Bedeutung des Konzerngründers und seines Werkes ermessen können: die Eigenart seines höchst persönlichen Unternehmens, die Eigenwilligkeit seines Vorgehens, die Unerschöpflichkeit seiner Erfindungsgabe und die Unwiderstehlichkeit seiner Überzeugungskraft.

»Versicherung ist Vertrauenssache«, sagte er. Das bedeutete nicht, daß es eine *Sache* des Vertrauens war, um die es sich handelte: es handelte sich um eine *Persönlichkeit* des Vertrauens. Gerling, der Gründer, erwarb das Vertrauen der Industrie und all der vielen Versicherten, die im Gerling-Konzern das Unternehmen ihrer eigenen Interessen fanden.

Dies Unternehmen in seiner besonderen Bedeutung als Versicherer der deutschen Industrie galt es im Jahre 1945 aus den Trümmern eines verlorenen Krieges zu retten. Die meisten von Ihnen haben diese Zeit im Gerling-Konzern selbst miterlebt. Ich erspare mir daher weitere Schilderungen. Auf das Erreichte jedenfalls dürfen wir alle stolz sein; es ist hart und schwer errungen worden. Der Erfolg überstieg alle Erwartungen; die Gerling-Gemeinschaft, die heute hier versammelt ist, darf diesen Erfolg mit tiefer Befriedigung verzeichnen. Können wir doch den heutigen Tag als Feiertag begehen in dem Bewußtsein, daß unser Unternehmen gesund und gesichert ist, nicht nur zur Beruhigung unserer selbst, noch mehr zur Beruhigung unserer Versicherten, die der Gerling-Gemeinschaft so viel Vertrauen schenken. Unseren Versicherten und ihrem Vertrauen verdanken wir letzten Endes alles, was wir haben.

Wir können also einer freudigen Anteilnahme der Öffentlichkeit an unserem Jubiläum gewiß sein, und wir dürfen um so eher mit ruhigem Gewissen die letzten Folgen des wirtschaftlichen Zusammenbruchs nach dem Kriege und der späteren Währungsreform beseitigen, die unsere Gemeinschaft noch bedrückt haben.

Ist damit die Sicherheit und die Wohlfahrt unserer Gerling-Gemeinschaft auf lange Sicht untermauert, so muß auf der anderen Seite unsere Gemeinschaftsarbeit das Ziel des Unternehmens gewährleisten, nämlich: der beste deutsche Privatversicherer zu sein.

Das ist ein Ziel, welches uns verpflichtet, alle unsere Kraft in den Dienst der Sache zu stellen. Zu unserer Verpflichtung als Versicherer gehört es, daß wir bei unserem Tun niemals die Wohlfahrt unseres Gewerbes aus den Augen lassen, unser Handeln muß mit der Wohlfahrt unseres ganzen Volkes in Einklang stehen.

Wir als Versicherer sind zu Hütern des Friedens unter den Menschen bestimmt, denn der Frieden ist die Voraussetzung unserer Arbeit. Mit unseren Beziehungen zu anderen Völkern und Ländern werden wir das Unternehmen in der weiten Welt verankern und mit dazu beitragen, die Freundschaft unter den Menschen aller Nationen und aller Rassen zu stärken. Nur so kann es uns gelingen, die großen Aufgaben und die großen Gefahren dieses Jahrhunderts zu bannen, so wie es unsere Aufgabe als Versicherer ist, überall und jederzeit Angst und Not zu lindern und den Gefahren von Leben und Tod vorzubeugen.

Wir wollen mit dieser Aufgabe wachsen und weiter aufsteigen. Wir glauben, daß dieses Jahrhundert der Ängste, Nöte und Gefahren die Sicherheit durch Versicherung dringender braucht als je ein Jahrhundert zuvor. Wir wollen in vollem Bewußtsein aus diesem Jahrhundert ein Jahrhundert der Versicherung und der Sicherheit machen.

Der Konzern 1954

Heute vor fünfzig Jahren trat die erste Gerling-Gründung ins Leben, genauer gesagt: sie wurde im Kölner Handelsregister eingetragen und durfte damit ihre Tätigkeit als Vermittlungs-Gesellschaft für Versicherungen aufnehmen. Die Gründung selbst war zwei Monate vorher, am 11. März 1904, unter dem anspruchsvollen Namen

CENTRALE FÜR VERSICHERUNGSWESEN

GESELLSCHAFT MIT BESCHRÄNKTER HAFTUNG

erfolgt. Es hatte sich aber Protest erhoben, und zwar von seiten des Registerrichters: das Wort »Centrale« gehe zu weit, Firmenwahrheit und Firmenklarheit seien erforderlich.

Der erste Schritt des jungen Robert Gerling – der damals 26 Jahre alt war –, ein Schritt, noch nicht einmal zur Hälfte ausgeführt, erregte schon Widerspruch. Gerling wich aus und nannte sein Unternehmen – klarer zwar und wahrer, aber immer noch weittragend, viel weittragender, als er selbst und der Registerrichter damals ahnen konnten – »Bureau für Versicherungswesen Robert Gerling & Co.m.b.H.«. Da stand nun also der Name Gerling in der Firma. Ob der Gründer es wollte oder nicht, sofort identifizierte man seine Person mit der Sache; dabei besaß er von »seiner« Gesellschaft nur den allergeringsten Anteil: ganze tausend Goldmark, während das Kapital sich auf 20 000 Goldmark belief. Damals war Robert Gerling ein unbekannter Mann, ebenso wie zu jener Zeit Otto Wolff, der im gleichen Jahre gründete. Der Name Gerling aber war – dank des richterlichen Protestes – nun an das Licht der Öffentlichkeit getreten und sollte nicht wieder daraus verschwinden.

Im Laufe von fünf Jahrzehnten verwandelte sich allerdings das schwache Kerzenlicht des beginnenden 20. Jahrhunderts in das scharfe und grelle Scheinwerferlicht, mit dem unser Gerling-Hochhaus im Jahre 1954 zum Jubiläum angestrahlt wird. Genauso scharf durchleuchtet heute die Öffentlichkeit das Wirtschaftsgebäude, das inzwischen unter der Bezeichnung

Rede anläßlich des 50jährigen Geschäftsjubiläums am 4. Mai 1954 in Köln in fünfzigjähriger stürmischer Entwicklung zu einem bedeutenden Faktor des deutschen Wirtschaftslebens wurde. Dieses dramatische Kapitel deutscher Versicherungsgeschichte schildert die Biographie Robert Gerlings von Wolf v. Niebelschütz; das Werk wird Ihnen nachher überreicht werden zugleich mit einem Rechenschaftsbericht der Konzernleitung über die Entwicklung des Unternehmens seit der Währungsreform. Wir haben das Biographische und das Sachliche dadurch miteinander vereint. Ganz bewußt gaben wir keine Festschrift heraus. Wir wollten das Lebendige und das Bleibende, das Wesentliche und das Aktuelle festhalten, das jeder lesen und in sich aufnehmen wird, weil es Bedeutung für die Beurteilung der Gegenwart und für die Einschätzung der Zukunft hat.

Nicht nur das Gerling-Hochhaus soll zum Jubiläum angestrahlt werden, sondern ebenso das geistige und wirtschaftliche Werk, der Gerling-Konzern, den einst der Gründer schuf und den wir nach dem Kriege noch einmal schufen, umwandelten und neu formten. Die Nachkriegsarbeit der zweiten Generation steht heute im Blickpunkt des Interesses. Zwar stellt das Zahlenwerk nur das Gerippe des lebendigen Körpers Gerling-Konzern dar, läßt aber Größe und Struktur des Körpers, Aufbau und Haltung der Gestalt, die Formung des Hauptes und der Glieder klar erkennen.

Was die Röntgenaufnahme für den Arzt ist, das ist für den Unternehmer die Bilanz. Bilanzen haben wir keine vorzuweisen, jedenfalls keine DM-Bilanzen. Wir können nicht einmal sagen, wie hoch unser DM-Aktienkapital ist. Man hat uns durch die Währungsreform und die darauf folgenden behördlichen Anordnungen die Röntgen-Apparatur der jährlichen Bilanzierungen genommen. Man hat uns mit der Währungsreform praktisch in das Dunkel behördlicher Anordnungen gestürzt, die auf Jahre und vielleicht Jahrzehnte die Erzielung einer präzisen Zahlenaufnahme unmöglich machen. Wir müssen uns daher helfen.

Unsere Selbsthilfe für die Berichterstattung an die gesetzlichen Organe unserer Gesellschaften besteht zunächst in der Vorlage des Zahlenberichtes über die Geschäftsentwicklung nach der Währungsreform, eine Darstellung, die aus den eben erwähnten Gründen zwar nicht ganz vollständig und daher vorläufig ist, aber dennoch ein gutes Bild von dem Wiederaufstieg und der Gesundung der Gerling-Unternehmungen innerhalb der letzten sechs Jahre gibt.

Unsere Selbsthilfe besteht ferner darin, daß wir neue Unternehmungen gründen, Unternehmungen, die von den Belastungen der

Währungsreform frei sind. Dies gilt insbesondere für das Gebiet der Rückversicherung, das wegen seiner internationalen Verflechtung auf die Vorlage von Bilanzen zum Nachweis ausreichender Kapitalien und Reserven noch mehr angewiesen ist als die Erstversicherung in Deutschland. Es ist leicht zu verstehen, daß die Konkurrenzfähigkeit der deutschen Versicherungsgesellschaften auf dem Weltmarkt durch das Fehlen der jährlichen Geschäftsberichte für einen Zeitraum von nunmehr sechs Jahren entscheidend beeinträchtigt wird. Es ist ebenso einfach zu verstehen, daß wir diesen Zustand nicht untätig hinnehmen wollen. Im vorigen Jahr haben wir im Hinblick auf diese Situation bereits die Gerling-Konzern Versicherungs-Zentrale A. G. gegründet, und zwar als Rückversicherer und Verwalter des Konzerngeschäftes; damit zugleich wurde die Kapitalbasis und die Rückversicherungskapazität des Konzerns erweitert. In der gleichen Linie liegen zwei Neugründungen, über die Sie in nächster Zeit Genaueres erfahren werden. Wir gewinnen auf diese Weise die Möglichkeit, mit unseren Gesellschaften in allen Ländern der Welt ebenbürtig zu konkurrieren. Der Gerling-Konzern begibt sich hiermit auf ein Gebiet, das er bisher nur in bescheidenem Maße erobert hat.

Zwei Weltkriege waren der Grund dafür, daß es nicht sinnvoll schien, Versicherungskapital im Ausland zu investieren oder zu erwerben. Das ist jetzt grundlegend anders geworden – womit nicht gesagt sein soll, daß wir die Gefahr kriegerischer Auseinandersetzungen als gebannt ansehen. Aber kein sinnvoller und aufbauender unternehmerischer Plan läßt sich entwickeln, wenn man sich aus Angst und Furcht vor politischen Katastrophen von jedem Wagnis fernhält. Der Gründer des Konzerns war ein wagemutiger Mann. Wir wollen ihm nicht nachstehen und das ausführen, woran er durch den ersten Weltkrieg und die spätere Isolierung Deutschlands gehindert war.

Wenn ich heute zu Ihnen von Zukunftsplänen spreche, so hat das seine Begründung darin, daß es für uns keine abgeschlossene Vergangenheit gibt, auf die wir verweilend zurückschauen wollen. Wir sehen es vielmehr als unsere Aufgabe an, auf dem Vergangenen als Fundament ein neues, ein größeres und schöneres Konzerngebäude zu errichten. Wir stehen wie schon so oft an einem Wendepunkt der Konzerngeschichte.

Nicht nur die Größenordnung, nein, auch die innere Struktur unserer Gesellschaften und des Versicherungsgeschäftes hat sich im Laufe der Jahre und der Jahrzehnte ständig verändert. Ich will Ihnen hier keinen Abriß der Konzerngeschichte geben, nur einige Stichworte für jedes fünfte Jahr der Entwicklung:

1904 Aufnahme der Vermittlungstätigkeit –
1909 Gründung der ersten eigenen Versicherungsgesellschaft –
1914 Vorbereitung der eigenen Rückversicherung im In- und Ausland –
1919 Ausbreitung der Geschäftsstellen und Provinzgesellschaften Robert Gerling & Co. in ganz Deutschland –
1924 Vollendung des Gerling-Konzerns als Sach-, Lebens- und Rückversicherer.
1929 war der Gerling-Konzern bereits der zweitgrößte deutsche Privatversicherer, vornehmlich als Versicherer der deutschen Industrie –
1934 mußte der Konzern den veränderten politischen Verhältnissen angepaßt werden; kurz darauf starb im Januar 1935 der Konzerngründer –
1939 brach der Zweite Weltkrieg aus und brachte dem Unternehmen zusätzliche innere und äußere Spannungen –
1944 erfolgte die Verlagerung der Zentrale von Köln nach Berlin, kurz vor dem Zusammenbruch des Reiches –
1949 war der Gerling-Konzern an alter Stätte wiedererstanden und hatte mit der Einführung der deutschen Mark seine Stabilität zurückgewonnen –
1954 bewegen uns abermals Pläne zur Ausbreitung des Unternehmens in das Ausland – wie 1914 den Gründer.

So zeigt schon ein Schnitt von jeweils fünf Jahren, in welch schneller Folge sich das Unternehmen mit den Ereignissen wandeln mußte. Anpassungsfähigkeit, Solidität und Schwungkraft wurden hierbei zur Tradition des Hauses.

In der Größenordnung und im Wachstum des Unternehmens seit 1928 zeigen sich sprunghafte Fortschritte. Das Prämienvolumen aller Konzerngesellschaften zusammengenommen erreichte

1928 85 Millionen RM –
1938 130 Millionen RM –
1948 sank es auf 91 Millionen und verdoppelte sich innerhalb der kurzen Frist von weiteren fünf Jahren
1953 auf 180 Millionen DM.

Seit 1948 also, dem Jahre, in dem der Vortragende die Konzernleitung übernahm, stieg das Prämienaufkommen Jahr um Jahr.

1949 um 18 Millionen,
1950 um 18 Millionen,
1951 um 30 Millionen,
1952 um 22 Millionen,
1953 um 27 Millionen.
1954 dürften es mindestens 20 Millionen mehr sein.

Die Grundlage dieser überraschenden Entwicklung war eine planvolle Organisation, deren Schwerpunkt in dieser Zeit auf der Feuer-, der Transport- und der Lebensversicherung lag. Der Anteil des Gerling-Konzerns am gesamten deutschen Versicherungsgeschäft wuchs ständig. Unser Versicherungsgeschäft im einzelnen ist trotz des rapiden Aufstiegs solide und ausgeglichen geblieben. Die durchschnittliche Schadenquote aller Sparten bewegt sich auf Friedensniveau. Die Unkostenquote dürfte zwar gegenüber der Vorkriegszeit leicht gestiegen sein, dies aber ist bedingt durch die Arbeitsintensität des Betriebes.

Die Einzelheiten der Geschäftsentwicklung finden Sie in unserem Selbsthilfebericht, ebenso die Zahlen über unsere Vermögenslage. Diese Zahlen sind in ihrem Wachstum ein getreues Abbild der Reservebildung in versicherungstechnischer Hinsicht. Freie Reserven können sich bei der gegenwärtigen Steuerbelastung kaum bilden. Das Konzernvermögen wuchs von 157 Millionen im Jahre 1948 auf 385 Millionen im Jahre 1953. Der weitaus größte Teil des Zuwachses wurde der Wirtschaft in der Form langfristiger Kredite zur Verfügung gestellt. Die Lebensversicherung nahm wieder einen großen Aufschwung, Vertrauen und Sparwillen kehrten zurück. Das beantragte Neugeschäft war im Jahre 1953 höher als jemals zuvor in der Konzerngeschichte, höher sogar als in den guten Jahren 1928 und 1938, obwohl man damals noch im ganzen Reichsgebiet arbeitete; heute resultieren unsere Ergebnisse aus dem Bundesgebiet. Als neue Versicherungsformen wurden die Lebensversicherung nach Maß, die Erbschaftssteuer-Versicherung, die Lastenausgleichs-Versicherung und andere Spezialzweige eingeführt. Unsere Auslandsreise-Versicherung ist ebenfalls ein Spezialzweig, der sich kräftig ausdehnte.

Der Organisationsapparat des Konzerns in Westdeutschland wurde Jahr um Jahr verdichtet; die Werbung, der Kundendienst und Public relations wurden intensiv gepflegt. Der Gerling-Informationsdienst für Geschäftsfreunde fand überall rege Anteilnahme. Die Schriftenreihe über die Manager-Krankheit, die vom Gerling-Konzern über das Deutsche Gesundheitsmuseum kostenlos verbreitet wurde, erregte starken

Widerhall. Nicht zuletzt ist auch für unsere Mitarbeiter und Betriebsangehörigen Entscheidendes getan worden. Die Arbeitsplätze wurden mit den Neubauten verbessert, die Altersversorgung ausgebaut und wieder auf den Stand vor der Währungsreform gebracht, die Gehälter weit über das normale Niveau hinaus gesteigert; Entspannung, Sport, Orchester, Beihilfen, Unterstützungen, ärztliche Betreuung und eine Küche, die in Köln allein etwa 1300 Betriebsangehörige verpflegt, ergänzen unser Betriebsbild, das dem Friedensstand im Jahre 1938 in nichts nachstehen dürfte.

Verzeihen Sie, wenn ich mit Ausführlichkeit auf nüchterne Dinge eingegangen bin. Nur zu leicht neigen wir dazu, das alles als selbstverständlich hinzunehmen, während es in Wirklichkeit das Ergebnis eines wahren Wunders an Leistungskraft war und ist. Nur mit der Anspannung aller Kräfte konnte das Außergewöhnliche erreicht werden. Aber es bedurfte für den Aufbau auch eines starken Fundamentes, das wir seit 1945 ganz bewußt wieder im Sinne des bewährten Gerling-Systems festigten. Sicherheit und Kraft fanden wir hierbei in dem, was uns der Gründer als klare Erkenntnis hinterlassen hatte: stets den Blick aufs Ganze zu richten, also auf den Konzern und nicht nur auf eines seiner Glieder, auf die wirtschaftliche Einheit des Unternehmens und nicht auf den Vorteil eines einzelnen; endlich auf die Bewahrung der einheitlichen Leitung in Vorstand und Aufsichtsrat des großen Komplexes. Zugleich hatte der große Gründer den Nachkommenden die Verpflichtung auferlegt, gegen jeden ohne Zaudern vorzugehen, der die Einheit des Konzerns stören oder gar zerstören wolle, und gegen jeden, der es wagen würde, das Unternehmen zu seinem eigenen Vorteil auszubeuten oder zu mißbrauchen. Dies Vermächtnis ist das einzige, was der Gründer als letzten Willen zum Ausdruck brachte; er hätte jeden enterbt und entrechtet, der gewagt hätte, gegen das eherne Gesetz des Konzerns, also gegen das Werk seiner ureigensten Art, zu verstoßen. Wer es nun wider besseres Wissen dennoch tut, der stellt sich außerhalb dieses Konzerns.

Es ist hier nicht der Ort, zu richten oder zu urteilen, es ist aber der Ort und die Zeit, ein Gelöbnis abzulegen: wir werden stets den Willen des Gründers ehren, stets für die Einheit von Unternehmertum und Konzernleitung eintreten. Wir werden den Konzern niemals in die Hände Unberufener gelangen lassen und stets die Freiheit unseres Handelns verteidigen. Wir werden auch weiterhin unser Äußerstes tun, dem Konzern und seinen Versicherten mit allen unseren Kräften zu dienen, die Interessen unserer Kunden im freien Wettbewerb zu wahren, die deutsche Industrie mit allen uns zur Verfügung stehenden Mitteln zu unterstützen und für die Wohlfahrt der deutschen Volkswirtschaft den größtmöglichen Beitrag zu leisten. Wir sehen noch große Aufgaben vor uns, Aufgaben, die wir nur mit Einigkeit, Schlagkraft und Leidenschaft meistern können.

Ja, mit Leidenschaft. Ich wiederhole das Zitat aus Jacob Burckhardt, das der Biographie Robert Gerlings des Gründers voransteht: »Was kräftig gedeihen soll auf Erden, muß dunklen Mächten seinen Zoll bezahlen. Weil man durch Leidenschaft vorwärts getrieben wird, ist man seiner Beschlüsse nicht ganz mächtig, aber man erreicht bisweilen das Unglaubliche.«

Die Freiheit des wirtschaftlichen Lebens und des Wettbewerbs zu fördern, die Freiheit der Persönlichkeit zu erlangen, die natürliche Würde des Menschlichen zu achten, den Frieden unter den Menschen zu ersinnen, alles das zu würdigen, was die Existenz, die Seele und das Wesen des Menschen ausmacht und was die Völker zu einer größeren und weiteren Menschheit erhebt, alles das schien noch vor wenigen Jahren unglaublich. Und doch ward es Ereignis. Hat nicht der Gedanke der Versicherung doch etwas mit dem Glück der Menschheit, also auch mit ihrer Sicherheit, ihrer Freiheit, ihrer Wohlfahrt und ihrem Frieden nach innen und außen zu tun? Dann hätten wir ein großes, ja, ein gewaltiges Ziel vor uns, das außer den menschlichen Grenzen keine Grenzen kennt. Wir glauben an die weltweite Bedeutung der Versicherung mit ihrer internationalen Verflechtung, wir glauben an ihre historische Bedeutung in diesem Jahrhundert, das man mit Recht als das Jahrhunderts der Versicherung bezeichnen könnte.

Die Durchleuchtung des Unternehmens hat uns zur Beleuchtung unseres Standortes in dieser Welt gedient. Wir wissen, wo wir stehen und wohin wir wollen. Das ist bereits mehr, als die Mehrzahl der Menschheit gemeinhin weiß, und wenn wir zudem noch ans Ziel kommen oder gar an das Ziel gekommen *sind*, so dürfen wir diesen Augenblick wohl genießen, indem wir das Erreichte festhalten. Wir dürfen Rückschau wie Vorschau in einem einzigen Lichtbogen der Gedanken und des Gedenkens zusammenfassen, emporgeführt auf einen Höhepunkt der geschichtlichen Entwicklung, der Vollendung und Beginn zugleich bedeutet.

Das Jahrhundert der Versicherung

Ich freue mich, daß Sie zur Feier unseres Goldenen Geschäftsjubiläums in unser Haus gekommen sind, und begrüße Sie herzlichst. Als besondere Ehre betrachten wir es, daß Se. Exzellenz der Hohe Kommissar des Vereinigten Königreiches, Herr Botschafter Sir Frederick Hoyer Millar, unserer Einladung gefolgt ist und den Festtag mit uns begeht.

Zu unserem großen Bedauern kann heute der Herr Bundeskanzler nicht unter uns weilen. Ich darf aber ein Telegramm von ihm verlesen: »Zum 50jährigen Geschäftsjubiläum der Gerling-Konzern-Gesellschaft spreche ich Ihnen und allen Betriebsangehörigen meine herzlichsten Glückwünsche aus. Ich verbinde damit den Wunsch, daß die Gerling-Konzern-Gesellschaften wie in den vergangenen 50 Jahren auch weiterhin ihre wertvolle Mitarbeit im Rahmen der deutschen Wirtschaft zur Verfügung stellen mögen. Adenauer, Bundeskanzler.«

Wenn hier von der wertvollen Mitarbeit im Rahmen der deutschen Wirtschaft gesprochen wird, so kommt es entscheidend auf Blickrichtung und Zielsetzung an. »Der Blick muß auf das Ganze gerichtet sein«, sagte schon Robert Gerling, der im Alter von 26 Jahren sein erstes Unternehmen gründete, ein »Bureau für Versicherungswesen mit beschränkter Haftung«. Er begründete damals mehr als die Anfänge eines Konzerns, den er vorerst ja nicht einmal in Umrissen ahnen konnte, er begründete mehr als lediglich einen neuen Versicherungsgedanken – Beratung, Vermittlung, Versicherung und Rückversicherung in ein Ganzes zusammenschließend –, er begründete weit mehr als nur den Ruhm seines Namens, mehr als ein großes Vermögen. Was er wirklich durch sich und andere, die er begeisterte oder herausforderte, schuf, das erkennen wir erst heute in Umrissen, aber es beginnt sich klarer abzuzeichnen aus einem chaotischen Nebel, den der junge Gründer frühzeitig zerteilte: was er sah und tat, gab den Auftakt zu einem *Jahrhundert der Versicherung*. Vielleicht ahnte er es oder ersehnte es, vielleicht

Rede anläßlich des 50jährigen Geschäftsjubiläums am 6. Mai 1954 in Köln trieb ihn eine unbekannte Macht, neue Formen der Gesellschaft mit neuen Formen der Gemeinschaft einzuleiten. Sein Blick umfaßte den Raum ebenso wie die Zeit; denn der Wunschtraum des Gründers war ein *weltweites* Jahrhundert der Versicherung, eine ganze, ungeteilte Welt in Sicherheit vor den Gefahren von Leben und Tod, die er wie andere bannen wollte, zum Besten der Menschen und ihrer Werte, zum Segen der Menschheit und ihrer Völker.

Solche weittragenden Ideen haben etwas Jugendliches, Frisches und Unbekümmertes, etwas Idealistisches, Menschheitsbeglückendes und zugleich Messianisches. Man kann sie dem jungen Gründer wohl zusprechen, der, von großem Tatendrang befeuert, sich als Neuerer und als Revolutionär in einer vermodernden Welt des ausgehenden neunzehnten Jahrhunderts empfand. Die Verwirklichung seiner Ideen begann in dem ersten Jahrzehnt des zwanzigsten Jahrhunderts – nicht allein durch ihn. Fast zu gleicher Zeit entstanden die Versicherungsschutzverbände und die Reform-Versicherungsgesellschaften, entstanden Gesetze, welche die Versicherungsverträge erstmalig regelten, entstand ein Aufsichtsamt des Reiches für das Versicherungswesen. Das Aufsichtsamt wie die Schutzverbände, das Versicherungs-Vertragsgesetz wie die Gerling-Gründungen – alle hatten sie eine gemeinsame Aufgabe: den Versicherten und seine Interessen vor übermächtigen Gruppen zu schützen, also die Stellung des Käufers am Versicherungsmarkt zu stärken und den Mißbrauch der Versicherung für fremde Zwecke zu verhüten, nicht zuletzt auch den Versicherungsgedanken vor der Entartung in ein Lotteriespiel oder vor der Ausnutzung als reine Spekulation zu bewahren.

Gerling hatte sich dieser Aufgabe verschrieben: Er stellte sich *vor* die Versicherten mit seinen ersten Vermittlungsgesellschaften ebensowohl wie mit seinem Rheinischen Versicherten-Verband, der eine Beratungs-Gesellschaft war, mit seinen späteren Versicherungs-Gesellschafts-Gründungen in der Feuer-Versicherung und in der Rückversicherung, mit seiner Interessengemeinschaft, welche die solidarische Haftung aller Konzern-Gesellschaften verkörperte, mit seinen Währungsgarantien, die in den zwanziger Jahren dem inflationistischen Vermögensschwund entgegenwirkten und manchen Versicherten vor dem Verlust seines Vermögens bewahrten. Stets war für ihn der Kunde König, die Versicherung Vertrauenssache, der Schaden ein Anlaß zu schneller wirksamer Hilfe, der Tod Verpflichtung zur sicheren Versorgung der Überlebenden.

Zwei Weltkriege haben die Aufgabe nicht leichter gemacht. Die

Wüsteneien in unseren Städten, die seelische Leere in uns und unseren Mitmenschen, der kalte Krieg zwischen den Völkern und die von radioaktiven Partikeln mit ständig wachsender Spannung geladene Atmosphäre unseres Planeten erzeugen Angst: Furcht vor dem Tode in unerlöster Qual, Furcht vor dem Leben in unerträglicher Armut, Furcht vor der Verdammnis in lebenslänglicher Unfreiheit, Furcht vor dem Tierischen im Menschen, der in die Barbarei zurückfiel. Will man aus diesem bösen Hexenzirkel der Furcht herausfinden, so gehören Freiheit und Kultur, Wohlfahrt und Sicherheit der inneren wie der äußeren Werte als Mittel der Selbstbehauptung unabdingbar zusammen. Mit Aberglauben und Astrologie ist es ebensowenig getan wie mit Glaube und Wissenschaft: die Menschheit des zwanzigsten Jahrhunderts verlangt materielle Sicherheit in *dieser* Welt, sie verlangt es mit der festen Überzeugung, daß ohne materielle Sicherheit weder geistige Freiheit noch seelische Ruhe möglich ist. Der Mensch von heute verlangt *das Ganze*, und es ist kein Zufall, daß die gegenwärtige Philosophie Ausschau hält nach der Gestalt *des* Menschen, der nicht zerrissen ist in These und Antithese verschiedenster Glaubensrichtungen oder Theoreme, sondern ein Ganzes in seelisch-geistig-körperlicher Einheit. Das Materielle gehört also dazu. Und wenn Sicherheit in früheren Jahrhunderten allein mit religiösen Bindungen gesucht und gefunden werden konnte, so weigert sich der unheilbar fortgeschrittene Mensch des zwanzigsten Jahrhunderts, sich *allein* auf dieses – wie einmal gesagt wurde – »Opium für das Volk« zu verlassen.

»Der Blick muß auf das Ganze gerichtet sein.« Er *muß*, mit der Sicherheit zugleich, die *Versicherung* umfassen, sonst ist ihm das Ganze unvollständig und unglaubwürdig. Mit wachsender Sorge, mit steigender Gefahr, mit größeren Katastrophen, mit ausgedehnteren Kriegen, mit zunehmender Vermassung, mit wertloseren Währungen und mit krasseren Konjunkturen, mit tieferen Erkrankungen der Menschen und der Menschlichkeit erhöht sich das Bedürfnis nach Befreiung von Angst und Not, das Bedürfnis nach *totaler* Sicherheit: das Bedürfnis mit anderen Worten nach totaler Versicherung *aller* Risiken des menschlichen Daseins, wann und wo auch immer das Risiko auf dieser räumlich und zeitlich schrumpfenden Erde auftritt.

Bestimmt ist dieser sehnsüchtig-leidenschaftliche Wunsch eine Übertreibung, eine Wucherung des Versicherungsgedankens. Aber ist es nicht so in den Zeiten der Entdeckung, ob es sich nun um neue Kontinente, neue Planeten oder um neue Ideen handelt, daß diese zunächst nur in der Übertreibung richtig erkannt und dargestellt werden können? Andererseits muß man sich hüten, der Übertreibung in Wirklichkeit, also bei der Gewährung von Versicherungen, zu verfallen. Nicht alles läßt sich versichern, schon gar nicht vor den Gefahren, die aus der unermeßlichen Entfesselung der Naturgewalten mit der Atombombe in den Händen einer unreifen Menschheit entstehen. Dennoch bleibt der psychologische Antrieb bestehen: man will irgend etwas für die eigene Sicherheit tun, lieber wenig als gar nichts. Man will den Bereich des Unsicheren einengen, selbst auf die Gefahr hin, zukünftig ein Stück der Sicherheit wieder zu verlieren. Am Rande des Abgrundes verharrt man und klammert sich an einen Strohhalm. Lieber Stufe um Stufe abwärtsspringen als gleich in der Tiefe zerschmettert werden. Daher Lebensversicherung! Und Krankenversicherung! Unfall-Versicherung! – und dann alle die Risiken, die aus dem Zusammenleben erwachsen, alle die Gefahren, die dem mühsam aufgebauten Vermögen drohen, alle die Schäden, die der Industrie, dem Handel und dem Kreditgewerbe erwachsen können: alles das gehört zu dem großen Feld, das die Versicherung beackert.

Einfach ist diese Arbeit nicht; bei allem Trieb zur Sicherheit wird doch auch gerechnet. Bei dieser Rechnung müssen beide Teile, Versicherungsnehmer wie Versicherungs-Gesellschaft, ein Auskommen finden. Die Partner zusammenzubringen und die *gemeinsamen* Interessen zu fördern, eine neue Gemeinschaft auf der Basis des *Vertrauens* zu finden – nicht auf der Basis der Übervorteilung des einen durch den anderen – das war das eigentliche Ziel des Gründers Robert Gerling. Dies Ziel hat er gegen alle und jeden verteidigt: der guten Sache wegen – und er hat gesiegt, den Blick auf das Ganze gerichtet. Das Syndikat der Feuerversicherer in Deutschland, der erbitterte Gegner aller Ideen, die mit dem feindseligen Ausdruck »Gerling-System« bezeichnet wurden, verfiel in den zwanziger Jahren durch sein Auftreten der Auflösung; die deutsche Industrie, die das Gerling-System als richtig befunden und gefördert hatte, sprengte damit das größte Kartell der Versicherung. Seitdem ist unser Gewerbe wieder in den freien Wettbewerb eingetreten, den Wettbewerb, der die Grundlage unserer Wirtschaft ist und der unabdingbar verbunden ist mit der persönlichen Freiheit des Menschen, sei es auch nur die Freiheit der Konsumwahl oder die Freiheit des Marktes. Heute ist der Gedanke des Wettbewerbs in der Versicherung längst wieder zum Allgemeingut geworden, und wir streben nun nach einer vernünftigen Ordnung dieses Wettbewerbs, der durch zwei Weltkriege seiner früher selbstverständlichen Spielregeln beraubt wurde. Ein Kampf aller gegen alle wäre kein Wettbewerb – und die gleiche

Ware gleicher Qualität bei gleichen Selbstkosten zu verschiedenen Preisen anzubieten erscheint nicht sinnvoll. Das Ganze zu sehen und die Interessen aller gegeneinander abzuwägen, das ist gerade in diesem Punkt eine schwierige, bisher ungelöste Aufgabe. Sie ist auch nicht zu lösen, solange wir nicht die Grundlagen einer neuen Gemeinschaftsordnung zum Allgemeingut gemacht haben – und das könnte nur das Ergebnis einer sehr langen Entwicklung in Ruhe und in Frieden sein.

Fünf Jahrzehnte, die Hälfte dieses Jahrhunderts, sind vergangen. Als ihr Fazit in unserem Bereich erkennen wir, daß einem Aufstieg der Versicherung ein Verlust der Sicherheit entspricht. So paradox – oder wenn Sie wollen: so unerbittlich logisch – ist dieses Jahrhundert der Versicherung.

Gerling, der Gründer, führte seine Ideen, die ein Teil der Versicherungsgeschichte wurden, zum Erfolg; nach fünfzig Jahren, von denen er persönlich dreißig erlebte, dürfen wir dies ohne Überheblichkeit feststellen. Der Gerling-Konzern steht gefestigt da: im Rahmen einer neuen Gemeinschaft von Versicherungsgesellschaften einerseits – die sich inzwischen nach Größe und Art grundlegend gewandelt haben - und als Vertragspartner einer neugeordneten deutschen Industrie andererseits. Wir fühlen die große Verantwortung, die auf uns als dem wohl größten deutschen Industrie-Versicherer und als dem zweitgrößten deutschen Privatversicherungsunternehmen lastet. Wir halten uns für verpflichtet, mit besonderer Sorgfalt die Mittel der wirtschaftlichen Sicherheit zu hüten, die uns dank dem Vertrauen unserer Geschäftsfreunde im wahrsten Sinne des Wortes »anvertraut« sind. Wir werden diese Mittel und das private Unternehmen gegen jeden verteidigen, der von außen die Substanz angreift und der den Gerling-Konzern seiner Aufgabe entziehen würde, nämlich der wirtschaftlichen Freiheit jedes einzelnen zu dienen und für den Frieden unter den Völkern praktische Arbeit zu leisten. Denn zum Ganzen der Versicherung gehört die internationale Verflechtung, ohne die wir weder leben können noch leben wollen. Wir betrachten uns in diesem Sinne als Vorkämpfer einer umfassenden Völkergemeinschaft, die uns im Laufe von schmerzhaften fünf Jahrzehnten der Prüfungen und des Leidens zu einer Angelegenheit des Herzens, aber auch zu einer Angelegenheit der Vernunft geworden ist. Möge die Anwesenheit Ew. Exzellenz, Sir Frederick Hoyer Millar, der Sie als Hoher Kommissar und als Botschafter des Vereinigten Königreiches von Großbritannien und Nordirland in Deutschland weilen, in unser aller Erinnerung ein Sinnbild dafür bleiben, daß die Gemeinschaft der Völker nicht nur in leeren Worten besteht und daß wir Versicherer Freunde in aller Welt haben, die mit uns das gleiche Ziel verfolgen: den Frieden und die Wohlfahrt der ganzen Menschheit.

Richtfest des Friedrich-Wilhelm-Gebäudes (1956), von rechts nach links: Walter Gerling, Arno Breker, Hans Gerling

Hans Gerling mit Gästen vor dem Hochhaus

Einweihung des Hochhauses 1953

Richtfest des Friedrich-Wilhelm-Gebäudes (1956), rechts im Bild: Walter Gerling, Hans Gerling

Hans Gerling mit einem Gast

Mit Bundesvizekanzler Franz Blücher bei der Einweihung des Hochhauses (1953)

Photo: Georg Schmidt, Bremen

Schaffermahlzeit im Rathaus zu Bremen mit J. H. Schäfer, Möbel-Schäfer (1952)

Die Geschäftspolitik des Gerling-Konzern im globalen wirtschaftlichen und politischen Zusammenhang

Welche Ruhe und Sicherheit gibt uns heute der Stand unseres Unternehmens, des Gerling-Konzern, und welche Unruhe und Unsicherheit erfüllt uns zugleich wegen unseres nationalen Schicksals und der politischen Entwicklung unserer Welt. Es gibt nur noch *eine* große globale Welt, in welcher unser aller Schicksal eingebettet ist, ein Schicksal, das alle Lebensbereiche erfaßt, ein Schicksal, welches das totale Chaos, sogar den Untergang unserer Weltordnung beinhalten mag.

Wie selbstverständlich scheint es festzustellen, daß unser Unternehmen dieses weltweite Schicksal teilt, und wie oft ist man geneigt, diesen Zusammenhang zu vergessen, ja zu leugnen, und zu glauben, es sei uns vielleicht irgendeine geheime Macht zu eigen, vielleicht die Überlegenheit materieller Machtmittel, schließlich gar die Zuflucht zu nackter Gewalt, die das Schicksal wenden könnten. Wir vergessen zu leicht, daß wir eine Geschichte haben, wie die ganze Menschheit eine Geschichte hat, und daß weder das Geschichtete noch das Geschichtliche entfernt werden, noch der Gang des Weltenlaufs gewendet werden kann, etwa so, als wolle man eine Einbahnstraße in verkehrter Richtung fahren und dem unerbittlichen Verkehrsstrom trotzen, ohne eine Katastrophe heraufzubeschwören und dabei selbst unterzugehen.

Wir befinden uns heute als Nation in der Welt am Scheidewege, und an der Kreuzung, an der wir heute stehen, gibt es viele Abzweigungen, ohne daß wir *gezwungen* wären, die Katastrophe mit der Einschaltung eines Rückwärtsganges oder durch eine Kehrtwendung zu verursachen. Es gibt also noch eine Entscheidungsfreiheit, eine echte Entscheidung, die es möglich macht, den richtigen Weg zu finden, und die es uns ferner ermöglicht, das Erreichte zu bewahren, ebenso für uns selbst wie auch für die größere Gemeinschaft, mit der wir leben oder sterben – und diese Gemeinschaft besteht wohlgemerkt *nicht nur*

Rede anläßlich der Gesamtsitzung der Aufsichtsräte, Verwaltungsräte, Beiräte und Geschäftsleitung des Gerling-Konzerns am 20. September 1960 in Köln aus Deutschen, sie ist hingegen eine Gemeinschaft von Völkern, die ebenso unteilbar ist wie unsere Erdkugel.

Der Gerling-Konzern ist mit vielen Verästelungen in dieser Völkergemeinschaft verankert. Der Schutz der Versicherung, den wir als »Ware«, als »Dienstleistung« in Deutschland und in aller Welt anbieten, reicht bis in die entlegensten Gebiete der Kontinente und umfaßt alle Tätigkeiten und Erzeugnisse, die Menschen hervorbringen. Ein weitverzweigtes Unternehmen ist ein empfindliches Instrument. Es zeigt wie ein Seismograph die geringsten Erschütterungen und Beben unserer Welt an. Wandlungen der Politik und der Wirtschaft spiegeln sich unmittelbar in unseren Bilanzen wider, sie beeinflussen die Anlage unseres Vermögens wie auch seine Rentabilität, sie verändern unsere Reserven, und sie verändern unsere Kapitalkraft.

Wie befriedigt dürfen wir also sein, wenn sich aus dem Wirrwarr der Entwicklungen allerorts schließlich ein günstiger Abschluß für uns ergibt. Wie sehr aber müssen wir auf der Hut sein, dieses günstige Ergebnis als garantiert für die Zukunft hinzunehmen.

Die Jahre 1959 und 1960 zeigen auch den Gerling-Konzern auf dem Höhepunkt einer Weltkonjunktur, speziell einer europäischen, und hier wieder besonders einer deutschen Konjunktur. Wie aber wird das Jahr 1961 aussehen?

Betrachten wir, um die Frage besser beantworten zu können, die Vorläufer dieses zukünftigen Jahres, die Jahre 1959 und 1960, und ermitteln wir, wo die Wurzeln für gesundes Wachstum und wo für krankhafte Entwicklungen zu finden sind, und fragen wir uns, was zu tun sei, das Wachstum zu fördern und den Niedergang zu verhindern.

Die auffälligen Züge der Bilanzen des Jahres 1959 liegen in der starken Ausdehnung des Volumens aller Versicherungszweige einerseits und der kritischen Entwicklung der technischen Ergebnisse, also des Gewinnes aus dem eigentlichen Versicherungsgeschäft – im Gegensatz zum Finanzgeschäft – andererseits.

Der Inflation der Versicherungssummen, besonders im Sachversicherungsgeschäft, steht eine Verminderung der Prämiensätze bei steigendem Schadenanfall gegenüber. Unser Preis, die Prämie, sinkt, während die meisten anderen Preise im Laufe der Jahre steigen. Die Schäden, als Ersatz von Gebäudewerten, Waren, Lebenshaltungskosten, Gehältern und entgehenden Gewinnen, sie steigen pro Schadenereignis. Die Reparatur eines Autos ist heute teurer als gestern; eine Betriebs-Unterbrechung wird in diesem Jahr einen höheren Aufwand erfordern als noch im Jahr zuvor. Die Beispiele ließen sich beliebig vermehren.

Was an technischem Gewinn fehlt, bringt heute – gewissermaßen als Nebenprodukt der Vermögensanlage in Aktien – die Börse. Die jährliche Umschichtung des Wertpapierbesitzes führt zu großen realisierten Kursgewinnen, mit deren Dauer jedoch nicht gerechnet werden kann. Diese Kursgewinne hingegen *nur* als »stille Reserven« zu behandeln und nichts davon zu realisieren ist ein Vabanque-Spiel: Denn wer garantiert, daß diese so stillen Reserven im nächsten Jahr noch vorhanden sind und nicht schon ganz still in Kursverluste umgewandelt wurden!?

Der solide Regulator der Gewinn- und Verlustrechnung in der Versicherung muß daher hauptsächlich in den Unkosten gefunden werden. Welches Kunststück wird hier aber vom Unternehmer verlangt, wenn er Provisionen, Gehälter und sachliche Kosten im Zeichen steigender Preise bei rapidem Wachstum des Unternehmens im Verhältnis zu den Prämien senken soll. Es verlangt eine hervorragende Organisation und eine rationelle Verwaltung.

Der Gerling-Konzern hat seit langem die billigste Versicherungsorganisation in Deutschland durch die Pflege der direkten Beziehungen zum Kunden, der bei uns vornehmlich die Industrie ist, unter Ausschaltung von Maklern und Agenten, die als reine Vermittler ohne produktive Tätigkeit das Versicherungsgeschäft verteuern. Die Aufrechterhaltung und Stärkung dieser billigen Organisation hat von jeher Kämpfe gekostet, da sie die geldlichen Interessen vieler berührt, die glauben, es sei gerechter, an der Versicherungsprämie – die ja schließlich vom Kunden bezahlt wird – ohne eigenes Risiko durch Abzug einer reinen Vermittlungsprovision zu verdienen, und den Versicherungsgesellschaften das Risiko und damit die Deckung der Schäden aus reduzierten Prämien allein zu überlassen. Die deutsche Industrie, die dieses Drohnen-System schon in den zwanziger Jahren satt hatte und die nicht zusehen wollte, wie das Syndikat der Versicherungsgesellschaften die Prämien angesichts eines solchen Systems auf übersteigertem Niveau hielt, fand damals in einem Mann namens *Robert Gerling* den Verfechter eines verbilligten Systems, dem es unter schwersten Kämpfen gelang, das Syndikat zu sprengen, die Makler auszuschalten und mit seinem Unternehmen unter der damals von der Konkurrenz als Spottnamen lancierten Bezeichnung »Gerling-Konzern« die erste deutsche Versicherungsgruppe zu schaffen, die in diesem Sinne im Auftrag der Industrie und heute auch im Auftrage weiterer deutscher Wirtschaftskreise wirkt.

Es wird uns nicht immer leicht gemacht, denn eine solche Idee, wie die von Robert Gerling, dem Gründer des Konzerns, bedarf stets neuer Werbung, immer neuen Verständnisses, besonders unter den durch zwei Weltkriege und Inflationen grundlegend veränderten wirtschaftlichen Verhältnissen Deutschlands und Europas.

Ihre Anwesenheit, meine Herren des Aufsichtsrates und Beirates, in unserem Hause aber beweist, daß diese Idee noch lebt, daß die enge Beziehung zwischen der Industrie, der Wirtschaft und dem Gerling-Konzern noch besteht und immer neue Freunde gewinnt. Unser Gremium, der Aufsichtsrat und Beirat, umfaßt heute wieder rund 250 Personen und setzt sich, wie Sie leicht durch einen Blick in die Runde feststellen können, aus vielen maßgebenden Männern der deutschen Wirtschaft zusammen.

In den Sitzungen des heutigen Vormittags hat die Konzernleitung, zusammen mit dem Präsidial-Ausschuß des Aufsichtsrates, beschlossen, die freundschaftlichen und engen Beziehungen zu allen Kreisen der Wirtschaft von nun an auch auf das Ausland auszudehnen und unseren Beirat zu erweitern durch Hinzunahme ausländischer Geschäftsfreunde in Europa und Amerika, sowie in aller Welt. Es wird durchaus zukünftig ein globaler Beirat entstehen, und unsere Globale Rückversicherungsgesellschaft wird nun auch zu dem Kreis derjenigen Konzerngesellschaften treten, welche diese Beziehungen bisher besonders pflegten, die Gerling-Konzern Allgemeine Versicherungs-Aktiengesellschaft, die Gerling-Konzern Lebensversicherungs-Aktiengesellschaft und die Gerling-Konzern Speziale Kreditversicherungs-Aktiengesellschaft.

Wir versprechen uns hiervon eine Festigung und Förderung der direkten Verbindungen des Unternehmens in aller Welt, die wir in den letzten Jahren aktiv durch Gründung von Filialen für die Rückversicherungstätigkeit betrieben haben, vornehmlich in Kanada für Nordamerika, in Schweden für Skandinavien, in Wien für Österreich und den Osten, sowie zuletzt in Paris für Frankeich und die hiermit verbundenen Gebiete.

Diese Aufbauarbeit, die selbstverständlich auch in Deutschland durch Ausbau und Neubildung weiterer Geschäftsstellen in allen Gebieten geleistet wird, hatte großen Erfolg, was die Ausdehnung des Geschäftsvolumens angeht, aber – und jetzt komme ich zurück auf die Kostenfrage – sie kostete natürlich Geld. In diesem produktiven organisatorischen Aufwand erblicken wir jedoch die beste Vermögensanlage überhaupt – zudem steuerfrei finanziert – und die entscheidende Steigerung für den Wert des Unternehmens – gleichgültig, ob wir diesen Wert nun von der Seite des Aktionärs oder von der Seite des Kunden betrachten, für den der Gerling-Konzern von Jahr zu Jahr eine umfassendere und qualitativ gesteigerte Dienstleistung erbringt.

Trotz dieser Aufbauleistung konnte im letzten Jahr der Kostensatz des Konzerns noch vermindert werden. Selbst die steigenden Gehälter konnten aufgefangen werden. Die rationelle Verwaltung konnte verbessert werden. Allen Betriebsangehörigen konnte eine Leistungsprämie gezahlt werden, die sich einem vollen Monatsgehalt näherte.

Die Reserven wurden gestärkt, die Aktienkapitalien erhöht und die Dividenden an die Versicherten und an die Aktionäre gesteigert.

Die *Konzernbilanz* ergibt folgendes Bild:

Die *Prämien-Einnahmen* aller Konzerngesellschaften für 1959 beliefen sich auf DM 425 000 000,–. Die *Vermögens-Erträge* machten insgesamt DM 46 000 000,– aus, bei einer Durchschnittsverzinsung von 5,56%. Die *Gewinne* aus *Vermögensanlagen*, also hauptsächlich *Kursgewinne*, beliefen sich auf DM 13 000 000,–. Das gesamte von uns verwaltete *Vermögen* kumulierte zu einer Summe von 1 Milliarde und 50 Millionen.

Das Jahr 1960 brachte einen weiteren beachtlichen Aufstieg. Der Lebensversicherungsbestand der Gruppe, der am 31.12.1959 schon 3 Milliarden DM Versicherungssumme betragen hatte, stieg bis zum 30. Juni 1960 auf mehr als 3 Milliarden und 200 Millionen DM an.

Die Prämieneinnahmen des Konzerns vermehrten sich in der gleichen Zeit um mehr als 20%, und zwar um rd. 40 Millionen DM auf 236 Millionen DM im ersten Halbjahr 1960. Zum Jahresende wird ein Prämienaufkommen von rd. einer halben Milliarde DM erreicht werden, zu vergleichen mit rd. 80 Millionen DM 1949, rd. 130 Millionen RM im Jahre 1939 oder rd. 100 Millionen RM in 1929.

Der Stand des Unternehmens am heutigen Tage berechtigt daher zu großen Hoffnungen für die Zukunft. Die Zahlen der Bilanzen und Statistiken sagen dies aus. Aber beantworten wir damit schon die Frage, was wirklich geschehen wird und was wir tun können, um diesem Optimismus die Erfüllung und die Dauer zu sichern!?

Die Zahlen als solche enthalten kein Leben und können zumindest nur vom Gewesenen berichten. Sie sind Geschichte. Ein Unternehmer aber, der sich und anderen Rechenschaft ablegen will über den Stand und die Entwicklung des Unternehmens, muß nicht von der Vergangenheit, sondern von der Zukunft sprechen.

Niemand wird bestreiten, daß wir heute in einer sehr gefährlichen Situation leben. Deutschland ist von innen und außen gesehen in einer bedrohlichen Lage. Das Gleichgewicht der Kräfte ist labil und kann plötzlich – von Stunde zu Stunde – ins Wanken geraten. Der Wohlstand, den wir uns erworben haben, der hohe Stand unseres Unternehmens ebenso wie die Ausbreitung unserer Volkswirtschaft, bringen uns daher um so mehr große Verpflichtungen. Wir müssen die Gefahren vermindern und die Sicherheit verstärken, um das Erreichte und damit die wirtschaftliche und politische Basis, auf der wir Deutsche in der Welt stehen, friedlich zu bewahren. Das ist zugleich das Programm unserer Geschäftspolitik, wie es das Programm unserer Wirtschaftspolitik sein sollte – vielleicht auch ist – und wie es das Programm unserer Politik, unserer politischen Haltung, unserer gemeinschaftlichen Gesinnung werden müßte.

Sicherlich wird die Welt nicht auf die Dauer zusehen, daß unser Land nach einem verlorenen Kriege zu einem großen Kriegsgewinnler wird, ohne von den Gewinnen für andere einmal zu opfern. Es werden Opfer vieler Art, wirtschaftliche und politische, notwendig sein, um unsere Lebensbasis in Westdeutschland und im Westen zu erhalten. Diese Lebensbasis ist vornehmlich begründet auf den Erfolgen unserer unternehmerischen Wirtschaft. Die Bedeutung Deutschlands, auch seine politische, ist nahezu identisch mit seiner wirtschaftlichen Potenz. Die Erhaltung dieser Potenz wird damit zur Lebensfrage unseres Volkes – sie ist die Lebensfrage des westlichen Europas.

Wirtschaftlich gesehen ist Westdeutschland mit einem überaus tüchtigen, fleißigen, erfolgreichen und aktiven Unternehmer, einem großen schlagkräftigen Unternehmen zu vergleichen. Wir genießen Ansehen in der Welt, damit Kredit. Wir haben wieder Vermögen angesammelt, damit Reserven, haben wieder weltweite Beziehungen, damit Verpflichtungen.

Die wesentliche Schlußfolgerung geschäftspolitischer, wirtschaftspolitischer und politischer Art, die wir hieraus zu ziehen haben, ist die, daß wir alles unterlassen müssen, was geeignet wäre, diese Lebensbasis, auf der wir gemeinsam stehen, zu erschüttern.

Nationale Ansprüche, welche den Bestand unserer Gemeinschaft gefährden, müssen zurückstehen hinter der Forderung, auf friedliche Bewahrung und Weiterentwicklung dessen, was aus dem Chaos des letzten Weltkrieges an Werten gerettet werden konnte und was seitdem mit großem Idealismus in zäher Arbeit wieder geschaffen wurde. Den Frieden zu sichern, der dies gewährleistet, die Verständigung mit *allen* Völkern herbeizuführen, mit denen besonders die Deutschen in dem engen Europa Seite an Seite zu leben haben, das ist wohl die vordringlichste Aufgabe der Stunde – nicht aber Manifestationen nationaler und territorialer Ansprüche, nicht missionarische Kreuzzugsideen und nicht Raketendonner und schon gar nicht militaristische Demonstrationen mit Atomgewalten: Wohin solche Gesinnung, solche Haltung, solche Aktivität führt, das haben wir erlebt. Unsere Generation wird dieses Spiel nicht noch einmal spielen.

Weil aber die Dinge nun einmal so sind, wie sie sind, und weil wir wissen, daß es zu diesem Thema viele grundverschiedene Meinungen in aller Welt gibt, müssen wir mit dem Risiko rechnen, das mit unserem freien Dasein am Rande der westlichen Welt gegeben ist.

Wir, als Gerling-Konzern, sind uns dessen seit langem bewußt und haben die Geschäftspolitik des Unternehmens auf eine Verteilung des Risikos abgestellt. Es gibt – jedenfalls nach unserer Meinung – nur eine wirkliche Lösung der Risikoverteilung, und diese besteht darin, die Vermögensanlage und die betriebliche Aktivität nicht ausschließlich auf den gefährdeten Raum zu konzentrieren, sondern gleichzeitig – unter Aufrechterhaltung und Stärkung der Ausgangsbasis – im Ausland zu investieren. Seitdem die Voraussetzungen hierzu gegeben sind, haben wir Außenstellen im Rahmen der Tätigkeit unserer globalen Rückversicherung errichtet. Ich erwähnte dies schon vorher. Dies ist der Beginn eines weitergehenden Programms, für das wir vor allem Ruhe, Frieden und internationale Sicherheit brauchen.

Die Verteilung des Risikos ist nicht für uns allein – und das auch aus versicherungstechnischen Gründen – notwendig; sie ist ebenso wichtig für unsere gesamte Volkswirtschaft, die mit der Durchführung eines solchen Programms der Ausland-Investitionen zugleich die Förderung der Entwicklung fremder Länder vornimmt, die unsere Exporte aufnehmen. Die Risikoverteilung geschieht also in beiderseitigem Interesse, sie führt zugleich zu einer internationalen Verzahnung, welche die einseitige Ausrichtung auf rein nationale Ziele für alle Beteiligten sinnlos erscheinen läßt.

Genauso wichtig wie unsere Beteiligung an der Entwicklung der Welt ist umgekehrt die Beteiligung des Auslandes an der wirtschaftlichen Entwicklung unseres Landes. Je größer die Investitionen Amerikas, Englands, Frankreichs und anderer Wirtschaftsmächte in Deutschland, um so größer das Interesse an der Erhaltung unseres Potentials.

Das Geben und Nehmen muß auf beiden Seiten als zweckdienlich erkannt werden. Wir pflegen in diesem Sinne internationale Partnerschaft, geschäftlich auf dem Gebiet der Rückversicherung und menschlich von Mann zu Mann.

Das Risiko des Unternehmers wird jedoch auf diese Weise nicht aus der Welt geschafft; es kann auch nicht beseitigt werden, solange ein unternehmerischer Geist Neues erfindet und unbekannte Gebiete erschließt. Niemand wünscht letzten Endes eine Welt, die gar kein

Risiko mehr kennt und den Menschen nicht auf eine Bewährungsprobe stellt, die ihm Selbstbewußtsein und menschlichen Wert verleiht. Wir bejahen das Risiko und das Unternehmertum, denn sie sind das Fundament, auf dem wir friedlich ohne Zuflucht zu Gewalt und Krieg eine sinnvolle Gemeinschaft der Menschen und Völker aufbauen können.

Gerling: Aufbruch in ein neues Jahrzehnt

Seit dem Jahre 1960, also mit dem Eintritt in ein neues Jahrzehnt der Entwicklung, gehört der Gerling-Konzern zu den größten Versicherungsgruppen der Welt. Das ist – kurz gesagt – das Fazit aus den Geschehnissen des letzten Geschäftsjahres, das in diesem Jahre 1961 seine Fortsetzung und Bestätigung gefunden hat. Die entscheidenden Ereignisse, die uns auf diesen neuen Höhepunkt des Wachstums geführt haben, liegen zeitlich nach dem 20. September 1960 – dem Tage unseres vorjährigen Zusammentreffens – und erstrecken sich in das Jahr 1961 hinein bis zum heutigen Tage und sind auch noch keineswegs abgeschlossen. Diese »globale« Entwicklung, wie wir sie in Anlehnung an unsere globale Rückversicherung vereinfachend für unseren Hausgebrauch nennen möchten, steht noch in ihren Anfängen; aber mit ihr hat die Zukunft schon begonnen.

Die Grundsteine für die Ausbreitung des Unternehmens auf einer weltweiten Ebene sind im letzten Jahrzehnt zwischen 1950 und 1960 gelegt worden. Zwei Grundsteine sind es, auf denen der Gerling-Konzern in seiner heutigen Konstruktion beruht, die Erstversicherung und die Rückversicherung.

In den vorhergehenden Jahrzehnten war es nur die Erstversicherung gewesen – und zwar beschränkt auf das Gebiet Deutschlands –, die den gesamten Gerling-Konzern ausmachte. Die Rückversicherung hingegen war nur insofern in die Gruppe eingebaut, als sie der Deckung im eigenen Hause diente; um in der Fachsprache zu reden: Der Gerling-Konzern war nicht als professioneller Rückversicherer auf dem deutschen und internationalen Versicherungsmarkt tätig. Ansätze hierzu, die kurz vor dem Ausbruch des Zweiten Weltkrieges auf dem Umweg über eine Schweizer Tochtergesellschaft gemacht wurden, scheiterten an der höheren Gewalt der politischen Ereignisse. Die Aufgaben, die in jener Zeit und in diesem Zusammenhang auf der deutschen Konzern-

Rede anläßlich der Gesamtsitzung der Aufsichtsräte, Verwaltungsräte, Beiräte und Geschäftsleitung des Gerling-Konzerns am 6. Oktober 1961 in Köln

seite von der Gerling-Konzern Rückversicherungs-A. G. wahrgenommen werden sollten, sind seit 1954 mit der Gründung der Gerling-Konzern Globale Rückversicherungs-A. G. auf diese übergegangen – und damit setzte die eigentliche Entwicklung in Richtung auf die planmäßige Organisation und die kapitalmäßige Fundierung einer weltweiten, globalen Rückversicherung ein, die uns im Laufe von etwa *sieben* Jahren in die Gruppe der größten Rückversicherer der Welt hineinwachsen ließ.

Nüchterne Zahlen zeigen, daß der Gerling-Konzern heute mit allen Gesellschaften, die in Deutschland und im Ausland dazugehören oder mit denen das Unternehmen eng verbunden ist, auf die Stelle der drittgrößten Rückversicherungsgruppe der Welt gerückt ist.

Bevor ich mehr hierzu sage, möchte ich zurückkommen auf meine Feststellung, daß der Gerling-Konzern auf zwei Grundsteinen aufgebaut ist, nämlich auf der *Rückversicherung* und der *Erstversicherung*. Dem ist an dieser Stelle des besseren Verständnisses und der richtigen Vergleichsmöglichkeit wegen hinzuzufügen, daß nicht nur die Rückversicherungsgruppe diesen außerordentlichen Aufschwung nahm, sondern zugleich die Erstversicherung in allen Sparten der Schadensversicherung, der Sachversicherung und der Lebensversicherung ebenso bemerkenswerte Fortschritte machte, mit der Folge, daß unser Unternehmen heute der größte Industrieversicherer Deutschlands ist – wovon Ihrer aller Anwesenheit beredtes Zeugnis ablegt.

Auf den zwei Grundsteinen sind also auch zwei tragende Säulen errichtet worden, auf denen das große Schutzdach des Konzerns im wesentlichen beruht. Um im Bilde zu bleiben: Zwischen diesen Säulen öffnet sich der Haupteingang zu den weiten und festen Schutzräumen unserer Versicherten, zu denen in dem neuen Konzerngebäude, wie es seit etwa einem Jahrzehnt heranwuchs, nicht nur Personen und Betriebe, sondern gleichfalls andere Versicherungsgesellschaften des In- und Auslandes durch die Rückversicherung Zutritt haben, die hier ihre Sicherheit suchen und finden, in einer Gruppe, die als Familien-Unternehmen allen Beteiligten das Gefühl zu geben vermag, persönlich beachtete und anerkannte Mitglieder einer großen Versicherten-Familie zu sein.

Wenn ich hier von der Säule der *Erstversicherung* sprach und damit auf die Bedeutung unseres deutschen Industriegeschäftes – wozu übrigens nicht zuletzt die Lebensversicherung gehört – hinwies, so geschah dies, um der Tatsache Gerechtigkeit widerfahren zu lassen, daß diese Säule auf dem Grundstein beruhte, welcher der Konzerngründer im Jahre

1904, vor nunmehr alsso 57 Jahren, gelegt hatte, und um ferner die Tatsache festzuhalten, daß die weitere Entwicklung des Unternehmens nach dem Zweiten Weltkrieg nicht ohne die erste denkbar gewesen wäre, denn die beiden Grundsteine, auf welchen der Konzern als Ganzes nunmehr aufgebaut ist, lagen doch auf dem gleichen Fundament. Das Fundament aber war und ist Deutschland, konkreter gesagt die deutsche Industrie. Die deutsche Industrie hat uns – direkt und indirekt – groß gemacht, und umgekehrt: Wir haben der Industrie geholfen, wo wir es vermochten, zuerst in den zwanziger Jahren mit Prämien-Senkungen, zuletzt in den fünfziger Jahren mit Anleihen und Darlehen. Immer hat diese Ehe beiden Seiten Nutzen gebracht. Wir vergessen das nicht – und wenn wir heute weit in die Welt blicken, so sehen wir doch zugleich *Deutschland als unser Fundament, auf dem wir stehen und weiter fest stehenbleiben möchten.*

Das ist nicht nebenbei gesagt, und ich komme später hierauf zurück, wenn von den letztjährigen Bilanzen die Rede ist und deren Zusammenhang mit politischen und wirtschaftspolitischen Gegebenheiten und Tendenzen.

Nachdem damit das Gleichgewicht in der Darstellung der Konzern-Konstruktion hergestellt ist, darf ich auf die wesentliche Entwicklung des letzten Jahres eingehen: das Heranwachsen unseres Unternehmens zur drittgrößten *Rückversicherungsgruppe* der Welt.

Wesentlich ist dieses Ereignis nicht nur, weil es uns in eine bedeutende und unerschütterliche Marktposition hineinbringt; viel wichtiger noch, und in versicherungstechnischer Hinsicht von weittragenden positiven Folgen begleitet, ist die Verstärkung unserer Deckungskraft für große und größte Risiken, wie sie im Atomzeitalter gerade in einem hochindustrialisierten Lande wie Deutschland in ständig vermehrtem Umfang entstehen. Nur aus einer unerschütterlichen Marktposition heraus, aber – mit der Bereitschaft und der Fähigkeit, hohe und höchste Deckungs-Summen zu akzeptieren – mit größter Kapazität also und mit der Kraft ausgestattet, ebenso große und größte Schäden ohne Minderung der Substanz zu tragen, zugleich doch im Wettbewerb der Bedingungen und Prämien zu bestehen und im Dienst an unserer Kundschaft das beste, neueste und umfassendste an Deckungsschutz zu bieten, verbunden mit individueller Beratung in jedem Einzelfall – nur aus dieser Position heraus sind wir in der Lage, der deutschen Industrie alles das zu geben, was sie von uns erwartet – und wir bemühen uns, auch hochgespannte Erwartungen zu erfüllen.

Zwei Faktoren bedingen sich also gegenseitig: 1. Unsere Kapazität als

Erstversicherer in Deutschland und 2. unsere Stellung am internationalen Versicherungsmarkt, d. h. in der Rückversicherung.

Die Rückversicherung bringt uns den weiteren Ausgleich großer Risiken durch Austausch des Geschäfts, durch Abgabe und Annahme von Rückversicherungen, wobei die Annahme fremder Deckungen, also das aktive Rückversicherungsgeschäft, den weitaus größeren Teil ausmacht. Die Gewinne, die aus der Rückversicherung erzielt werden, dienen wiederum der Verstärkung der Kapitalbasis der gesamten Gruppe. So soll der Kreislauf funktionieren – wenn alles nach Plan läuft. Wie weit der Plan erfüllt wurde, zeigen die Bilanzen, die – um es vorweg zu nehmen – nicht schlecht waren.

Nun zu den Ereignissen des letzten Jahres, die uns in die jetzige maßgebende Position brachten:

Wir hatten bereits zu Beginn des Jahres 1960 verschiedene Eisen im Feuer, die unseren Plan verwirklichen helfen sollten, unsere Organisation in der ausländischen Rückversicherung zu vergrößern und zu verstärken. Wir besaßen, wie ich Ihnen schon im Vorjahr berichten konnte, Büros in Stockholm für das gesamte Skandinavien und Finnland, in Wien für die österreichische Einfluß-Sphäre, in Paris für Frankreich und seine überseeischen Gebiete, und es war vordem schon eine Gruppe von Gesellschaften in Kanada ins Leben gerufen worden, die ein schnell wachsendes Rückversicherungsgeschäft in allen Sparten – einschließlich der Lebensversicherung – einbrachte. Wir waren also im Auslande schon mancherorts verankert mit einer Organisation von selbständigen Vertretungen, wie sie selbst unter professionellen Rückversicherern selten anzutreffen ist. Das System selbständiger und bevollmächtigter Geschäftsstellen für die Rückversicherung im Ausland, wie wir es betreiben, ist in dieser Form noch nicht angewandt worden; es ist neu und erfolgreich, denn es gibt den unmittelbaren Kontakt zu fremden Versicherungsmärkten und die Möglichkeit, fakultatives Geschäft – also Einzelrisiken – in Rückdeckung zu nehmen, worauf unsere Organisation besonders abgestellt ist und worin sie in etwa der Organisation von Lloyds in London ähnelt, eine Organisation, die übrigens immer noch als größter Versicherungs-Träger der Welt gilt, wenn man von der Lebensversicherung absieht. Aber Lloyds ist keine Versicherungs-*Gesellschaft*, sondern ein Versicherungs-*Markt*, an welchem viele Syndikate, Personen und Gesellschaften teilhaben, so daß diese Einrichtung bei einer vergleichenden Betrachtung in unserem Sinne ausfällt.

Wo unsere Rückversicherung sich infolge der geschichtlichen Entwicklung des Konzerns noch nicht so stark ausgebildet hatte, war in

Deutschland selbst. Einen guten Teil des Weges waren wir auch hier schon gegangen, da kam uns von außen ein unerwartetes Ereignis zu Hilfe:

Im Oktober vorigen Jahres wurde uns das Kontrollpaket der Frankona Rück- und Mitversicherungs-Aktiengesellschaft in München zum Kauf angeboten. Ich darf der Wahrheit zuliebe feststellen, daß wir bis dahin keinerlei Anstrengungen unternommen hatten, unsere Gruppe durch Zukauf einer anderen Rückversicherungsgesellschaft zu erweitern. Um so überraschender kam das Angebot für uns. Sie haben sicher alle gelesen oder gehört, daß wir es angenommen haben – und zwar sehr schnell. Die Schnelligkeit war damals das Entscheidende, denn sicherlich hätten sich auch andere Käufer gefunden.

Die Frankona-Geschichte möchte ich nicht zu weitläufig vortragen und nur erwähnen, daß nach teilweisen recht dramatischen Zuspitzungen während der Übernahme-Verhandlungen – es handelte sich größtenteils um Namensaktien, und unser Name war während der ersten Phase der Verhandlungen noch nicht bekannt – ein überaus befriedigendes Einvernehmen mit dem Aufsichtsrat und der Geschäftsleitung der Frankona erzielt wurde. Nachdem der Name des Käufers bekannt wurde, löste sich der anfängliche Widerstand – der gegen einen vermeintlichen Käufer gerichtet war, den man unter allen Umständen nicht haben wollte – in Wohlgefallen auf.

Das Einvernehmen, von dem ich sprach, dauert an und wird – wenn möglich – immer besser. Der Frankona wurde völlige Selbständigkeit bei intensiver versicherungstechnischer Zusammenarbeit gelassen – eine Fusion steht nicht zur Debatte. Aufsichtsrat und Vorstand blieben unverändert. So konnte die Frankona, die bisher als Tochterunternehmen der Reichskredit A. G. als »neutrale« Rückversicherungs-Gesellschaft ohne wesentliche Beteiligung eines Erstversicherers galt, ihre Stellung am Markt voll erhalten und erweitern. Das Kapital wurde inzwischen von *vier* auf *zehn* Millionen erhöht, die Gesellschaft auch in anderer Hinsicht gestärkt. Das Prämienvolumen aus dem Rückgeschäft, bei welchem die Lebensrückversicherung übrigens eine bedeutende Rolle spielt, wird im Jahre 1962 rund 200 Mill. DM betragen. Außer dem deutschen Geschäft, in welchem die Frankona besonders stark ist und daher den Bestand der Gerling-Globale in willkommener Weise ergänzt, hat die Frankona ein durch langjährige Beziehungen erhärtetes, weitverzweigtes Auslandsgeschäft, vornehmlich in Europa.

Mit diesem Neuerwerb hat nun unsere Gruppe einen großen und in der ganzen Welt vielbeachteten Schritt nach vorne getan. Die Gerling

Globale Rückversicherung zusammen mit der Frankona bilden ein neues Schwergewicht am internationalen Versicherungsmarkt, ein Schwergewicht übrigens, das versicherungstechnisch erwünscht ist insofern, als der kleine parteilose Rückversicherer kaum Chancen hat, als Mitglied und Konkurrent eines in den Sitten des Wettbewerbs immer mehr zerfallenden internationalen Versicherungsmarktes zu bestehen. Die Anlehnung an eine starke Gruppe ist das Gebot der Stunde, vor allem in der Rückversicherung, die nur wenige bedeutende Gesellschaften hat – in Deutschland sind es außer unserer Gruppe Globale-Frankona nur noch *drei*: Die Münchener Rückversicherung, die Kölnische Rückversicherung und die Bayerische Rückversicherung – letztere allerdings zur Schweizer Rückversicherung gehörend, also kein rein deutsches Unternehmen.

In Deutschland nehmen wir nun die zweite Stelle hinter der Münchener Rückversicherung ein; wir hätten diese zweite Stelle, die wir auch in der Erstversicherung als Gerling-Konzern in Deutschland – am Prämien-Volumen gemessen – innehaben, ebenso ohne Frankona in diesem Jahre erreicht, denn das Prämienaufkommen der Globale betrug schon 1960 – wie die heute beschlossenen Bilanzen ausweisen – 210 Millionen, und sie wird dieses Volumen 1961 sicherlich noch einmal um mindestens 15–20% steigern und damit die beiden anderen Konkurrenten hinter sich lassen.

Am internationalen Versicherungsmarkt aber tritt noch eine große Gruppe hinzu, deren Existenz uns an den dritten Platz und die Münchener Rückversicherung an den zweiten verweist:

Das ist die oben erwähnte Schweizerische Rückversicherungs-Gesellschaft in Zürich, mit einer großen dazugehörigen Gruppe von Tochtergesellschaften in der ganzen Welt.

In Nettoprämien gerechnet, sieht die Rangordnung der größten Rückversicherer im Jahre 1960 etwa so aus: *Nettoprämien in Mill. DM* No.1) Schweizer Rück-Gruppe ... 1600, No. 2) Münchener Rück-Gruppe ... 800, No. 3) Gerling Rück-Gruppe einschl. Frankona ... 400.

Die Nummer vier ist die General Reinsurance Corporation in New York. Es folgen [...] zwei amerikanische Gesellschaften, dann die Kölnische Rückversicherung und schließlich weitere amerikanische, englische und Schweizer Rückversicherer, woraus unter anderem zu entnehmen ist, daß die großen Rückversicherer der Welt hauptsächlich in den vier Ländern Schweiz, Deutschland, Amerika und England konzentriert sind.

Hier wurde nun von Rückversicherungs-*Gruppen* gesprochen, was mit anderen Worten bedeutet, daß alle diesen Gruppen zuzurechnenden Gesellschaften mit ihren Ergebnissen zusammengerechnet wurden. Das gilt auch für unseren Fall – und so möchte ich weiter sagen, welche Gesellschaften im Ausland in unseren Zahlen noch enthalten sind. Damit komme ich in erster Linie auf England zu sprechen und auf den Erwerb einer Rückversicherungsgesellschaft in London, der dieses Jahr stattgefunden hat.

Es handelt sich um eine reine Rückversicherungs-Gesellschaft, die als Tochter-Unternehmen einer norwegischen Gruppe im Zweiten Weltkrieg als Ausweich-Gesellschaft gegründet worden war und von dieser Gruppe zunächst der Frankona zum Kauf angeboten wurde, nachdem die Gründung ihrem vorübergehenden Zweck gedient hatte. Da wir seit langem einen Stützpunkt in London als dem größten Versicherungsmarkt der Welt suchten und die Frankona selbst nicht an einem Ankauf interessiert war, die Verkäufer es andererseits eilig hatten, griffen wir auch in diesem Falle schnell zu und erwarben in dieser Gesellschaft, der »United Reinsurers Ltd.« ein voll funktionierendes Rückversicherungs-Büro, das von einem qualifizierten Manager geleitet wird und einen Stab von mehr als dreißig Mitarbeitern hat. Zugleich wurde als Hauptaktivum der Gesellschaft ein baulich vorzügliches Geschäftshaus im Zentrum von London, wenige Schritte von der Bank von England, erworben. Gewissermaßen als Beigabe ging damit ein Rückversicherungsportefeuille mit einer Bruttoprämie von rund 10 Millionen DM auf uns über. Die Gesellschaft arbeitet jetzt unter dem Namen »Gerling Global Reinsurance Company Ltd.«.

Auf die Gefahr hin, zu ausführlich zu werden, muß ich das Bild unserer Ausland-Tätigkeit doch noch vervollständigen durch Erwähnung eines Rückversicherungs-Büros in *New York*, das von uns dort unter dem Namen »Gerling Global Offices Incorporated« organisiert worden ist, von hervorragenden Fachleuten besetzt und dazu ausersehen wurde, ein Rückversicherungsportefeuille in den U.S.A. aufzubauen, das später einmal von einer dort zu gründenden Gerling-Rück-Gesellschaft übernommen werden kann.

Eine weitere Ergänzung unserer Ausland-Organisation hat sich durch den Erwerb einer südafrikanischen Rückversicherungs-Gesellschaft ergeben, die bisher in schwedischem Besitz war. Bei dem Verkäufer handelt es sich um die *Atlas* Rückversicherungs-Gesellschaft in Stockholm, deren Tochtergesellschaft, die »Swedish Atlas Reinsurance Company of South Africa« mit Sitz in Johannesburg, nun auf uns übergehen soll.

Die Errichtung eines Stützpunktes in Südafrika stand schon früher auf unserem Programm, da die Südafrikanische Union wohl der einzige afrikanische Staat ist, dessen Versicherungswirtschaft nach europäischen Prinzipien durchorganisiert ist, woraus sich – trotz aller inneren Spannungen dieses Landes – ein gutes Arbeitsfeld für unsere Rückversicherung ergibt.

Schließlich planen wir ein Büro in Indien, und zwar in *Bombay*, da wir über unsere Londoner Gesellschaft in Indien bereits lizenziert sind.

Mein Bericht über unsere Ausland-Vertretungen wäre nicht vollständig, wenn ich nicht erwähnte, daß wir ausnahmsweise auch in der Erstversicherung, und zwar in der Kreditversicherung, eine Auslandskonzession für das direkte Kreditversicherungs-Geschäft in der Schweiz erworben haben. Die Notwendigkeit hierzu ergab sich fast gegen unseren Willen aus den häufigen Anträgen Schweizer Firmen, mit uns in Deutschland Kredit-Versicherungen abzuschließen, so daß nach einigen Vorgängen dieser Art die schweizerische Aufsichtsbehörde uns nahelegte, eine Zulassung zu beantragen, die wir auch erhielten. Es entstand in Zürich ein Büro für die Gerling Konzern Speziale Kreditversicherungs-A. G., das schon eingerichtet ist und in diesen Wochen in Funktion treten wird.

...

Meine Herren,

als Sie heute zu uns kamen, hatten Sie selbstverständlich erwartet, daß Ihnen eine Übersicht über den Stand und die Entwicklung unseres Unternehmens gegeben würde. Soweit dies durch Unterrichtung über Zahlen, Tatsachen und Geschehnisse in diesem Rahmen möglich war, habe ich dies mit den vorangegangenen Ausführungen getan, wobei ich versuchte, Sie auf das Wesentliche hinzuweisen.

Jedoch birgt ein Groß-Unternehmen wie das unsere – wir dürfen heute ohne zu übertreiben »Weltunternehmen« sagen –, das mehr als 5000 Angestellte beschäftigt, natürlich noch eine Fülle anderer, zum Teil recht komplizierter Vorgänge und versicherungstechnischer Fachfragen in sich, wozu so wichtige Komplexe wie die Gestaltung einer vernünftigen und sozialen Betriebsordnung und die Anlage des Vermögens sowie nicht zuletzt die Sicherstellung der Finanzierung eines stark wachsenden Familien-Unternehmens hinzutreten – von Steuerfragen, die in dem letzten Zusammenhang eine *so* bedeutende Rolle spielen, ganz zu schweigen.

Die eigentlichen Fragen, die uns bewegen, liegen demnach weniger in der Vergangenheit und sind weniger ausgelöst durch die Feststellung der Ergebnisse unserer bisherigen Tätigkeit – die gut sind – als in der vorsorglichen Betrachtung und planenden Vorbereitung dessen, was wir in Zukunft abwenden oder erreichen wollen. Mit anderen Worten stehen geschäftspolitische Entscheidungen im Vordergrund der Dinge, mit denen sich die Unternehmensleitung zu beschäftigen hat. *Geschäftspolitik* muß man, wie Politik, nach innen und nach außen betreiben. Unsere *Innenpolitik*, weitgehend Personal-Politik, ist in den letzten Jahren immer mehr in geregelte Bahnen gekommen; es ist uns geglückt, den richtigen Mann an den richtigen Platz zu bringen und die leitenden Positionen mit einer Elite von Fachleuten zu besetzen. Der Arbeitsfrieden unter den Betriebsangehörigen sowie zwischen Betriebsleitung und Angestellten, der in unserem Hause, auf bewährter Grundlage seit Jahrzehnten aufgebaut, schon immer bestand, konnte erhalten und gefestigt werden. Nicht in unserer Innenpolitik stellen sich also die Probleme für die Unternehmens-Führung, wohl aber in der *Geschäfts-Außenpolitik*.

Denn in diesem Fragenkreis bestimmen nicht wir selbst die Ausgangspositionen, sondern andere, die andere Ideen als wir im Kopfe haben. Wir müssen feststellen, daß die Geschäftspolitik nach außen in wachsendem Maße im letzten Jahr erschwert wurde. Es ist zwar leicht von uns aus zu entscheiden, was wir abwenden und erreichen wollen: Wir wollen unsere Marktposition verstärken und verhindern, daß wir in dem harten Wettbewerb, der in der Versicherung bei Prämien und Bedingungen mehr denn je zu verzeichnen ist, in eine ausweglose Lage gebracht werden, die zum Verlust der Selbständigkeit führen könnte. Wir haben in dem ersten Teil meines Vortrages zu Beginn der Sitzung schon davon gesprochen, daß selbständige, unabhängige Rückversicherer gezwungen sein können, Anlehnung an eine größere Gruppe zu suchen. Eine Welle von Fusionen – und Verstaatlichungen! – läuft daher durch das Versicherungswesen aller Länder.

Mit dem Wort *Verstaatlichung* ist ein Stichwort gefallen, das zu einer Stellungnahme herausfordert: Wenn wir eins nicht wollen und eins unter allen Umständen um jeden Preis verhindern wollen, dann ist es natürlich die Verstaatlichung. Warum wir das nicht wollen, brauche ich hier wohl nicht zu begründen, da wir auf dem Boden einer freiheitlichen Wirtschaftsordnung stehen. Aber gerade diesen »Boden der freiheitlichen Wirtschaftsordnung« gilt es zu erhalten, da die Gefahr einer tiefgehenden Erschütterung in bedrohlichem Maße gewachsen ist, und zwar proportional zum Ausmaß der politischen Spannungen, in deren Mittelpunkt wir stehen.

Wir müssen einsehen, daß diese potentielle Gefahr nur abgeschwächt werden kann, wenn Unsicherheit und Unfrieden vermindert werden und wenn dann in der damit gewonnenen besseren Position mit allen Mitteln, die gegeben sind, der Boden verteidigt wird, auf dem die freiheitliche Wirtschaftsordnung gegründet ist.

Die Verteidigung unserer freien Wirtschaftsordnung, meine Herren, geht uns alle an, insbesondere den Gerling-Konzern als ein reines Familien-Unternehmen, das durch die Art seines Geschäfts zudem noch in weltweitem Zusammenhang gestellt ist. Die Politik, die auch über das Fortbestehen unserer freiheitlichen Wirtschaftsordnung entscheidet, berührt uns unmittelbar. Wir müssen, um in Ruhe erfolgreich arbeiten zu können, wissen und sicherstellen, daß wir von außen durch Maßnahmen oder Unterlassungen von verantwortlicher Seite nicht gefährdet werden. Das vergangene Jahr hat gezeigt, daß solche Gefährdungen von zwei Seiten auf uns zukamen und nicht eine Verminderung, sondern eine Erhöhung der Unsicherheits-Faktoren entstand.

Wir glauben aber, daß die Kräfte der Intelligenz und der politischen Vernunft in unserem Volk auf die Dauer stark genug sind, um die schwere Krise zu meistern, in der wir uns jetzt befinden. Gelingt es im kommenden Jahr, die Fehler und Unterlassungen der Vergangenheit zu vermeiden, und gelingt es ferner, Westdeutschland politisch zu stabilisieren, so ist es gewiß, daß wir auch wirtschaftlich kräftig und gesund weiter wachsen werden. Gelingt es nicht, wird insbesondere entgegen allen bisherigen positiven Erfahrungen mit der freien sozialen Marktwirtschaft doch noch nach links experimentiert, so würde das nicht ohne schwerwiegende psychologische und wirtschaftliche Auswirkungen bleiben.

Wir, meine Herren, können als Versicherer selbst viel zur Entwicklung der politischen Linie beitragen: Wir sind hierin ebenso abhängig von der deutschen Industrie wie in unseren geschäftlichen Erfolgen. Es bleibt uns nur die eine Möglichkeit, die ich heute in ausgedehnter Weise gebrauchte, nämlich Sie mit Worten über unsere Erfahrungen, Leistungen und Auffassungen zu unterrichten. Ich bitte Sie um Ihr Verständnis hierfür und zugleich darum, uns dabei zu helfen, daß wir unsere Dienste in Zukunft ebenso zum Wohle der deutschen Wirtschaft und der deutschen Menschen einsetzen können, wie wir dies bis zum heutigen Tage unter Aufbringung und Vereinigung aller Kräfte stets redlich und energisch getan haben. Das sei hierbei unser Wahlspruch:

Es lebe die freie, deutsche Wirtschaft!

Das freie Unternehmertum im Dienst des Ganzen

Das Bekenntnis zum privaten Untenehmertum darf kein Lippenbekenntnis sein. Der Sinn dieses Bekenntnisses muß ernst genommen werden, denn es hat einen praktischen, wirtschaftlichen und sozialen Wert. Ohne die verpflichtende Bindung der führenden Männer unserer Wirtschaft an das freie Unternehmertum kann die soziale Marktwirtschaft keinen Bestand haben. Ohne den Bestand und den dauernden Erfolg unserer darauf beruhenden Wirtschafts- und Gesellschaftsordnung kann Deutschland nicht existieren. Deutschland ist so viel wert wie sein wirtschaftlicher Erfolg. Unsere Regierung ist nutzlos, wenn sie diese Grundtatsache aus den Augen verliert – und sie ist dabei, es zu tun, beeinflußt vor allem von den Kräften, die allein schon wegen ihres Alters den Wandel der Zeit und den Wechsel der Generationen nicht zu begreifen vermögen.

Wir haben – als freie Unternehmer – die Aufgabe, diesen Kräften Widerstand zu leisten. Wir haben Grund dazu, auch von unserer Sache her gesehen, nämlich der Sache der Versicherung, die wiederum in erster Linie »Vertrauenssache« ist. Der Grund besteht darin, daß eine bestimmte Gruppe von Männern, die in unserem Staatswesen die Verantwortung für die Ordnung von Wirtschaft und Währung tragen, das Wesen eines freien Spiels der Kräfte nicht zu begreifen vermögen und daher den Versuch machen, dem Unternehmer in mehr oder minder direkter oder versteckter Form deutlich zu machen, was er ihrer Meinung nach zu tun hat. Das ist Dirigismus, und zwar in seiner unangenehmsten Form des Behördendirigismus. Dirigismus dürfen wir nicht unterstützen und nicht dulden, denn sonst wird uns von unverantwortlicher Seite in wohlerwogene Dispositionen hineingeredet. Die Verantwortung für das Ergebnis bleibt uns voll als Unternehmer. Niemand nimmt sie uns ab. Wenn dann eine Sache schiefgeht und die Unternehmen nicht mehr weiterkönnen, ist es – jedenfalls

Rede anläßlich der Gesamtsitzung der Aufsichtsräte, Verwaltungsräte, Beiräte und Geschäftsleitung des Gerling-Konzerns am 29. Oktober 1965 in Köln

für die Behörden – auch völlig klar, wer der Schuldige ist, nämlich der Unternehmer selbst. Dirigismus und Zynismus berühren sich.

Als Versicherer sind wir von zwei Seiten dem Dirigismus ausgesetzt: Von seiten unserer Aufsichtsbehörde, des Bundesaufsichtsamtes für das Versicherungs- und Bausparwesen, und von seiten der Behörden, die für unsere Währung sowie den Geld- und Kapitalmarkt verantwortlich sind. Es wird von dort her recht munter gelenkt. Und *wer* lenkt dort? Sind es Unternehmer in unserem Sinne? Oder sind es Beamte? Oder sind es Fachleute?

Sie werden zu Ihrer Erleichterung feststellen, daß ich eine Antwort ausspare und mich darauf beschränke, den Ausspruch eines der leitenden deutschen Bankiers – übrigens eines Herrn, der heute hier nicht anwesend ist – zu zitieren. Auf meine Frage, ob es nicht an der Zeit sei, gewisse Männer endlich abzulösen, sagte er ganz trocken: »Das ist schlecht zu machen, sie sind doch schließlich unsere Vorgesetzten.«

Da haben wir es also. Wir besitzen demnach als Versicherer – welcher Reichtum! – sogar zwei Vorgesetzte, und wir haben noch einen Dritten – alle gemeinsam – die Steuerbehörde. Wäre nicht der Zynismus mit dem Dirigismus so eng verbunden, so könnten Unternehmer sich getrost zur Ruhe setzen und die drei Mächtigen regieren lassen – und dann käme auf diese Weise zu den beiden genannten »Ismen« immer noch der Defätismus. Zum Glück gibt es im Deutschen Fremdwörter, die viele Deutungen und schöne Mißverständnisse – auf deutsch Probleme genannt – zulassen, die natürlich auch den Gegnern unserer Meinung zur Verfügung stehen, die also ein Ausweichen vor der letzten Konsequenz begünstigen, mit der Folge, daß wir Unternehmer doch weitermachen und uns aus dem reichen Arsenal weiterer Fremdwörter die Waffen beschaffen, mit denen wir uns wieder einigen Lebensraum erkämpfen.

Dieses Verhalten genügt jedoch nicht, um auf die Dauer zu verhindern, daß für die Sache des Unternehmertums und in unserem Falle damit für *die Sache der Versicherung* ein Schaden entsteht, der nicht wiedergutzumachen ist.

Die Lebensversicherung ist eine der stärksten Säulen, auf denen das Gebäude der Versicherung als Ganzes beruht. Die Lebensversicherung bildet die hauptsächlichste Kapitalquelle, aus welcher der Stausee der Vermögensanlagen gespeist wird – Vermögensanlagen, die in hohem Maße der Finanzierung der deutschen Industrie, in ihrer Gesamtheit aber auf jeden Fall der langfristigen Finanzierung der deutschen Wirtschaft zugute kommen. Diese Vermögensbildung im freien Teil unserer

Wirtschaft ist in Gefahr, stark beschnitten, wenn nicht gar überflüssig zu werden, und zwar durch unsere Sozialgesetzgebung ...

Wir haben nicht die Absicht, gegen die Altersversorgung durch den Staat zu polemisieren. Es soll nur erreicht werden, daß beide Teile leben können, um ihre eigentliche Funktion erfüllen zu können: die gesetzliche Versorgung, um die Grundsicherung des Existenzminimums zu gewährleisten, und die private Lebensversicherung, um die über das Minimum hinausgehende Versorgungsleistung sicherzustellen *und* zugleich langfristiges Kapital zu produzieren, das denjenigen zufließen soll, die auch die Prämien für diesen Schutz aufbringen.

An dieser Stelle gerade hat das Bekenntnis zum privaten Unternehmertum die Bewährungsprobe zu bestehen, wenn es um die Entscheidung geht, ob eine Firma für ihre Mitarbeiter die private oder die staatliche Versicherung wählt. Viele Unternehmungen wollen sich aber für die private Lebensversicherung nicht entscheiden, obgleich die finanzielle Belastung in dem einen wie dem anderen Falle die gleiche ist. Über die Gründe wurde hier gesprochen. Eines ist festzuhalten: Das praktische Bekenntnis zum privaten Unternehmertum ist in unserem Lande nicht selbstverständlich, selbst wenn keine Opfer verlangt werden. Werden aber irgendwelche Opfer für die Beständigkeit unserer freien Wirtschaftsordnung verlangt, so entschließt sich eine große Zahl der Unternehmungen für die Vorteile, die der Staat – allerdings auf Kosten aller: siehe Steuer – zu bieten scheint. Es ist dies ein Vorgang, der an Selbstzerstörung grenzt, eine nationale Eigenschaft, die uns schon oft an den Rand des Abgrunds gebracht hat. Besonders die ganz großen Industrieunternehmungen zählen zu denjenigen, die angeblich wegen der Komplikationen, die sich aus der privaten Lösung ergeben, die gesetzliche Versicherung vorziehen. Es wird nicht ausbleiben, daß in diesen Fällen eine Gegenrechnung aufzumachen ist, wenn es sich um Finanzierungswünsche dieser Firmen handelt.

Vergessen wir nicht:

Das Vermögen der Versicherungsgesellschaften ist zum größten Teil ein Treuhand-Vermögen, das letztlich den Versicherten gehört, die es mit ihren Prämien aufgebaut haben. Es wird treuhänderisch verwaltet und aufbewahrt, einem besonders hierfür bestellten Treuhänder unterstellt. Die Gewährung von Krediten an die Industrie unterliegt im allgemeinen der Genehmigung der Aufsichtsbehörde, und damit kommt schon ein wenig von dem erwähnten Dirigismus in die Entscheidungen über diese Vermögensanlage. Diese Entscheidung spielt sich in immer enger werdenden Rahmen ab, wenn die kreditnehmenden Firmen nicht zur Bildung eines wachsenden Anlagevermögens bei den Lebensversicherungen beitragen.

Die Zahlen, die Ihnen zur Entwicklung unserer Bestände und des Neugeschäftes in der Lebensversicherung mitgeteilt wurden, möchte ich in diesem Zusammenhang ergänzen durch Angaben über die Vermögensanlagen des Konzerns:

Im Jahre 1964 betrugen die gesamten Aktiva der Konzerngesellschaften rund 2,560 Milliarden. Davon waren unter Berücksichtigung der Bankguthaben rund 2 Milliarden in Vermögensanlagen investiert. Gegenüber dem Vorjahr war eine Steigerung von rund 7% zu verzeichnen gewesen. Im laufenden Jahr bis zum 30.9.1965 setzte sich diese Steigerung mit einem Zuwachs von mehr als 10% fort und führte zu einer Vermögensanlage von rund 2 Milliarden 120 Millionen.

Der größte Einzelposten der Anlagen am 30.9.1965 wird mit rund 39% vom Gesamtbestand durch Wertpapiere und Beteiligungen in Höhe von rund 820 Mio. DM dargestellt. Es folgen der Größenordnung nach

Schuldscheindarlehen mit 27% = 570 Mio. DM,
Hypotheken mit 13% = 280 Mio. DM,
Grundstücke mit 8,7% = 185 Mio. DM
und Ausgleichsforderungen mit 8,2% = 175 Mio. DM.

Es verbleibt ein Rest hier nicht interessierender Posten, wie Police-Darlehen und Bankguthaben mit insgesamt rund 4,5%.

Die Wertpapiere, die sich in unserem deutschen Vermögen zu rund 23% der gesamten Anlagewerte aus festverzinslichen und zu rund 10% aus Aktien zusammensetzen, machen mit den Schuldscheindarlehen insgesamt 66% unserer Vermögensanlagen aus und belaufen sich auf einen Gesamtbetrag von rund 1 Milliarde 390 Millionen.

Im Hinblick auf unsere Bereitschaft, deutschen Unternehmungen mit langfristigen Mitteln beizustehen, sprechen diese Zahlen für sich selbst. –

Der Kapitalmarkt, nach dem wir uns bei der Anlagepolitik ebenso wie nach der eigenen Aufsichtsbehörde zu richten haben, ist heute einem Dirigismus unterworfen, der eher noch ausgesprochener ist als auf anderen Gebieten unserer Tätigkeit. Wie Sie wissen, geht es hierbei weniger um die Frage, *wer* Empfänger der Kredite sein soll, sondern um die Frage des Umfangs der bereitgestellten Mittel und um die Konditionen, die als ein Regulator bei den gegenwärtig geübten Restriktionen auf dem Geld- und Kapitalmarkt gebraucht und mißbraucht werden sollen.

Die Situation ist wahrlich absurd. Deutschland, nach dem letzten Weltkrieg ein Land mit hohem Kapitalbedarf und noch nicht voll entwickelten langfristigen Kapitalquellen, schreckt mittels einer zumindest moralisch anfechtbaren vertrauengefährdenden Kuponsteuer den dringend notwendigen Einfluß von Kapital aus dem Ausland ab. Die Begründung der Bundesbank: Der Geldmarkt verlange dies so – der Zufluß ausländischen Geldes sei zu unterbinden – und auf den Kapitalmarkt sei diese Maßnahme nicht gemünzt. Die Währung sei zu behüten, eine Inflation der Preise – angeblich durch den Geldzufluß hervorgerufen – sei zu verhindern und der Sparer sei auf diese Weise zu beschützen. Wenn vom »Sparer« die Rede ist, sind natürlich auch Lebensversicherungen gemeint.

Abgesehen davon, daß wir uns und unsere Versicherten auch ohne Bundesbank sachverständig und dem allgemeinen Wohl dienend zu beschützen verstehen, ist daran zu zweifeln, daß die maßgebenden Männer der Bundesbank das Wesen unseres Kapitalmarktes in allen seinen Verästelungen wirklich durchschauen. Zunächst ist klar zu unterscheiden zwischen Geldmarkt und Kapitalmarkt. Die ständige Verwechslung dieser beiden funktionell völlig verschiedenen Märkte hat inzwischen zum Zusammenbruch des Kapitalmarktes geführt. Zwar besteht eine Beziehung zwischen Geld – kurzfristigen Mitteln – und Kapital – langfristigen Mitteln – insofern, als Kapital auf dem Geldmarkt vorübergehend angelegt werden kann und umgekehrt kurzfristige Mittel vorübergehend in Kapitalmarkt-Titeln investiert werden. Dies bedeutet jedoch nicht, daß Mittel, wie z.B. der Diskontsatz, der auf den Preis für Dreimonatsgeld abzielt, geeignet sind, den Kapitalmarkt zu regulieren, ohne daß man hierbei Angebot und Nachfrage von Kapital in die Rechnung einbezieht.

Das Bankensystem, dessen Sichtweite naturgemäß auf den Zeitraum eines Jahres beschränkt ist, ist eben nicht das geeignete Instrument, auf dem die Melodie des Dirigismus gespielt werden kann. Die Melodie wird daher falsch gespielt, und die Zuhörerschaft ist noch verstimmter als der Spieler selbst.

Scheinbar hat die restriktive Kreditpolitik große Vorteile für die Versicherungsgesellschaften. Sie hebt nämlich den Zinssatz auf eine außergewöhnliche Höhe an und vergrößert somit unsere Vermögenserträge in höchst erfreulicher Weise. Unser Durchschnitts-Zinssatz hat auch hiervon profitiert, er ist gegenwärtig etwa 1% höher als im Vorjahr. Für die Kreditnehmer aber ist dieser Zins auf Jahrzehnte hinaus – es handelt sich ja um langfristige Mittel – eine schwere, wahrscheinlich auf die

Dauer kaum tragbare Belastung. Wir empfinden daher Sorge bei dem Gedanken, daß in nicht allzuferner Zukunft eine Konvertierung von uns verlangt wird, die wir nicht gewähren können, da unsere Rechnung, das heißt in der Lebensversicherung die Prämie und die Gewinnbeteiligung der Versicherten, langfristig auf der Rendite aufgebaut wird, die wir jetzt kalkulieren. Unser Kunde andererseits wird uns eines Tages sagen, er habe nur unter dem Druck der Verhältnisse den hohen Zinssatz – gegenwärtig effektiv bereits 8% – akzeptiert und dürfe als unser Versicherungsnehmer damit rechnen, bevorzugt behandelt zu werden.Uns ist daher letztlich mit dem hohen Zinssatz kein Gefallen getan worden. Da wir als Unternehmer in der Zukunft leben, müssen wir dieses echte Problem heute erkennen und ansprechen.

Sie als Unternehmer würden gut daran tun, bei dieser Marktlage keine Kredite aufzunehmen, es sei denn, daß es für die Existenz Ihrer Unternehmungen wichtig ist. Jede Nachfrage nach Kapital erhöht den Zins. Ein Appell an die öffentliche Hand, der so oft und so wirkungslos erfolgt ist, gehört nicht vor dieses Gremium, so notwendig er auch ist: Dort wären Dirigismus und mehr sehr wohl angebracht!

Eine weitere Schattenseite der Restriktionspolitik, die jetzt schon offiziell von dem gleichen Bundesbankpräsidenten mit einer gezielten Deflation gleichgesetzt wird, ist die Misere an der Börse, die als Markt für Wertpapiere in Deutschland faktisch nicht mehr existiert, nachdem man die letzten potentiellen Käufer – die Amerikaner und Schweizer – mit fragwürdigen Mitteln vertrieben hat, obschon eine Zurückhaltung der Amerikaner schon von der anderen Seite her bedingt war, so daß es zusätzlicher Maßnahmen nicht bedurft hätte.

Das Resultat liegt vor. Die Kurse, repräsentativ für das Vertrauen in die deutsche Wirtschaft, für das Vertrauen in die Tätigkeit der deutschen Unternehmer, für das Vertrauen zu dem westdeutschen Staat, für das Vertrauen in die Zuverlässigkeit und den Fleiß der deutschen Nation – diese Kurse haben keinen Kurswert mehr, da das Vertrauen ins Wanken geraten ist. Noch ist nicht zu übersehen, ob es den deutschen Unternehmern gelingt, das entschwundene Vertrauen wiederherzustellen, nachdem unsere Regierung darauf beharrt, die begangenen Fehler zu verewigen.

Der im Falle der Währungssicherheit so viel zitierte Sparer hat das Nachsehen. Wegen der Sicherheit der Währung wird ihm zugemutet, einen großen Prozentsatz des von ihm investierten Kapitals an der Börse zu verlieren. Es wird erwidert, der Kursverlust bei festverzinslichen Werten sei nur vorübergehend, spätestens bis zur Tilgung – und über Aktien spricht man einfach nicht, wahrscheinlich, um das Aktiensparen zu fördern. Daß für die Unternehmungen ein gewaltiger Abschreibungsbedarf auftaucht, insbesondere bei den Banken und den sogenannten Kapitalsammelstellen, und daß hierdurch große Bilanzverluste auftreten, die wiederum das Vertrauen in den Wert der Beständigkeit sowie die Ertragskraft dieser Institute erschüttern kann, ist für die Urheber der Kreditrestriktionen offenbar nur ein Beweis für die Wirksamkeit ihrer Maßnahmen.

Für die Lebensversicherung wird zudem eine erhebliche Minderung der Gewinne eintreten, die der Gewinnrücklage zur Ausschüttung an die Versicherten gutgeschrieben werden. Wir vertreten daher im Interesse unserer Versicherten die Auffassung, daß man diese außergewöhnliche Abschreibung auf festverzinsliche Werte nicht nach dem strengen Niederstwertprinzip vornehmen sollte, da aller Wahrscheinlichkeit nach die Kurse sich im Laufe des nächsten Jahres erholen werden und bei Fälligkeit ohnehin der volle Nominalwert zurückgezahlt wird.

Für viele Unternehmen bedrückend wird auch die Tatsache sein, daß Obligationen nach dem Kursverfall zu den illiquiden Mitteln zu zählen sind, will man Kursverluste nicht realisieren. Bei weiteren Kreditrestriktionen ist es nicht ausgeschlossen, daß mancher gezwungen wird, sich Liquidität auf Kosten der Gewinne zu beschaffen.

Also wirklich Deflation! Das Wort hat einen ominösen Klang. Es bedeutet den Beginn einer Liquidation des Erreichten. Deflation ist unvereinbar mit den Zielen einer freien und sozialen Marktwirtschaft. Sie ist unsozial und richtet sich zugleich gegen das freie Unternehmertum.

Wie ist das mit unserer Wirtschaftsordnung und dem Ergebnis der Wahlen in Einklang zu bringen? Wie soll der Wohlstand auf diese Weise gesichert und die Währung stabil erhalten werden? Deflation und Stabilisierung sind zwei sich widersprechende Dinge.

Wenn man dem Gebrauch des Wortes Deflation in diesem Zusammenhang einen guten Sinn zu unterlegen wünscht, so mag man es als »Preissenkung« deuten. Ist aber eine Preissenkung – in unserem Falle wäre von Prämiensenkung zu sprechen – als Folge einer Restriktionspolitik überhaupt denkbar?

Das genaue Gegenteil, also Preiserhöhungen, dürfte eintreten. – Verzeihen Sie, wenn der Gedanke zu Ende geführt wird, da wir mit der richtigen Antwort alle vor der Entscheidung stehen, ob wir weiter eine wachsende Wirtschaft wollen, oder ob wir eine stabile Wirtschaft anstreben, die eine ganze andere Struktur brauchte und im internationalen Wettbewerb kaum denkbar ist, weil sie eine utopische Autarkie voraussetzt.

Also *müssen* wir eine *wachsende Wirtschaft* wollen, die – um es gleich zu sagen – einen wachsenden Kapitalbedarf hat. Der Kapitalbedarf ist um so größer, als die Zahl der Arbeitskräfte begrenzt ist, und die Arbeitskraft daher durch Maschinenkraft (Automation) ersetzt werden muß, wodurch eine kapitalintensive Entwicklung aller Unternehmen ohne Ausnahme erforderlich ist, die nur mit der notwendigen Kapitalzufuhr gemeistert werden kann. Mit der Verknappung des Kapitals in diesem Zeitpunkt, der keine Verminderung der Kapital-*Nachfrage* zuläßt, wird die Notwendigkeit der Investition nicht abgeschafft. Die Investition mag verschoben werden: Die Durchführung aber ist ein *»Muß«*.

Bei der Durchführung kommt der Zins als Kostenfaktor ins Spiel und wirkt in Richtung auf eine dauernde – nicht vorübergehende – Kostenerhöhung. Wohl dem, der jetzt noch Kapital im Hause hat (frei nach Nietzsche). Im übrigen ist dieser Tatbestand noch schwerer wiegend für diejenigen Betriebe, die keinen Zugang zum Kapitalmarkt haben. Dieser wird ihnen auch zunehmend versperrt, da die »Großen« am Kapitalmarkt am ehesten konkurrieren können und die Kleinen verdrängen. Die Konzentration wird gefördert.

Der mittlere Betrieb ist darauf angewiesen, sein Eigenkapital auf dem Wege der Selbstfinanzierung zu bilden. Das geht bekanntlich nur über den Preis. Verfolgt man die Auseinandersetzung der Experten über die Fremd- und Eigenfinanzierung, so wird man finden, daß die Notwendigkeit der Eigenfinanzierung in zunehmendem Maße anerkannt wird. Woher sollte der Aktionär oder Eigentümer eines Betriebes sonst wohl auch die Mittel für den Kapitalaufwand hernehmen, nachdem er 1945/48 das gemeinsame Schicksal geteilt hatte, fast nichts mehr zu besitzen.

Daraus folgt, daß Deflation in diesem Entwicklungsstadium unserer Wirtschaft nicht Preissenkung, sondern Preiserhöhung heißt, genauso wie die Aufwertung der Deutschen Mark nicht Lohnsenkung, sondern Lohnerhöhungen verstärkten Ausmaßes im Gefolge hatte.

Wollte man Preiserhöhungen verhindern, so würde ein neuer Dirigismus, nämlich Preisregulierungen, einzuführen sein. In der halbfreien Wirtschaft, die wir noch haben, wird es nicht zu verhindern sein, daß sich die Unternehmen das Kapital zur Finanzierung des Wachstums nach einer gewissen Wartezeit mit allen zulässigen Mitteln beschaffen werden. Wenn die Preise dann weiter steigen, wird hierdurch nicht nur unser Export weiter Schaden leiden, sondern ebenso die Kosten der Lebenshaltung im Inland steigen.

Für die Versicherungswirtschaft kann sich daraus eine weitere Verschlechterung des Verhältnisses zwischen Prämien und Schäden ergeben. In diesem Jahr ist die Schadenquote, die sich aus diesem Verhältnis ergibt, bei unserer Schadensversicherungsgesellschaft der Gerling-Konzern Allgemeine Versicherungs-Aktiengesellschaft auf fast 72% angestiegen, ein Satz, der vielleicht gerade noch ein ausgeglichenes Ergebnis zuläßt. Werden nun weitere Verteuerungen bei unseren Schadenersatzleistungen eintreten, so wird es keinen anderen Ausweg geben, als auch den Versicherungsschutz zu verteuern und auf der ganzen Linie der Sach- und HUK-Sparten zusätzlich zu den bereits eingeleiteten Maßnahmen Prämienerhöhungen durchzuführen. Da das Wachstum unserer Versicherungsgruppe unvermindert anhält, würde ebenso wie bei anderen Unternehmen ein erhöhter Eigenkapital- und Reservebedarf entstehen, der aus den Gewinnen kaum noch zu befriedigen sein wird.

Auf dem Gebiet der Kostensenkung wurden in den letzten Jahren bei unseren Betrieben in ganz Deutschland große Anstrengungen gemacht, die auch zum Erfolg führten.

...

Unsere Außenorganisation, gleichgültig ob sie nun für Leben, für Sach oder für Rück tätig war, hat mithin unbestreitbare Erfolge erzielt. Dies ist um so höher zu werten, als wir bei Annahme von Risiken außergewöhnlich selektiv verfahren sind, um der Erkenntnis einen Weg zu bahnen, der sich seit 1963 – dem schlechtesten Jahr der Assekuranz in der Nachkriegszeit – zu einem Grundsatz unserer Geschäftspolitik herauskristallisiert hat: *Gewinn vor Volumen.* Wir müssen vom Umsatzdenken zum Ertragsdenken gelangen.

Unter der Überschrift »Mehr Mut zum Gewinn: Junge Unternehmer fordern radikale Denkwandlung« begegnete mir unerwartet im Handelsblatt vom 25. Oktober der gleiche Grundgedanke. Er scheint allgemeine Geltung zu haben, auf einem Strukturwandel unserer Wirtschaft zu beruhen, nicht zuletzt aber auch von dem Druck herzustammen, der seit geraumer Zeit indirekt auf die Existenz des freien Unternehmertums ausgeübt wird.

Wir werden mit diesen Feststellungen an den Ausgangspunkt meiner Ausführungen zurückgebracht, die zwar nicht so sehr auf den Mut zum Gewinn abstellten, wohl aber auf den Mut zum Bekenntnis, freier Unternehmer zu sein.

Die Freiheit, die ich meine, ist die Freiheit, die ihren Leitstern und ihre Grenzen in der eigenen Verantwortung und im eigenen Gewissen findet. Diese Freiheit zu besitzen und zu bewahren und dafür zu kämpfen gehört seit der Aufklärung zu den heiligen Grundrechten der Menschen. Mit diesem Grundrecht hat eine Neuzeit begonnen, die einen anderen Menschen will, als er vorher war.

Wir leben in der Zeit des Übergangs. Wir müssen als Unternehmer wie als Menschen zusammenstehen, um der Gedankenfreiheit immer wieder Durchbruch zu verschaffen. Wir müssen, jeder einzelne von uns, in der Tat und nicht nur mit Worten das sein, was mit Recht freier Unternehmer genannt werden kann.

Die Gedankenfreiheit brauchen wir als Unternehmer, um eine Vorstellung der Dinge zu gewinnen, die uns die Zukunft bringen wird. Ich habe heute den Versuch gemacht, die zukünftigen Folgen vergangener und gegenwärtiger Geschehnisse zu klären in der Überzeugung, daß das Bild der Zukunft die Gegenwart bestimmt – und nicht umgekehrt. Denn Unternehmer leben in der Zukunft:

Sie sind die Künstler, die das Kunstwerk der Volkswirtschaft erschaffen, und damit gehören sie zu den höchsten Dienern ihres Volkes.

Mögen sie ihren Dienst im rechten Geist erfüllen, und möge so die Zukunft mit ihnen sein.

Es ist für mich eine aufrichtige Genugtuung, daß ich Ihnen allen, die Sie dem Hause Gerling so eng verbunden sind, mit diesen Worten meine Dankbarkeit zum Ausdruck bringen darf für alles das, was Sie zu dem Aufbau und zu dem Gelingen des großen Unternehmens Gerling-Konzern beigetragen haben.

Ich danke Ihnen.

Gesamtsitzung des Gerling-Konzerns 1961 mit Joseph Horatz, Generaldirektor der Felten & Guilleaume AG, Köln, und langjähriges Aufsichtsratsmitglied verschiedener Konzerngesellschaften

Richtfest der Konzerngebäude am Klapperhof (1965), rechts im Bild: Architekt Ottomar Blumenthal von der Baukunst-Architekturgesellschaft

Richtfest des Gerlinggebäudes in Krefeld (1966) mit Irene Gerling und Werner Leendertz, Gesellschafter der Firma Scheibler Peltzer GmbH & Co, Krefeld

Richtfest Krefeld (1966), vordere Reihe von links nach rechts: Adolf Esser (Vorstandsmitglied des Gerling-Konzerns), Hans Gerling, Irene Gerling, Harry Springstein (Leiter der Bauabteilung). Der Architekt Albert Carl Heucke (Gerling) ist als fünfter von rechts in der vorderen Reihe im Bild zu sehen.

Richtfest des Klapperhofs (1965) vorne im Bild: Hans Gerling, Irene Gerling, Rolf Gerling

Gesamtsitzung des Gerling-Konzerns 1969, rechts im Bild: Hermann Schrader, bis zu seiner Pensionierung 1974 Vorstandsmitglied verschiedener Konzern-Gesellschaften und Vertriebschef Inland des Gerling-Konzerns

In der Baukunst-Galerie 1968 mit der Künstlerin Sonia Delaunay, im Hintergrund Irene Gerling

In der Baukunst-Galerie 1973 mit Professor Ernst Fuchs

Die dynamische Entwicklung der Gerling Unternehmen in einer verwandelten Welt

...

In den vergangenen Jahren habe ich stets in der einen oder anderen Form einen Bericht erstattet, der Ihnen eine Gesamtübersicht über den Stand der Gruppe, die inzwischen verabschiedeten Bilanzen der Konzerngesellschaften und das im laufenden Geschäftsjahr Erreichte geben sollte. In diesem Jahr möchte ich von dieser Methodik abgehen. Nicht nur ist das vergangene Jahr 1967 in seinem wirtschaftlichen Ablauf längst überholt durch die kräftig aufwärtsstrebende Wirtschaftsentwicklung des laufenden Jahres. Nicht nur haben sich in letzter Zeit politische Wandlungen tiefgehender Art herausgestellt. Auch das innere Gefüge der unternehmerischen Tätigkeit hat sich gewandelt, von der Seite der Verwaltung her durch die elektronische Datenverarbeitung und von der Seite des Marktes her durch die Wirkungen der Technik auf das versicherte Risiko in der Industrie und in der Massengesellschaft. Der Verwandlungen in dieser gewohnten Welt gab es so viele, von denen noch zu reden sein wird, und sie werden so plötzlich durch den unerwarteten Gang der Ereignisse bewußt, daß es einer neuen Einstellung, eines gleichermaßen verwandelten Konzepts bedarf, um ihrer Herr zu werden und sie in die unternehmerische Vorstellung voll zu integrieren. Das daraus entstehende Anpassungsproblem trifft nicht die Unternehmer allein: Es trifft ausnahmslos alle, vom Politiker bis zum Künstler. Die Lösung der notwendigen Anpassung kann nur erfolgen, wenn mittels geistiger Arbeit die Möglichkeiten ergründet werden, in der verwandelten Welt die richtige, d. h. die angemessene neue Haltung einzunehmen. Dafür bedürfte der Unternehmer ruhiger Stunden der Besinnung, um aus der Distanz den Überblick wieder zu gewinnen, das Detail der Zahlen wie des alltäglichen Betriebes zu vergessen und sich den grundlegenden Fragen zuzuwenden.

Daher sollte uns heute auch weniger die Frage beschäftigen, wie ein vergangenes Jahr – das vielleicht das vergangenste aller vergangenen

Rede anläßlich der Gesamtsitzung der Aufsichtsräte, Verwaltungsräte, Beiräte und Geschäftsleitung des Gerling-Konzerns am 25. Oktober 1968 in Köln

Jahre war – verlaufen ist, sondern es sollte uns mehr die Frage nach der Zukunft beschäftigen, eine Frage, die in der Formulierung meines heutigen Vortrages enthalten und die Ihnen mit dem Titel des Buches von der *Zukunft des Risikos* schon vertraut ist.

Ein Wesentliches ergibt sich bereits aus meiner Feststellung, der Unternehmer brauche in dieser Situation mehr denn je Zeit zur Besinnung, nämlich die Forderung an die Wirtschaftspolitik, dem Unternehmer, also der treibenden Kraft unseres Wirtschaftsgeschehens, diese Besinnungszeit zu lassen und zu verschaffen. Das Gegenteil hiervon geschieht:

Zu den Veränderungen des technischen Zeitalters werden von Politikern, Gewerkschaften, Kirchen und sonstigen Vereinen künstliche Komplikationen gesellschaftsrechtlicher, steuerlicher und menschlich-psychologischer Art dazuerfunden, die den Unternehmer ungebührlich beschäftigen und behindern müssen, wenn er seine schon schwierige Aufgabe mit der erforderlichen Initiative und Dynamik, aber auch mit Überzeugung und Durchschlagskraft, schließlich auch mit freudiger Energie bewältigen will.

Demgegenüber ist die nachdrückliche Forderung zu erheben, daß diese inneren Störungen unseres Wirtschaftslebens unterlassen werden, wie sie zum Beispiel durch den machtpolitisch motivierten Ruf nach betrieblicher Mitbestimmung der Gewerkschafts-Funktionäre unter Mißachtung und entgegen der bestehenden Grundverfassung in die Welt gesetzt werden, ohne daß hierzu von seiten der Arbeitnehmer in Anbetracht ihrer gegenwärtigen gesellschaftspolitischen Stellung auch nur der geringste Anlaß gesehen würde. Die Arbeitnehmer sind nicht für das Dreinreden von Verbandsfunktionären, die sich über die Aufsichtsräte großer Gesellschaften das Recht anmaßen wollen, in dirigistischer, betriebsfremder Weise die bestehenden und voll ausreichenden Mitbestimmungsrechte der Arbeitnehmer für sich selbst und für ihr Eigen-Interesse in Anspruch zu nehmen. Die Gewerkschaften haben nicht einmal einen Auftrag, ein Mandat vorzuweisen, mit dem sie diesen grundlegenden Eingriff in die bestehende Gesellschaftsordnung begründen könnten. Weder Arbeiter noch Angestellte, weder Parteien noch Politiker haben dieses Mandat erteilt.

Auf solches Vorhaben machthungriger Funktionäre, unsere Verfassung nach ihrem Geschmack zu ändern und sie damit dem Grundgedanken der sozialen Marktwirtschaft zu entfremden, sie damit jedoch der Verfassung der Ostblockländer anzunähern, gibt es nur eine Antwort – und diese heißt NEIN: Weder in der verlangten Form, noch in irgendeiner anderen kann den Gewerkschaftsfunktionären eine dirigistische Macht im Staate zuerkannt werden. Sollte auf diese Weise eine Vergewaltigung der Wirtschaft und der Unternehmer ins Auge gefaßt oder Wirklichkeit werden, so ist damit ein Kampf angesagt, dessen Ende nicht abzusehen ist. Jedenfalls würde es für uns alle besser sein zu kämpfen, als unsere Wirtschaftsordnung, auf der alle unsere bisherigen Erfolge beruhen, freiwillig preiszugeben.

Eine andere scheinbar plötzliche Verwandlung unserer Umwelt liegt in der Verschiebung der außenpolitischen Schwergewichte, die mit der Besetzung der Tschechoslowakei am 21. August 1968 durch die Armeen der kommunistischen Staaten – einschließlich Ostdeutschlands – eintrat. Daß wir damit in die Phase eines dritten Weltkrieges gelangt sind, beginnt sich aus den Äußerungen einsichtiger und nachdenklicher Beobachter abzuzeichnen. Was den Zeitpunkt des Beginns dieser Phase angeht, kann man sich fragen, ob sie nicht schon am 5. Juni 1967 mit dem Blitzkrieg Israel–Ägypten und der darin enthaltenen Niederlage Sowjetrußlands begonnen hat. Vieles, unter anderem der betont militärisch demonstrativ vorgetragene Charakter des kommunistischen Vorgehens in den letzten beiden Monaten, deutete darauf hin, daß die Koexistenz-Zeit beendet ist und die erpresserische Gewaltanwendung wieder zum Mittel der Politik gemacht wurde. So gesehen hätte der Dritte Weltkrieg zunächst als kalter Krieg der militärischen Erpressung begonnen. Daß er nun begonnen hat und so bald nicht beendet sein wird, liegt in der Natur der Nachkriegssituation, die viele ungelöste Fragen übrig ließ, in der Hauptsache die deutsche. Damit sind *wir* aufgerufen, diese Hauptfrage als die Betroffenen soweit wir können selbst zu lösen, uns jedoch dabei der Hilfe unserer Freunde im Westen zu versichern, das bedeutet, wir müssen ein *Konzept für die Lösung unserer Ostfragen* haben, das von unseren Freunden im Westen akzeptiert wird. Bisher ist ein solches Konzept nicht vorhanden, und da unsere Regierung trotz großer Koalition nicht imstande war, eines zu schaffen, ist es unwahrscheinlich, daß in absehbarer Zukunft eine Lösung unserer Probleme greifbar wird. Wir sind also aus der Phase des kalten Krieges voraussichtlich *für Jahre in die Phase des heißen Friedens* eingetreten, der ständig von brodelnder Unruhe erfüllt sein wird, allein schon aus beiderseitiger Angst vor einer Ausdehnung der militärischen Erpressung über die Grenzen der bestehenden Blöcke hinaus. Schon vor einem Jahr erklärte Hallstein, »die Sowjets wollten jede militärische und politische Integration in Europa beenden. Sie wollten die UdSSR als unantastbare Vormacht Europas etablieren, auch gegen Frankreich und Großbritannien. Dazu gehöre eine Hegemonial-Stellung an den europäischen Flanken im Mittelmeer und in der Ostsee.«

Was resultiert allein aus den beiden genannten Fakten, dem Eintritt in die Unruhe des kochenden Friedens und der Forderung nach Auflösung unserer inneren Gesellschaftsordnung auf dem Wege der Machtübernahme durch gewerkschaftlichen Dirigismus?

Es ergibt sich aus diesen beiden Fakten, daß uns Ruhe und Besinnung genommen werden sollen, daß unser politischer Status und unsere Wirtschaftsordnung von innen und außen gefährdet sind, wie noch nie zuvor seit dem Kriegsende im Jahre 1945. Es ergibt sich weiter, daß wir auf Jahre hinaus in eine Kampfstellung gezwungen werden, die das Äußerste von uns verlangt. Die Periode der Konsolidierung unserer Wirtschaft, die 1966 einsetzte, ist schon vorbei, und nicht mehr die Konsolidierung als Festigung eines erreichten Zustandes steht zur Diskussion, sondern die beschleunigte Anpassung an die Politik und die Wirtschaftspotenz der Großen, von denen wir im Guten wie im Bösen abhängen.

Um diesen Zustand zu ändern, wäre Unabhängigkeit nötig, eine Unabhängigkeit, die kein einzelner europäischer Staat, zu allerletzt Westdeutschland, jemals erringen könnte, womit die Kooperation Westeuropas auf möglichst vielen Gebieten wieder und wieder zur Voraussetzung der Lösung unserer Zukunftsprobleme erklärt werden muß. Selbst General de Gaulle hat dies in den letzten Tagen nach langem Zögern einsehen müssen.

Nicht nur der traditionsgebundene Gallier, nein, mehr noch die deutschen Träumer müssen erkennen, daß angesichts der in grelles Rampenlicht getauchten scheinbaren Friedenswelt, mit wachem Bewußtsein betrachtet, die alten Regeln nicht mehr gelten, weder die Regel der Wiedervereinigung Deutschlands in Frieden und Freiheit, wie sie mit so wunderbarer Heuchelei immer wieder vorgetragen wurde, noch die Vereinigung Kontinental-Europas unter französischer Vorherrschaft, wie es sich wohl der General in ebenso wunderbarer Verkennung der Tatsachen immer wieder vorstellte.

Die tatsächliche Änderung der heutigen politischen Situation gegenüber der vorherigen ist ebenso radikal wie die diesjährige offene Absage der Intelligenz an das Establishment. Und damit kommen wir zu einem dritten Faktor, der unsere Gesellschaftsordnung verändert oder verändern will, weil sie dem modernen Geist der Technik und der wissenschaftlichen Erkenntnis nicht mehr angepaßt ist.

Man wird – so glaube ich – dem wahren Anliegen der Intelligenz in fast allen Ländern nicht gerecht, wenn man den dringenden Wunsch nach endlicher Anpassung unserer politischen Handlungen an die inzwischen eingetretenen Realitäten als Hirngespinste einer verantwortungslosen jungen Generation abtut.

Mit Recht wird das Verhalten der bestehenden Parteien und der daraus hervorgehenden Regierungen überall und nicht nur bei uns kritisiert, gerade auch von vernünftigen Menschen, die aber – und hier spielt das Generationen-Problem eine erschwerende Rolle – sich nur ungern in der Gesellschaft von langhaarigen Hippies sehen, wobei die andere äußere Form, in der junge Menschen Aufmerksamkeit und Beachtung gewinnen wollen, oft schon zur Ablehnung berechtigter Anliegen führt, über die dann nicht einmal mehr geredet wird, weil dem etablierten Politiker der Habitus des jungen Revolutionärs einfach nicht gefällt. Hieraus entsteht dann die herausfordernde Opposition der jungen Generation, die schließlich gegen nichts anderes gerichtet ist als gegen das Spießertum in allen seinen sichtbaren und unsichtbaren Erscheinungsformen.

Zu der Frage der Einbeziehung der Intelligenz – und zwar der Intelligenz jeden Alters – in unser gesellschaftliches und politisches Leben ist ebenso wie bei den Faktoren der inneren und äußeren Unruhe mit jahrelangen Auseinandersetzungen zu rechnen. Einsicht und Bereitschaft zu praktischem Handeln zeigt keine Seite wirklich, taktisch vielleicht ja, im Endziel aber kaum.

Die Unruhe an den genannten drei Fronten stellt uns vor schwere Aufgaben. Die jungen Menschen, die heute protestieren, sind sehr bald auch Mitglieder unserer Unternehmen als Angestellte oder Arbeiter. Die Gewerkschaften ebenso haben bereits Mitsprache-Rechte, die in unsere Betriebe hineinwirken. Die politische Unruhe kommt auf unsere Finanzen zu, zumindest über erhöhte Militärausgaben und Steuerlasten, gleichzeitig aber über die Erhöhung der Soziallasten, die angeblich notwendig sind, um eine Unruhe an der sozialen Front zu verhindern.

An dieser sozialen Front hat sich nun in diesem Jahr gezeigt, daß die Geführten, nämlich die Arbeitnehmer, vernünftiger und klardenkender sind als die Führenden, nämlich die von den Parteien gestellten Minister. Im Bereich der Sozialversicherung hat es geradezu eine Volksabstimmung *gegen die Sozialrente* und *für die private* Altersversorgung gegeben. Die Fakten sind Ihnen aus der Presse und aus den Sitzungen unserer verschiedenen Gremien bekannt...

Der Abstimmungserfolg der Privatversicherung hat sicherlich *eines* bewiesen, nämlich, daß nicht das politische Vorurteil das Handeln des einzelnen bestimmt, sondern die einfache Einsicht, wo und in welcher Weise er die bessere Lösung seines Problems findet. Dies ist eine äußerst positive Feststellung, läßt sie doch die weitere Schlußfolgerung zu, daß die Führenden zumindest des passiven Widerstandes der Untertanen gewiß sind, wenn sie in der Sache fehlgehen und das unsachliche Vorurteil vor das Interesse der Allgemeinheit stellen – und hieran scheitert Katzer, der sich Minister für Arbeit und Sozialordnung nennt.

Der Gerling-Konzern hat in dieser für die private Altersversorgung hinsichtlich der Werbung günstigen, politisch jedoch bewußt von Staats wegen ungünstig gestalteten Ausgangslage, sehr große Erfolge mit seinen Lebensversicherungsgesellschaften erzielt. Der Zuwachs an Neugeschäft liegt bei Gerling Leben gegenüber dem Vorjahr bei 100%, er liegt bis zum Monat Oktober dieses Jahres bei den beiden Lebensversicherern der Gruppe bei rund 1 1/4 Milliarde abgeschlossener Lebensversicherungssumme. Dies ist – auch gegenüber der Konkurrenz, deren Zuwachsraten in Leben durchschnittlich nur halb so hoch sind – ein außerordentlicher Beweis des Vertrauens, das unseren Unternehmen entgegengebracht wird, und ebensosehr ein Beweis für das Können unserer Außen-Organisation, die zusammen mit der fast überbeanspruchten inneren Verwaltung große und anerkennenswerte Leistungen vollbracht hat. Mit Ende dieses Jahres wird der Konzern einen Lebensversicherungs-Bestand von 10 Milliarden überschreiten, wobei die uns zufließenden Lebensrückversicherungen in dieser Zahl eingeschlossen sind.

Erhebliche Sparvermögen werden mit diesem Bestand aufgebaut. Man sollte sich immer vor Augen halten, daß etwa 55% einer Lebensversicherungs-Prämie regelmäßig Jahr für Jahr gespart werden. Insofern hat jeder Lebensversicherte einen Sparplan – wie wir in unserer Werbung sagen: einen Sparplan mit Wachstums-Chancen und Gewinnbeteiligung. Wir sind der Auffassung, daß dieser Sparplan dem Investmentsparen weit überlegen ist, denn das ersparte Vermögen ist für den Versicherten nicht nur jederzeit liquide greifbar, sondern auch in seiner nominalen Höhe garantiert, womit Verluste ausgeschlossen sind. Außerdem bekommt er über die Gewinnbeteiligung einen ständig wachsenden Anspruch bzw. eine anlagefähige Rückerstattung, die höher ist als der normale Inflationsfaktor in Deutschland. Die Vermögensanlage selbst, die wir für den Versicherten vornehmen, ist besser gestreut als die eines Investmentfonds, er ist zudem am Wachstum beteiligt und ist durch die Garantie einer Nominal-Summe gegen Kursverluste gesichert bzw. davon nicht direkt berührt.

In unserer gewandelten Welt ist nun – mit etwas spekulativem Unterton – viel von Investment-Versicherung gesprochen worden, wovon es im Ausland bereits einige Varianten gibt. Unsere bisherigen Erfolge in der dynamischen Entwicklung der eigentlichen Lebensversicherung haben zwar nicht bewiesen, daß der Gerling-Konzern die Einführung eines solchen Spezialzweiges nötig hätte. Andererseits werden wir jedoch auf Grund der entstehenden Konkurrenzlage nicht umhin können, die Gerling-Dynamik zu erweitern. Wir sind dabei, eine Form der Lebensversicherung in Kombination mit einer speziellen Vermögensanlage in Wertpapieren zu entwickeln, welche die Vorteile beider Sparvorgänge miteinander verbindet, ohne unseren Versicherten das Risiko aufzubürden, das wir bisher immer im eigenen Unternehmen getragen haben.

Gleichermaßen wie sich unsere Umwelt verwandelt hat, so verwandeln sich auch die Ziele der Versicherungsunternehmen. Das gilt nicht für diesen Sektor unseres Geschäftes. Der Wandel ist gleichermaßen in unserem Gesamtgeschäft spürbar, vor allem im Rahmen der Sachversicherung und der Rückversicherung, denn dort ist inzwischen die Größenordnung der Risiken und der Schäden in einem Maße angewachsen, das vor wenigen Jahren noch niemand für möglich gehalten hätte.

Da Versicherungs-Gesellschaften im allgemeinen auf diese ungünstige Risiko-Entwicklung nicht vorbereitet waren und sich wegen der hohen Besteuerung der Reserve-Bildung auch nicht vorbereiten konnten, hat sich zunächst einmal ergeben, daß das Prämienniveau in vielen Sparten – wie in der Feuerversicherung, der Transportversicherung, der Maschinen- und Montageversicherung, in der Einbruch-Diebstahl-Versicherung und in der Sturmversicherung, ebenso wie in der Kraftverkehrsversicherung – nicht mehr ausreicht, um den gestiegenen Schadensbedarf zu decken. Daraus hat sich auf längere Sicht eine Verlagerung der Existenzgrundlage der Versicherungs-Gesellschaften vom eigentlichen Versicherungsgeschäft auf das Finanzgeschäft – also auf die Erträge aus den Vermögensanlagen – ergeben.

Das Wachstum im Volumen der Gesellschaften bleibt dennoch wichtig, weil nur aus steigenden Prämieneinnahmen auch steigende Vermögensanlagen angesammelt werden können. Die Frage der Rationalisierung, also der Kosteneinsparung, gewinnt ebenso erneut an Bedeutung. Ein Umdenken hat eingesetzt, das die Prioritäten der Geschäftspolitik verändert.

Die dynamische Entwicklung der Gerling-Unternehmen berücksichtigt diese neuen Faktoren einer verwandelten Versicherungswelt. Das Wort Dynamik allein schon beinhaltet ein neues Programm.

Natürlich hat es Dynamik vorher in unserer Geschäftspolitik gegeben... Aber Dynamik heute als bewußtes und gewissermaßen programmiertes Element unserer Geschäftspolitik bedeutet mehr als nur Weiterentwicklung, es bedeutet planvolles Marketing durch Erschließung neuer Gebiete und die Durchdringung überkommener Versicherungssparten mit neuem, fortschrittlichen Geist, angepaßt an die technische und räumliche Erweiterung unseres Horizonts.

In diesem Rahmen hat nicht nur unsere Außenorganisation neue Impulse empfangen, die unseren Kunden zugute kommen sollen. Wir haben zugleich unsere Werbeabteilung durch eine Marketing-Abteilung ergänzt und wollen damit die ständige Marktbeobachtung und planvolle Weiterentwicklung unseres Versicherungsangebotes sicherstellen.

Aus der Förderung des Versicherungsgeschäftes, verbunden mit dem Wachstum der Prämieneinnahmen – die Zunahme belief sich in diesem Jahr gegenüber dem Vorjahr wieder auf durchschnittlich 8% –, und aus der Betonung des Finanzgeschäfts als stabilisierender Träger der Ertragskraft der Versicherungs-Gruppe ergibt sich eine Art Parallelschaltung für die Aufgaben der Unternehmensführung, ein wechselseitiges Abstimmen der Zielvorstellungen, da eine ausreichende Versicherungs-Kapazität auf die Dauer durch wachsende Reserven untermauert werden muß, die zu einem wesentlichen Teil aus den Erträgen der Vermögensanlagen, also auch aus möglichen Kursgewinnen, zu bilden sind.

Allein dieser letzte Satz enthält wiederum ein ungewöhnliches dynamisches Konzept, da es in früheren Jahren als vornehm und stilgerecht galt, Kursgewinne und Vermögensgewinne als stille Reserven zu führen, ohne Rücksicht darauf, ob die stillen Reserven auf Grund von Wertänderungen nicht ebenso still wieder verschwanden, wie sie gekommen waren. Heute spielt in unserem Anlageprogramm die Realisierung von Kursgewinnen eine wichtige Rolle, dies um so mehr, als die Großrisiken mit ihren Großschäden – oft katastrophalen Ausmaßes – eine immer höhere Reserveansammlung erfordern. Wir tragen dieser veränderten Lage seit Jahren Rechnung und vermeiden zumindest in unserer Rückversicherungs-Gruppe die Übernahme von Risiken, die nicht gleichzeitig und angemessen zur Erhöhung unserer freien Reserven und damit zur Erhöhung des Eigenkapitals beitragen. Wir haben eine ähnliche Geschäftspolitik auf dem Sektor der Erstversicherung befolgt, allerdings mit dem Unterschied, daß wir unter Aufrechterhaltung, ja teilweise Steigerung unserer Zeichnungskapazität, auch das Prämienniveau angehoben haben und weiter anheben müssen. Dies gilt besonders für die exponierten Sparten der Feuerversicherung und Transportversicherung.

Die Vermögensanlagen, die zur Deckung unserer Verpflichtungen dienen und hauptsächlich die aktiven Gegenposten zu unseren versicherungstechnischen Reserven darstellen, werden im Hinblick auf ihre Ertragsfähigkeit einerseits hochverzinslich angelegt, andererseits aber so flexibel gehalten, daß die Erzielung von Vermögensgewinnen regelmäßig, also von Jahr zu Jahr, möglich ist, je nachdem wie sich der Verlauf des Versicherungsgeschäftes in Sach, Leben oder Rück gestaltet. Die Flexibilität im Finanzgeschäft, die gleichzeitig einen hohen Liquiditätsgrad bedeutet, gehört zu den Grundsätzen unserer Anlagepolitik und hat dazu geführt, daß der Anteil der Wertpapiere und der Schuldscheindarlehen am gesamten Portefeuille immer weiter gestiegen ist, zusammengenommen auf einen Anteil von 64% am 30. September dieses Jahres. Von unserem gesamten Anlagevermögen im Versicherungs-Konzern, das inzwischen zum gleichen Zeitpunkt bei einer diesjährigen Zuwachsrate von rd. 10% auf rd. 2 $^{3}/_{4}$ Milliarden D-Mark anstieg, machen die Wertpapieranlagen rd. 915 Millionen – mit einem Anteil von rd. 33% – und die Schuldscheindarlehen rd. 850 Mio., das sind rd. 31% Anteil, aus. Mit Abstand folgen Hypotheken mit 13,4% und Grundstücke mit 8,6% als die nächstgroßen Vermögensteile.

Mit diesem ansehnlichen Vermögen arbeiten wir ähnlich wie ein Investmentfonds, nämlich mit dem Ziel, für unsere Lebensversicherten und für die Deckung unserer Verpflichtungen in der Sach-, Haftpflicht- und Kraftverkehrsversicherung ein möglichst starkes Wachstum zugleich mit einer optimalen Rendite zu erwirtschaften.

Da unsere Verpflichtungen nicht nur in der Deckung von Schäden, sondern häufig auch in der Gewährung von Gewinnanteilen bestehen, hat diese Anlagepolitik für unsere Versicherten erhöhte Bedeutung, heute um so mehr, als die Öffentlichkeit durch die Investmentfonds immer mehr zu der Auffassung gedrängt wird, als sei die Lebensversicherung eine Vermögensanlage ohne Wachstums-Chancen – was, wie schon ausgeführt, nicht stimmt. Hinzu kommt, daß etwa notwendige Wertberichtigungen auf den Wertpapierbestand in der Gewinn- und Verlustrechnung unserer Versicherungsgesellschaften aufgefangen werden und nicht zu Lasten des Versicherungsnehmers gehen.

Nach der Anpassung unseres Finanzgeschäfts und unseres Versicherungsgeschäfts an die veränderten Marktverhältnisse haben wir im vergangenen Jahr 1967 das Dreifache an Gewinn im Konzern erzielt, wie im Jahr zuvor. Bei einer konsolidierten Bilanzsumme des Konzerns von rd. 2 Milliarden und 870 Millionen am 31.12.1967 und einem Eigenkapital von rd. 65 Millionen wurde 1967 ein Gewinn vor Steuern von rd. 27 Millionen erzielt, wovon nach der Steuer rd. 15 $^1/_2$ Millionen verblieben.

Den freien Reserven flossen hieraus 6 $^1/_4$ Mio. zu. Im Verhältnis des Gewinns zum Eigenkapital ergab sich also eine starke Ertragskraft der Gruppe, wobei klarstellend zu vermerken ist, daß im Jahre 1967 die Beanspruchung der Gewinn- und Verlustrechnung durch Wertberichtigungen im Vergleich zu den Vorjahren nur noch gering war und schon daher eine erhebliche Gewinnsteigerung eintrat. Aber auch die Vermögens-Erträge und -Gewinne verzeichneten dank unserer dynamischen Anlagepolitik einen höheren Zuwachs und verbesserten das Bild auf der Einnahmeseite. Wir konnten einen Steigerungs-Satz der Vermögens-Erträge und -Gewinne um rd. 14% erzielen und aus dem Finanzsektor damit rd. 160 Mio. erwirtschaften, und damit eine Rendite von 6,7% erzielen. Die Gesamteinnahmen des Konzerns 1967, also Prämien und Vermögens-Erträge zusammen, beliefen sich hiernach auf rd. 1,2 Milliarden.

Im Zusammenhang mit dem Geschäftsergebnis darf nicht unerwähnt bleiben, daß die Rationalisierung des Betriebes sowohl in der zentralen Verwaltung wie auch im Arbeitsablauf bei den Außenstellen große Fortschritte gemacht hat, wobei wiederum die Anpassung der Bearbeitungsvorgänge an die Möglichkeiten der modernen Welt in der Nachrichten-Übertragung und in der Datenverarbeitung eine entscheidende Rolle gespielt haben. Der Mitarbeiterstab des Gesamt-Unternehmens, der im Vorjahr noch rund 6770 Personen betragen hatte, ist bis zum 30.9.1968 auf rd. 6600 Personen zurückgegangen. Diese Tatsache, gesehen zusammen mit dem großen Arbeitsanfall dieses Jahres und dem stetig weiter wachsenden Prämien- und Vermögensvolumen, ist ebenfalls das Ergebnis planvoller dynamischer Tätigkeit, denn sie zeigt eine gesteigerte Leistungsfähigkeit des einzelnen Mitarbeiters und das gute Funktionieren des Gesamtbetriebes bei rationellem und wohlüberlegtem Einsatz aller technischen Betriebsmittel.

Der gut funktionierende Betrieb stellt allerdings im Rahmen unserer Dienstleistungen, die wir letzten Endes für die Versicherten erbringen, nur die *Basis* dar, auf der die *Akquisition* ohne *innere* Hemmnisse sich frei entfalten kann ... Unser Unternehmen – besser gesagt, unsere Unternehmensgruppe – ist von außen nach innen gewachsen, so daß wir als

Akquisiteur, als Produzent einer persönlichen Dienstleistung in erster Linie unseren Kunden nahestehen und uns bereithalten, diesen mit Rat und Tat im wahrsten Sinne dieser Worte zur Seite zu stehen. In zweiter Linie erst kommt der Gesichtspunkt der Versicherungs-Verwaltung zum Zuge, immer untergeordnet dem Ziel, unseren Experten im Außendienst die Hilfestellung zu geben, derer sie zur Befriedigung unserer Kunden bedürfen.

Wir, als eine Versicherungs-Gruppe, die ihren Ursprung in der Versicherung der *Industrie* hatte und sich diesem Wirtschaftszweig, also der Industrie, nach wie vor besonders verpflichtet fühlt, sind im Zuge der dynamischen Entwicklung unserer Unternehmungen und damit unseres Angebots an Dienstleistungen immer bestrebt, einen möglichst vollkommenen und totalen Schutz sowie einen umfassenden Service zu bieten. Wir sind jetzt dabei, dies auf zwei ganz verschiedenen Gebieten zu tun, und zwar in der Maschinen-Versicherung und in der Versicherung des Rechtsschutzes. Beide Bereiche sind vielfältiger, als es die kurzen Worte andeuten.

Das Wort Maschinen-Versicherung benutzen wir in unserem Versicherungsdeutsch stellvertretend für alle Zweige, die wir zusammengenommen als technische Sparten bezeichnen, also die eigentliche Versicherung der Maschinen gegen unfallartig plötzlich eintretende Schäden, die daran anschließende Betriebsunterbrechung, die Montage von Maschinen und Anlagen, die Bauwesen-Versicherung, die Garantie-Versicherung und als neuestes die Schwachstrom-Versicherung, wie z.B. die Deckung von Schäden an elektronischen Datenverarbeitungsanlagen. In diesen Sparten haben wir bei der Akquisition nicht nur mit kaufmännischen Leitern der Betriebe, sondern mehr noch mit deren Technikern zu tun, so daß die Erörterung des Versicherungsabschlusses mehr als in jeder anderen Sparte sich auf technische Probleme bezieht, in denen ein spezieller Service in Form der fachkundigen technischen Beratung und eine Begutachtung der Schadenanfälligkeit und der Schaden-Möglichkeit von uns erwartet wird.

Für diesen Service besteht bereits ein geschulter Außendienst, der uns in der Maschinenversicherung einen angesehenen Platz unter den übrigen Anbietern verschafft hat. Diesen Service wollen wir nun im Interesse der Industrie und der Weiterentwicklung der Sicherheit in der Anwendung der Technik dadurch erweitern, daß wir zum Zwecke der *Schadenverhütung* bei Maschinen und anderen technischen Anlagen ein Gerling-Institut für technische Beratung einrichten, das auch der Erforschung von Schadenursachen in allen technischen Versicherungszweigen dienen soll. Der Aufbau des Instituts ist im Gange, die Leitung wird in den Händen eines namhaften wissenschaftlichen Fachkenners auf technischem Gebiet liegen. Ein geeigneter Mitarbeiterstab wird zur Verfügung stehen sowie die notwendigen technischen Einrichtungen, wie z. B. ein motorisierter Meßdienst und stationäre Prüfvorrichtungen für Materialien und sonstige für die Aufgaben des Instituts notwendige Anlagen. Die räumliche Unterbringung erfolgt in unmittelbarer Nähe unseres Kölner Verwaltungs-Komplexes, so daß eine enge Zusammenarbeit zwischen dem technischen Institut und der zentralen Organisation gewährleistet ist. In den ersten Monaten des nächsten Jahres wird das Institut einsatzbereit sein und unseren Kunden als Begutachter in technischen Schadensfragen zur Verfügung stehen.

Damit wird unser Programm in der Industrie-Versicherung auf einen weiteren Schwerpunkt gerichtet, der im Hinblick auf die ständig wachsende Bedeutung der Technik für den Betriebsablauf auf großes Interesse bei der Industrie stoßen dürfte. Unsere eigene Organisation hat damit die Unterstützung in fachlicher Hinsicht, derer sie bedarf, um die technischen Sparten zu einem Hauptpfeiler des Sachversicherungsgeschäftes auszubauen.

Ein ganz anderes Gesicht zeigt die Rechtsschutz-Versicherung, die nach den Vorschriften der Aufsichtsbehörde für das Versicherungswesen in einer getrennten Gesellschaft betrieben werden muß, sobald es sich nicht nur um den Strafrechtsschutz im Autoverkehr handelt, den wir bereits seitens der Gerling Allgemeinen anbieten, sondern auch um den Zivilrechtsschutz. Diese eigene Rechtsschutz-Gesellschaft ist von uns ins Leben gerufen worden und hat vor zwei Tagen die Konzession des Aufsichtsamtes zum Geschäftsbetrieb erhalten, und zwar für alle Sparten des Rechtsschutzes, die zahlreich sind. Im Vordergrund des augenblicklichen Interesses steht der Zivil- und Straf-Rechtsschutz der Autofahrer im In- und Ausland. Außerdem wird geboten: der Rechtsschutz für Firmen zur Durchsetzung von Schadenersatzansprüchen und zur Verteidigung bei Strafverfahren, der Sozial-Rechtsschutz und der Rechtsschutz bei Arbeitsgerichten sowie die Versicherung des Fahrzeugparks durch eine Spezial-Police mit besonders günstigen Bedingungen. Privatpersonen erhalten Schutz in gleicher Weise in allen genannten Bereichen, darüber hinaus noch einen Rechtsschutz für Haus und Wohnung und für Anwaltsberatung.

Mit dieser neuen Sparte wird die Gesamtheit unserer Versicherten angesprochen, zudem aber ein großer Kreis potentieller Kunden, die bisher noch nicht zu uns kamen, da unser Angebot in der Sparte

Rechtsschutzversicherung lückenhaft war. Diese Lücke ist nun geschlossen, so daß wir ein neues, zugkräftiges Werbemittel in der Hand halten, das wir mit unserer geschulten Außenorganisation dynamisch zu verwenden gedenken.

Da der motorisierte Verkehr weit über die Grenzen Deutschlands hinausführt und praktisch das gesamte Europa umfaßt, gibt uns die Gewährung der Rechtsschutz-Deckung die Möglichkeit, unseren Kunden auch im Ausland einen Service anzubieten. Wir werden daher unsere bestehenden Außenstellen im Ausland, wie z.B. in der Schweiz, in Österreich, Schweden, England, Frankreich und Italien, mit fachkundigen Beratern besetzen, die deutschen Autofahrern, die im Ausland einen Unfall hatten und daher Rechtsschutz benötigen, helfend zur Seite stehen können. Damit würden wir – abgesehen von der globalen Rückversicherung – zum ersten Male grenzüberschreitende Dienste anbieten und damit die Ausgangsbasis für eine weitere Auslandstätigkeit verbreiten.

Die verwandelte Welt, in der wir außenpolitisch leben, legt die Frage nahe, welches Gewicht einer Betätigung im Ausland heute beizumessen ist. Daran knüpft sich die Frage an, in welcher Form und in welchen Ländern diese Tätigkeit sinnvoll für einen Versicherer ist, der im übrigen schon über die Rückversicherung mit den wichtigsten Ländern verbunden ist. Zweifelsohne bleibt im Falle des Gerling-Konzerns die Feststellung grundlegend richtig, daß die Basis des Konzerns in Westdeutschland liegt und dort bleiben wird. Auch die Existenz und die Weiterentwicklung uns nahestehender Auslandsgesellschaften in Kanada, England, Südafrika und der Schweiz wird hieran nichts ändern.

Doch ebenso selbstverständlich, ja sogar notwendig ist es für uns, in unserer ausländischen Geschäftstätigkeit den Anforderungen unserer deutschen Versicherungsnehmer gerecht zu werden, und das sind nicht nur gerade die Autofahrer, es sind vielmehr die industriellen Unternehmungen, deren Versicherungsbedarf im Ausland für uns maßgebend sein wird.

Wenn es früher allgemein hieß: »Der Handel folgt der Flagge«, so müßte unser Motto abgewandelt heißen: »Die Versicherung folgt dem Risiko«. Anders ausgedrückt, ergeben sich für uns Fakten, die von unserer Kundschaft gesetzt werden und nicht von uns selbst. Der Entwicklung, die sich hieraus im Ausland ergibt, werden wir folgen müssen. Der erste und bisher einzige Fall einer direkten Ausland-Tätigkeit ergab sich für uns in der Schweiz, wo wir für die Kreditversicherung eine Zulassung besitzen.

Jetzt kommt, wie gesagt, für viele Länder ein Beratungsdienst für den Rechtsschutz hinzu. Sehr bald werden wir uns auch mit der Versicherung deutscher Investitionen im Ausland befassen müssen, wie es in der Montage-Versicherung bereits der Fall ist, nicht aber in den anderen Sachversicherungs-Sparten.

Die organisatorischen Fragen, die sich hieraus ergeben, lassen sich im gegenwärtigen Zeitpunkt nicht einfach beantworten. Unser Plan besteht zunächst darin, den westeuropäischen Markt geographisch im weitesten Sinne für uns zu erschließen. In irgendeiner Form, die der örtlichen Situation des Gastlandes angemessen ist und unsere bestehenden Interessen als Rückversicherer berücksichtigt, werden wir für die Rechtsschutz-Versicherten in fast allen europäischen Ländern eine Vertretung brauchen, die sich zunächst aus kleinen Anfängen entwickeln kann. In der übrigen Welt werden wir uns auf Nordamerika und auf wenige Länder beschränken, in denen das Versicherungsgeschäft mit einer Solidität betrieben wird, die unserem Standard entspricht. Es werden außer Südafrika sehr wenige Länder sein.

Also bleibt hauptsächlich die Erschließung Westeuropas unser Problem. Aber gerade dieses Europa in seiner anhaltenden politischen, wirtschaftlichen, finanziellen, währungspolitischen, rechtlichen, steuerlichen und sprachlichen Differenzierung bleibt das Feld, das am schwierigsten zu beackern ist.

Die Zerrissenheit Europas ist ein Drama, bei dem wir nicht wissen, ob wir heute dem letzten Akt beiwohnen, in dem der Untergang des Abendlandes zur Wirklichkeit wird. Die kürzliche Verwandlung der Szenen ist – wie eingangs gesagt – beunruhigend. Andererseits besitzen die westeuropäischen Nationen, und nicht zuletzt Westdeutschland, große innere Kräfte, vor allen Dingen geschulte Arbeitskräfte, die eine weitergehende Stabilität gewährleisten, als es die verfehlte Politik unserer Staatsmänner glauben läßt.

Man darf eben mit Europa nicht ungeduldig werden, sondern muß eine schrittweise Kooperation anstreben. Viel Schaden wird dadurch angerichtet, daß zuviel von Integration gesprochen wird, also von einer Art Vereinheitlichung, die der europäischen Vielfalt niemals entsprechen kann. Ein größeres Europa – abgesehen vom wirtschaftlichen Zusammenleben der sechs kontinentalen Staaten – kann zunächst nur eine *Föderation* sein, die dann auf lange Sicht zu den Vereinigten Staaten von Europa heranwachsen könnte. Noch befinden wir uns im Geburtsstadium dieser Entwicklung und sollten uns nicht wundern, wenn die einzelnen Glieder dieses Körpers noch nicht unter der Kontrolle eines bewußten Gehirnmechanismus stehen, sondern sich unabhängig von einer zentralen Steuerung bewegen – und bewegen müssen, solange die zentrale Gehirnfunktion noch nicht genügend ausgebildet ist.

Wenn also die politische Integration auf längere Sicht nicht möglich ist, was sollte man tun? Man sollte eben nicht den Versuch der Integration am untauglichen Objekt machen, sondern zunächst den Weg einer Kooperation beschreiten. So geschieht es in der zwischenstaatlichen Wirtschaft überall da, wo ein Zusammenleben noch nicht möglich oder nicht ratsam ist. Nicht einmal in den USA gibt es für die einzelnen Staaten die gleiche Gesetzgebung. Wie sollten wir also für unser vielfältiges Europa, in dem wir uns nicht einmal sprachlich verstehen, von der Erwartung ausgehen, daß von einem Jahrzehnt auf das andere eine Vereinheitlichung, sprich Integration, möglich wäre? Im Gegenteil: *Die Utopie von der europäischen Integration verhindert die europäische Kooperation und Föderation!* Das wirtschaftspolitische Konzept der integrierten EWG – das hoffentlich zur Wirklichkeit wird – läßt sich nicht auf das Ganze übertragen, weder auf die politische Struktur der sechs EWG-Länder noch weniger aber auf die Einbeziehung anderer europäischer Länder, wie England, in eine politische Gemeinschaft.

Wichtig bei allen diesen Erwägungen bleibt nur, den Willen zur Verständigung und zur Zusammenarbeit zu erhalten und zu vertiefen. In diesem Sinne betreiben wir unser Versicherungs- und Rückversicherungs-Geschäft in allen europäischen Ländern.

Die politische Entwicklung und die Verwandlung des Weltbildes, die im letzten Jahr eingetreten ist, wird uns hieran nicht hindern. Ganz im Gegenteil sehen wir in der Festigung der Freundschaft mit unseren westlichen Partnern, von den Benelux-Ländern angefangen, über England und Frankreich bis zu Spanien, Italien und der Türkei, die einzige Möglichkeit, die vorhandene Kraft Europas auch nach außen sichtbar werden zu lassen und zu mobilisieren. Die nicht-militärische Mobilisierung Westeuropas ist das Gebot der Stunde für alle westdeutschen Unternehmer, die ihr Land vor dem Übergriff aus dem Osten retten wollen.

Die dynamische Entwicklung der Gerling-Unternehmen in einer verwandelten Welt ist im Sinne dieses Konzepts zu verstehen als die Teilnahme an einer gemeinsamen Aufgabe, nämlich der Festigung und Förderung der unternehmerischen Freiheit und der Erhaltung der Menschenwürde in einem heiß umkämpften Frieden, den wir mit allen uns zur Verfügung stehenden Kräften zu bewahren suchen, nach innen wie nach außen.

Die Gerling Dynamik: Beginn einer neuen Entwicklungsphase

Es ist natürlich, wenn wir bei der Betrachtung des Standes und der Entwicklungsmöglichkeiten unseres Unternehmens an die Tagesereignisse anknüpfen, die unser Land an einen bedeutenden Wendepunkt der Nachkriegsgeschichte gebracht haben. Je mehr und je intensiver wir uns mit diesen Ereignissen befassen, die äußerlich ihren Niederschlag in einem ungewöhnlichen Regierungswechsel und in einer Aufwertung der Deutschen Mark gefunden haben, um so mehr erkennen wir, wie sehr sich die Szenerie unser politischen, gesellschaftlichen, wirtschaftlichen, kulturellen und geistigen Umgebung verändert hat, und wir nehmen in dieser schlaglichtartigen Beleuchtung wahr, daß die äußere Erscheinung der Ereignisse einer inneren Wandlung entspricht, mit der ein Abschluß der Nachkriegszeit vollzogen und die Saat zu neuem Wachstum in anderen Formen und in anderen Spielarten als bisher in den Boden Deutschlands gesenkt wurde. Von außen gesehen, vollzieht sich die Veränderung in einer unerwarteten Weise über Darsteller, die wir in der Vergangenheit in anderen Rollen kannten. Ich würde dieses Phänomen so deuten, daß die Darsteller des Spiels sich selbst einer inneren Wandlung in dem vergangenen Jahrzehnt unterzogen haben, so daß wir für das Spiel der Zukunft nicht mit den traditionellen Aufführungen und Durchführungen rechnen dürfen, die wir in der politischen Theaterwelt der letzten 20 Jahre seit 1948 gewohnt waren. Links und rechts gibt es auf dieser Bühne nichts mehr in der ehemaligen Bedeutung; die Rollen scheinen vertauscht, andere Dimensionen in das Szenen-Bild eingeführt und Beleuchtungs- wie Stil-Effekte angewandt zu werden, die im ersten Augenblick befremdend wirken, bis man die Beweggründe hierfür begriffen hat.

Die Darsteller sind auch jugendlicher geworden; sie wollen eine neue Generation in einer neuen Haltung repräsentieren, wobei nicht alle ersten Schritte und Gesten überzeugend zu gelingen scheinen, da man

Rede anläßlich der Gesamtsitzung der Aufsichtsräte, Verwaltungsräte, Beiräte und Geschäftsleitung des Gerling-Konzerns am 31. Oktober 1969 in Köln

sich noch in ungeübter Rolle, gewissermaßen auf Generalprobe, befindet. Die Betrachter reagieren entsprechend, und in der Kulisse wie im Chor herrscht einige Verwirrung.

Man sucht – zunächst vergeblich – nach dem Mann, der die Regie führt und mit dem man über den Sinn und Zweck der Aufführung sprechen könnte. So ist man also auf eigene Auslegungen angewiesen und dadurch zumindest indirekt zur geistigen Mitwirkung aufgerufen.

Klar lassen sich zwei Grundzüge des neuen Spiels erkennen: der Versuch, den Generationenwechsel zu vollziehen, verbunden mit dem Versuch, zu einer Regierungsform vorzudringen, die dem Fachmann, wenn möglich in der Rolle des Ministers, die ihm zukommende Verantwortung im Staatsdienst verschafft.

Auf diese Weise werden Regierung und Staat wie ein Unternehmen geformt und geleitet, wobei die Regierung die Betriebsleitung repräsentiert. Die weitere Folge ist, daß hiermit das unternehmerische Element in die Funktionen des Staates einrückt und die Frage auftaucht, welche Bedeutung die unternehmerische Initiative für unsere Gesellschaftsordnung und für die Gestaltung unseres Lebens überhaupt hat: Es ist, als wäre ein Vorhang von der politischen Bühne weggezogen worden und plötzlich der Blick frei für den geistigen Hintergrund, von dem aus Menschen und Dinge bewegt werden. Vor diesem Hintergrund entdecken wir die Gestalt des Unternehmers neu, als bewegende Kraft und als geistige Energie der politischen Welt ebenso wie als Mittelpunkt des Wirtschaftslebens.

Eine gewiß überraschende Feststellung: In dem Augenblick, in welchem sich nach traditioneller sozialistischer Anschauung die Dinge auf eine Planwirtschaft und die absolute Herrschaft des Staates hinbewegen müßten, tritt die Bedeutung des unternehmerischen Faktors als wahrer Träger des Erneuerungsgedankens zutage. Also gerade das Gegenteil des Erwarteten geschieht, und zwar aus sachlichen Gründen, da Erneuerung und Modernisierung nicht ohne den Einsatz unternehmerischer Mittel denkbar ist – es sei denn, wir wollten auf das Erreichte und damit auf die Wahrung der Kontinuität ganz verzichten und uns unter Aufopferung persönlicher Freiheit einem kommunistischen System verschreiben.

Nun, einem System verschreiben wir uns auch so, nur daß es – auf anderen Voraussetzungen aufgebaut – um einen Mittelpunkt kreist, den Dr. Herbert Gross »das Geistkapital« nennt, womit er die geistige Energie des unternehmerisch denkenden und handelnden Menschen meint, den wir im Wirtschaftlichen einfach als Unternehmer zu bezeichnen gewohnt sind.

In der Wirtschaft ist dieses Geistkapital die notwendige Voraussetzung und Ergänzung der drei anderen Kapitalien, mit denen unsere Betriebe organisiert werden: Dem Arbeits-Kapital, dem Finanz-Kapital und dem Wissens-Kapital [...]

In dieser Formulierung, also der Erfindung des Begriffes Geistkapital, liegt eine neue Sicht, fast eine Entdeckung beschlossen, die schon bekannte Vorstellungen unter einem neuen Gesichtswinkel bündelt und klarstellt, daß zu den drei bekannten Faktoren wirtschaftlicher Betätigung ein vierter Faktor gehört, der im Dasein einer modernen Unternehmens-Entwicklung nicht mehr fehlen kann, ohne dieses Unternehmen – sei es nun ein Betrieb oder der Staat – der schnellen Veralterung und der Stagnation anheimzugeben. Was heute oft Establishment genannt wird, ist Stagnation in diesem Sinne. Hiervon rückt die neue Generation ab; sie betritt damit zusammen mit denen, die in die Zukunft blicken, den Raum einer vierten Dimension, deren Einbeziehung in unser Denken und Handeln zu einer Umformung und Neuordnung der Zusammenhänge innerhalb unserer bestehenden Gesellschaftsordnung führt.

Das Gebot der ersten Stunde, in der wir uns am Beginn dieser neuen Entwicklungs-Phase befinden, heißt, die Grundfaktoren, auf denen aufzubauen ist, richtig zu erkennen, diese Erkenntnis auszusprechen und dementsprechend vorausschauend zu planen. Die Vorstellung, daß der Unternehmer Ausgangs- und Mittelpunkt solcher Planungen sein muß, sollte zum Allgemeingut der Verantwortlichen in unserem Staat gemacht und durch alle Massenmedien und Parteien in das Zeitdenken eingeführt werden. Die Weichenstellung im rechten Moment ist wichtig: Was morgen werden soll, gehört in das Programm von *heute*.

Dazu gehört in erster Linie, daß dieses Geistkapital entwickelt wird und sich entfalten kann, also Entscheidungsfreiheit in unternehmerischen Dingen und die Überlassung der Selbstverantwortung an diejenigen, die sich hierfür qualifizieren. Diese Richtlinie führt im politischen und wirtschaftlichen Leben zu bestimmten Markierungen, die nicht ohne Schaden außer acht gelassen werden können. Vor allen anderen werden zwei Problemkreise davon entscheidend berührt: die Mitbestimmung in den Unternehmen sowie die Finanz- und Steuerpolitik.

Eine Besteuerung, die die unternehmerische Leistung nicht fördert, sondern beschränkt, steht dem Wachstum im Wege und führt zur kalten Verstaatlichung; sie gefährdet die Finanzierung aller Reformpläne. Eine Mitbestimmung, welche die Verantwortung für die Unternehmens-Entwicklung in die Hände der Unverantwortlichen legt, bedeutet das Ende unternehmerischer Tätigkeit. Wenn diese Grundsätze richtig und durch die Notwendigkeit der Erhaltung tatkräftigen Unternehmertums erhärtet sind und damit zwangsläufig anzuerkennen sind, wenn wir den Wohlstand des Landes nicht aufs Spiel setzen wollen, dann dürfen auf diesen beiden Gebieten keine Kompromisse geschlossen werden, die einerseits durch die Höhe der Besteuerung im Einkommens-, Vermögens- oder Erbschafts-Steuer-Sektor und andererseits durch die Übertreibung der Mitbestimmung ohne Mitverantwortung die Antriebskräfte unserer Wirtschaft für immer lahmlegen.

Diese Lähmung kann vermieden werden, wenn Mitbestimmung in den Rahmen der im Betrieb übernommenen Mitverantwortung gestellt wird und dabei der Gedanke der sozialen Partnerschaft in den Vordergrund rückt und nicht der – heute etwas gequält wirkende – Gegensatz zwischen Arbeitgeber und Arbeitnehmer, der noch aus dem ideologischen Arsenal des Marxismus stammt und in der Praxis der Betriebe längst überwunden wurde. Es dürfte nicht schwerfallen, wenn die Sozial-Partner – wie sie heute allgemein genannt werden – im Geiste der betrieblichen Teamarbeit sich zu einer Haltung verpflichteten, die anerkennt, daß derjenige, der die Verantwortung und das Risiko trägt, auch die Entscheidungen bestimmt und daß es nur folgerichtig und nicht unsozial ist, wenn im Rahmen des Arbeitsteams – wie es auch gestaltet sein mag – jeder Mitwirkende, jeder Mitarbeiter seiner betrieblichen Verantwortung entsprechend mitbestimmt und nicht von einem Standpunkt außerhalb dieser betrieblichen Verfassungs-»Legalität« und nicht entgegen diesem Geist der Zusammenarbeit eine betriebsfremde Gegensatz-Position geschaffen wird, die eben nur zur Quelle bisher nicht vorhandener Gegensätze wird, etwa vorhandene gesellschaftliche Unterschiede noch verschärft und damit eine neue klassenkämpferische Situation heraufbeschwört, die gerade nach dem Kriege – jedenfalls in Deutschland – im Interesse aller Beteiligten überwunden wurde.

In dem Team, das ein Unternehmen leitet, spielt der Unternehmer die erste Rolle: Er ist der Dirigent des Orchesters, dem er seine geistige Qualität verleiht, die er in persönlicher Freiheit selbst errungen und erarbeitet hat. Er ist der »freischaffende« Künstler – ich greife hier ein Scherzwort auf, das Otto Wolff von Amerongen auf sich selbst münzte –, der entweder Autorität zur Entscheidung aus sich selbst heraus hat – oder als Unternehmer nicht gelten kann. Er braucht einen freien, überlegenen, unabhängigen Geist. Verliert er diesen dadurch, daß Unternehmergeist »mitbestimmt« würde, so ist dem Unternehmer – dem freischaffenden Künstler – ein Wirken, das seiner Aufgabe entspricht, nicht mehr möglich. Der Unternehmer bedarf der Bewegungsfreiheit eines Entdeckers, eines Pioniers. Er ist der dynamische Motor unseres tätigen Lebens: Er stellt Dynamik und Geistkapital in einer Person dar.

Es wird darauf ankommen, in den beiden Fragen der Mitbestimmung und der Besteuerung der produktiven Kräfte so maßvoll vorzugehen, daß nichts geschieht, was die unternehmerische Grundlage unserer Wirtschafts- und Gesellschafts-Verfassung – die das Geistkapital des Unternehmers dringender als je gebraucht – gefährden oder sogar zerstören könnte. Wir müssen dafür sorgen, daß die Grundsatzerklärung der neuen Regierung über ihre Politik in diesen Fragen dahingehend verwirklicht wird.

In den Rahmen der Umformung unserer Verhältnisse ist nun auch unser Unternehmen, der Gerling-Konzern, gestellt. Wir beginnen die neue Entwicklungsphase in bester Form. Dynamik und Geistkapital, soeben als Eigenschaften des Unternehmers schlechthin charakterisiert, sind Begriffe, die in unserem Unternehmen stets bestimmende Faktoren waren.

...

Gewisse Pläne, die wir schon im vergangenen Jahr vorbereitet hatten, reiften in diesem Jahr bis zur Verwirklichung heran: So wurde vor einigen Wochen der Gerling Dynamik Fonds zum Verkauf über unsere eigene Versicherungs-Organisation freigegeben und damit zum ersten Mal unter unserem Namen ein Wertpapier verkauft, das im Grunde als Service-Leistung eine Beratung unserer Kundschaft darüber enthält, wie sie ihre Vermögen in Wertpapieren – hauptsächlich Aktien – sach- und fachgerecht anlegen kann. In diesem Sinne bieten wir, auf unsere Erfahrung in der langfristigen Vermögensanlage basierend, eine ständige Kundenbetreuung auf diesem Sektor und werben zugleich für unseren Namen mit dem Ziel, auf diesem Wege unser Versicherungs-Geschäft auf weitere Kundenkreise auszudehnen, indem wir dem Gerling Dynamik Fonds neue Gerling-Anhänger gewinnen. Am Rande sei vermerkt, daß der Absatz des Dynamik Fonds alle Erwartungen weit übersteigt.

Der Träger des Beratungsdienstes in unserer Gruppe ist die neugegründete Gerling Vermögens- und Kapitalanlage-Beratungs-GmbH. Diese wird unseren Service auf diesem Gebiet schon im nächsten Monat erweitern durch das Angebot eines eigenen Rentenfonds unter der Bezeichnung Gerling Rendite Rentenfonds.

Beide Fonds können nur aus vorhandenem Vermögen gekauft werden; ein Sparplan wird nicht angeboten, dies um so weniger, als die Lebensversicherung selbst der beste Sparplan ist, der auf Grund jährlicher Prämienzahlungen zusammen mit dem Risikoschutz für den Todesfall aufgebaut werden kann.

In Zukunft wird es zudem in unserem Hause eine fondsgebundene Lebensversicherung geben, insbesondere für solche Kunden, die noch kein Vermögen bilden konnten und dennoch eine Investment-Anlage in Wertpapieren mit gesichertem Sparplan wünschen. Ferner besteht ein Plan für die Kombination zwischen Fonds-Anlage, Lebensversicherung und Kreditgewährung zur Vermögensbildung. Wir kommen dem All-Finanz-Angebot damit noch näher und hoffen, auf diese Weise als Versicherer bei allen Bevölkerungskreisen Eingang zu finden.

...

Zur Gerling Dynamik gehören noch andere Vorgänge des vergangenen Jahres, wie z.B. die Aufnahme der Beratungstätigkeit auf dem Gebiet der Maschinen-Versicherung durch das Gerling Institut für technische Schadensforschung, das inzwischen zu einer viel beanspruchten und von der Industrie geschätzten Einrichtung geworden ist. Ferner wurde die Rechtsschutzversicherung als neue Sparte in unser Verkaufsprogramm aufgenommen und mit wachsendem Erfolg angeboten.

Eines der wichtigsten Themen jedoch, das uns in den vergangenen Monaten beschäftigt hat, liegt auf dem Gebiet der Ausdehnung unseres Erstversicherungs-Schutzes auf das Ausland.

Wenn hier von Erstversicherung ganz allgemein die Rede ist, so bedeutet dies nicht, daß wir beabsichtigen, von unserem Grundsatz abzugehen, vor allem Versicherer der Industrie zu sein, der wir überall in der Welt den Service und die Risiko-Deckung geben wollen, wie sie ihn in Deutschland von uns gewohnt ist. Die deutsche Industrie erwartet von uns, daß wir ihr mit unserem Schutz ins Ausland folgen, wo immer sie auch investieren mag. Wir können uns daher nicht auf Länder beschränken, in denen wir eigene Repräsentanten oder Gesellschaften besitzen, sondern müssen überall tätig werden, wo es verlangt wird.

Bisher haben wir für das Ausland nur eine Organisation in der Globalen Rückversicherung aufgebaut, nicht aber für Zwecke der Erstversicherung in Transport, Montage, Feuer, Maschinen, Haftpflicht und anderen Sparten. Lediglich in Kanada bestehen Gesellschaften, die sowohl die Sach- und HUK-Versicherung wie auch die Lebensversicherung direkt betreiben.

Nachdem wir in der Nachkriegszeit uns eine feste Ausgangsbasis für eine weltweite Ausdehnung unseres Versicherungsgeschäftes schaffen konnten und die Globale Rückversicherung unter dem Namen Gerling seit 15 Jahren planmäßig betrieben wurde und entsprechende Stützpunkte in wichtigen Ländern bestehen, können wir uns daran machen, auf diesem Fundament weiterzubauen und das zu tun, was die Zeitumstände und die Zukunftsprognosen uns als Industrie-Versicherer nahelegen, nämlich eine Welt-Versicherung der deutschen Industrie ins Leben zu rufen.

»Weltversicherung« ist nur ein einziges Wort, aber dieses Wort beinhaltet ein außerordentlich bedeutendes, weitreichendes und kompliziertes Zukunftsprogramm, das gewiß einen außergewöhnlichen Einsatz an Unternehmer-Initiative und daher an »Geistkapital« verlangt. Wir haben uns entschlossen, den Einsatz zu wagen.

Wir fügen der großen Säule der Globalen Rückversicherung die zweite Säule der weltweiten Erstversicherung hinzu. Die Voraussetzungen hierfür sind inzwischen geschaffen.

...

Ich möchte Ihnen ersparen, zu diesem Thema zu viele Einzelheiten anhören zu müssen. Abschließend möchte ich nur hervorheben, daß der Schritt nach draußen, den wir hiermit beschlossen haben, für unsere Unternehmensgruppe in ihrer Weiterentwicklung von größter Bedeutung sein wird und für das Wachstum des Konzerns im nächsten Jahrzehnt entscheidende Auswirkungen zeitigen kann, auch in Anbetracht der Bedeutung des Instrumentes »Welt-Versicherung« und »Welt-Service« für unsere deutsche Industrie-Kundschaft, die damit über unsere Gruppe Möglichkeiten einer zentralen Lenkung ihrer Versicherungsinteressen erhält, die eine andere deutsche Versicherungsgesellschaft kaum bieten kann. In der hier gebotenen Form dürfte der Gerling-Konzern wohl der erste deutsche Versicherer sein, der sich der Auslands-Risiken deutscher Investoren derart umfassend annimmt.

Mit der Einführung der Welt-Versicherung wird der Gerling-Konzern faktisch noch ein zweites Mal aufgebaut: Was bisher – in 60jähriger Tätigkeit – in Deutschland geschah, wird zukünftig in der ganzen Welt geschehen.

Wie Sie erkennen werden, befindet sich unser Unternehmen ebenso an einem Wendepunkt der Nachkriegsgeschichte, wie dies der Fall ist für die politische Gestaltung unseres Landes unter einer neuen Regierung, die sich das moderne Deutschland und innere Reformen als Zielsetzung vorgenommen hat. Die Parallelität der Vorgänge scheint mir nicht zufällig zu sein, denn wir haben in unserer Nachkriegsentwicklung einen Punkt erreicht, an dem gewisse alte Themen und Probleme als abgeschlossen betrachtet werden müssen und neue Themen unausweichlich der Lösung harren wie beispielsweise das Thema der Gestaltung unseres Verhältnisses zur Umwelt. Wer die Bundestagsdebatte in den letzten Tagen mit angehört hat, dem wurde die unmißverständliche Wandlung deutlich, die sich in der Betrachtung unserer Außen-Beziehungen vollzieht. Wir befinden uns gleichsam auf einer Einbahnstraße in Richtung auf eine Öffnung zur Außenwelt, eine Straße, auf der es kein Anhalten, kein Ausweichen und erst recht kein Rückwärtsfahren gibt. Genauso geht es uns mit der Öffnung des Unternehmens nach außen für die Welt-Versicherung, die aus der Entwicklung der deutschen Industrie im Ausland entstand, die wiederum ein Ergebnis der politischen Entwicklung der beiden letzten Jahrzehnte war.

Kehren wir also zum Ausgangspunkt unserer Darstellung zurück, zur Unternehmer-Initiative, die das Wachstum und die Ertragskraft des wirtschaftlichen Lebens im Sinne des Geistkapitals als vierte Dimension des Handelns bestimmt, auf deren Ergebnissen aber auch der weitere Aufbau aller Lebensbereiche unserer Zivilisation beruht, des Politischen ebenso wie des Gesellschaftlichen und des Kulturellen.

Bei der inneren Erneuerung unseres Landes im Zuge des Generationenwechsels gewinnt die Verwendung der geistigen Energien des ganzen Volkes im Sinne der Erzielung höchster Ertragskraft und Produktivität zentrale Bedeutung für die Finanzierung der großen Bildungsvorhaben und der inneren Strukturänderungen, gleichermaßen aber für die Überzeugungs- und Durchschlagskraft der Konzepte für die entsprechenden Reformprogramme.

Die Bewertung der Programm-Inhalte ergibt sich aus der Beantwortung der Frage, wieweit sie unternehmerisches Denken und Handeln berücksichtigen und einschließen. Es gilt unter diesen Umständen nicht weniger, sondern mehr Unternehmungsgeist und Unternehmungslust einzusetzen und wirken zu lassen. Vergessen wir dabei nicht, daß der Unternehmer aus allen Schichten unseres Volkes stammt, daß er also keine privilegierte Klasse darstellt, und daher auch in allen Schichten unseres Volkes vertreten sein sollte, nicht zuletzt im Staatsdienst.

Die bisher gültigen Grenzen und Beschränkungen zwischen den verschiedenen gesellschaftlichen Klassen und politischen Richtungen im überkommenen Sinne werden unter diesem Aspekt gegenstandslos. Auch bei der politischen Arbeit wird das Team der unternehmenden Fachleute in Zukunft die entscheidende Rolle unter einem führenden Kopf übernehmen müssen, wenn das gemeinsame Werk, das aller vorhandenen Energien bedarf, auch gelingen und nicht in wortreichen Erklärungen und im Dickicht der Bürokratie steckenbleiben soll.

Die erste Aufgabe in dem heutigen Stadium der Erneuerungsversuche ist das Umdenken des bislang Gedachten und die neue Formulierung der überholten Begriffe. Wenn wir die Grenzen unserer bisherigen Vorstellungen überschreiten, wenn Menschen heute zum Monde fliegen können, müssen wir auch die Grenzen auf der Erde überwinden und vergessen können.

Niemand erwartet heute noch grundlegende Veränderungen der Landkarte. Wenden wir also unseren Blick doch ab von dem Papier, auf dem die alten Grenzen verzeichnet stehen, und richten ihn in die offene, freie Welt, die vornehmlich eine Welt der geistigen Anschauung ist, in der wir als Menschen und als Nation die Erfüllung in der Entfaltung kultureller Werte in menschlicher Freiheit und in der Verwirklichung unseres Selbst finden. Für diese Ziele können wir klar und energisch, ohne Heuchelei und Hintergedanken, unter Zustimmung aller Völker eintreten und uns selbst damit den größten Dienst erweisen, nämlich: *Die Befreiung von der Vergangenheit.*

Für unser Unternehmen liegt die Befreiung von der Vergangenheit in der Verwirklichung der Gerling Dynamik, die uns mit der ganzen Welt über alle Grenzen hinweg verbinden wird und neue Wege der Tätigkeit wie auch der Ausdehnung eröffnet, die bisher nicht einmal entdeckt wurden. Von jetzt an gehen wir auf unternehmerische Entdeckungsreisen, um Gebiete der Dienstleistungen zu erschließen, die noch unerforscht vor uns liegen. Das wird nun unsere Zukunftsaufgabe sein – so gesehen am Beginn einer neuen Entwicklungsphase: Köln am Rhein, Freitag, den 31. Oktober 1969.

Freie Wirtschaft am roten Faden

Die dauernde Existenzfähigkeit eines Unternehmens, auch einer großen Unternehmens-Gruppe, ist heute nicht mehr selbstverständlich, noch weniger ist es die Existenz eines privaten Unternehmers. Von der Lösung der wirtschaftlichen Aufgaben her gesehen ebenso wie von der Seite der Bewahrung des persönlichen Eigentums betrachtet, sind zu den bestehenden Risiken, die in jeder Unternehmung stecken, neue Gefährdungen und Probleme hinzugekommen, die sich aus grundlegenden Veränderungen der strukturellen Voraussetzungen ergeben, unter denen ein Betrieb wirtschaftlich noch mit Erfolg tätig sein kann.

Nachkriegs-Bauwerk »Deutsche Wirtschaft«

Bei oberflächlicher Betrachtung der Zahlenergebnisse, die der Privat-Wirtschaft, auch noch in den letzten Jahren meist beträchtliche Wachstums-Raten auswiesen, könnte man zu der trügerischen Schlußfolgerung kommen, daß Jahr für Jahr bis zum heutigen Tage im Durchschnitt der gesamten Volkswirtschaft mehr oder minder große Fortschritte erzielt worden seien, die im allgemeinen zu einer sicheren Struktur der Unternehmen und zu einer erfolgbringenden Funktionsfähigkeit der gesamten Wirtschaft geführt hätten.

Gerade bei einer Betrachtung des erreichten Wohlstandes in unserem Lande ist man geneigt, Schwierigkeiten und Konstruktionsfehler in bestimmten Einzel-Räumen der Wirtschaft zu übersehen, die hinter der schönen, aber auch schon rissigen Fassade verborgen sind. Im Inneren des imponierenden Nachkriegs-Bauwerks »Deutsche Wirtschaft« sind bereits zahlreiche Kräfte am Werke, die einen völlig unorganischen Umbau im Inneren an den verschiedensten Stellen mit den verschie-

Rede anläßlich der Gesamtsitzung der Aufsichtsräte, Verwaltungsräte, Beiräte und Geschäftsleitung des Gerling-Konzerns am 27. Oktober 1972 in Köln

densten Planzielen verfolgen. Mehrere Wirtschafts- und Finanz-Architekten haben versucht, Ordnung in diese Planung zu bringen und mindestens zu verhindern, daß das ganze mühselig unter Aufwand aller Kräfte errichtete Gebäude plötzlich ausgehöhlt in sich zusammenbricht. Die organisierten Bauarbeiter jedoch, besessen von dem Gedanken, das Gebäude so schnell wie möglich ganz mit Beschlag zu belegen und alle Räume in einen konstruktiven und systemverändernden Reform-Umbau einzubeziehen, haben diese Architekten schon nach den ersten Neuplanungsversuchen fallengelassen und sich entschlossen, den Reformbau auf eigene Faust durchzuführen.

An diesem Punkt der Entwicklung sind wir heute angelangt. Vor uns steht das unvollendete, unvollkommene und zum totalen Umbau vorgesehene, kurz vor der Räumung stehende Bauwerk der freien sozialen Marktwirtschaft, um dessen Besitz nunmehr mit allen Mitteln der Politik gestritten wird.

Kurz vor der Stunde Null

Allein der Streit um den Besitz lähmt schon die Werktätigen, Unternehmenden und Schaffenden in sämtlichen Lebensbereichen. Die Bewahrung der Existenz und des Besitzes, aber mehr noch die Rettung der persönlichen Freiheit der tätigen Menschen vor dem Einbruch des Kollektivismus, beschäftigt vordergründig und hintergründig alle Geister und läßt das Streben nach Leistung und nach Mehrung des realen Sozialprodukts erlahmen, bevor noch der lange Marsch der Systemveränderer durch die Institution richtig in Gang gekommen ist.

Die vom Sozialismus verfemte Leistungsgesellschaft hält den Atem an: sie macht Pause. Die Stunde *Null* naht noch einmal, diesmal ohne Geschützdonner, übertönt jedoch von dem inhaltsleeren Wortschwall und den lautstarken Parolen radikaler Reformer. Der Ring der Geschichte schließt sich, denn der Weg der Entfernung vom *nationalen* Sozialismus scheint uns wie im Nebel im Kreis herumgeführt zu haben an die noch verhangene Pforte zum *demokratischen* Sozialismus. Sollte es wirklich wahr sein, daß die große Mehrzahl des deutschen Volkes im freien Deutschland im Kreis gegangen wäre, ohne es gewollt und bemerkt zu haben? Wäre es möglich – wie manche Beobachter andeuten –, daß dieses kriegs- und inflationserfahrene Volk wie einem Rattenfänger von Hameln und einem Till Eulenspiegel folgend an der Nase herumgeführt worden wäre und die Richtung verloren hätte?

Das klingt nicht glaubhaft. Wir müssen die Substanz sehen, die in unserem Lande steckt, an menschlichen Energien, an Geist, an Erfindungsgabe, an Leistungswillen, an Arbeitskraft, an Bodenschätzen, an Industrie-Anlagen, an Infrastrukturen und nicht zuletzt an Tradition und Geschichts-Bewußtsein. Noch sind alle diese Besitztümer vorhanden und als Faktoren des wirtschaftlichen, politischen, gesellschaftlichen und kulturellen Daseins wirksam. Sie dürfen nicht im totalen und totalitären Kollektivismus untergehen.

Stagnation der Produktivität als Produkt des Sozialismus

Die Gefahr des Kollektivismus in mancherlei Form, getarnt als Dirigismus, Mitbestimmung, Sozialisierung des Eigentums oder allgemein als *Demokratisierung*, hat bereits einen Ankündigungs-Effekt auf den Leistungswillen der Gemeinschaft, führt unmittelbar zu einem deutlichen Leistungsverfall und damit zu einem Auseinanderklaffen zwischen abnehmender Arbeitsproduktivität einerseits und zunehmendem Lohn- und Gehalts-Niveau andererseits. Ein wesentlicher Teil der deutschen Krankheit »Stagflation« stammt aus dieser Quelle: Inflation von Löhnen und Gehältern, Stagnation der Arbeitsleistung, also ein relativ abnehmendes Sozialprodukt bei steigenden Verbraucher-Einkommen.

Die Stagnation der Produktivität schlägt sofort durch auf das reale Wachstum einer Volkswirtschaft, so daß zur Verteilung im eigenen Lande und zum Export gleichzeitigen Anstiegs des nominalen Volumens von Löhnen, Preisen und Umsätzen in Wirklichkeit unser Land nicht reicher geworden ist, als es vorher war.

Im Gegenteil: Die wahre Folge der gleichzeitigen Lohn- und Preis-Inflation bei Stagnation des realen Wachstums und bei Abnahme der durchschnittlichen realen Erträge der Unternehmen führt zu einem Verlust an Vermögen und Substanz im privaten, betrieblichen und volkswirtschaftlichen Sektor. Das freie Deutschland wird ärmer, denn mit abnehmenden *realen* Vermögens-Erträgen an den Ersparnissen der Verbraucher und mit *realem* Ertrags-Rückgang der Unternehmungen kommt es nicht mehr zu ausreichender Vermögens- und Kapitalbildung, selbst dann nicht, wenn die Zinsen und Kapitalerträge der nominalen Höhe nach inflationär angesetzt werden: Unter dem Strich, nach Abrechnung von Plus und Minus, wird nicht viel verbleiben können – keinesfalls in der volkswirtschaftlichen Gesamtrechnung, deren Ergebnis darüber bestimmt, welches Gewicht unser Land im Welthandel und in der Weltpolitik bewahren kann. Drei Jahre stark zunehmender Inflation ohne entsprechendes Wachstum haben genügt, unser Land zu einer drittklassigen Export-Nation werden zu lassen, mit zunehmenden Schwierigkeiten, in Preis und Qualität zukünftig noch erfolgreich auf dem Weltmarkt konkurrieren zu können.

Aber auch in der Binnenwirtschaft setzt der Verfall ein. Zwar wird die Vermögensbildung in Form von Ersparnissen großgeschrieben; doch darf man die Größe der Geld-Ersparnisse nicht mit realer Kapitalbildung gleichsetzen. Man kann vereinfachend sagen, daß die Inflation ihre eigenen Ersparnisse aufzehrt, wenn nicht die Verzinsung des Ersparten den Inflationsverlust wenigstens ausgleicht. Zinsen aber sollten ihrer Bestimmung nach ein Vermögens-*Wachstum* herbeiführen oder als *Rente* aus einem Vermögen der Altersversorgung dienen, nicht aber stillschweigend der Finanzierung einer immer schneller trabenden Preisinflation geopfert werden.

Die Inflation als programmierter Massenwahn

Um dieser Kaufkraftminderung und dem Substanzverlust zu entgehen, wird seit einiger Zeit versucht, dem Problem der Inflation mit der »Dynamisierung« von nominalen Geld-Ansprüchen wie zum Beispiel Renten und Lebensversicherungsbeiträgen entgegenzutreten. Dies erscheint offenbar als eine Möglichkeit, den Inflationsgeschädigten einen finanziellen Ausgleich zu geben, der im Einzelfall wirksam wird. Volkswirtschaftlich gesehen wirken jedoch diese Dynamisierungen ähnlich wie Index-Klauseln und führen eben dazu, daß der *Preis-Inflation* eine *Einkommens-Inflation* hinzuaddiert wird, womit schließlich das ganze Wirtschaftsgefüge zu einem programmierten Inflations-Motor wird. Als Schlußfolgerung hieraus bleibt nichts anderes übrig, als von den drei Triebkräften des inflationären Geschehens, die aus dem Lohn-, Preis- und Zins-Steigerungsfaktor her stammen, jeden einzelnen so niedrig wie möglich zu halten und den Wirtschaftsprozeß zunächst immer an derjenigen Stelle zu regulieren, wo die Antriebskräfte zuerst im Übermaß wirksam werden. In diesem Zusammenhang wird der langfristige Kapitalzins als Kosten- und Einkommen-steigernd angesehen und nicht wie der Diskontsatz als Bremsfaktor gegen eine ansteigende Konjunkturwelle.

Die eigentliche Schwierigkeit jedoch, der wir zusätzlich zu diesen ökonomischen Faktoren in den drei letzten Jahren begegnet sind, bestand darin, daß in einer *sozialistischen* Vorstellungswelt durch die einseitige Wahrnehmung von angeblichen Arbeitnehmer-Interessen eine wirtschaftspolitisch zu vertretende Bemessung der Arbeitseinkommen praktisch nicht durchführbar war. Die Regierung war nicht willens und die Unternehmer nicht stark genug, die übersetzten Forderungen der Gewerkschaften in Grenzen zu halten.

Nicht nur im Bereich der Arbeitseinkommen wurden von den Arbeitnehmer-Organisationen inflationäre Forderungen vorgetragen. Mehr und mehr erstrecken sich die Ansprüche der Gewerkschaftsführer auf alle Bereiche unserer Gesellschaftsordnung vom Bildungsurlaub bis zur Mitbestimmung und von der Einflußnahme auf die Politik bis zur Bestimmung der Qualität des Lebens.

Es ist auf diese Weise eine *Inflation der Ansprüche* in vielen Lebensbereichen entstanden, die in keiner Weise im Verhältnis zu den Leistungen stehen, als deren Gegenwert sie eigentlich gesehen und entgegengenommen werden müßten. Dieser Zustand der unerfüllten und gegenwärtig unerfüllbaren Forderungen des Mannes auf der Straße gebiert Unzufriedenheit und Überheblichkeit, dazu noch Unwillen, persönliche Dienste zu verrichten, Abneigung gegen das Mitmenschliche im allgemeinen und erzeugt schließlich Vergiftung der zwischen-menschlichen Beziehungen durch die ätzende Kritik an der empfindlichen Struktur der freien Gesellschaftsordnung, welche gerade auf der scheinbar selbstverständlichen Voraussetzung der gutnachbarlichen Beziehung von dem Einen zum Anderen, also von Mensch zu Mensch, beruht.

Die heute festzustellende *Inflation der Einzelpersönlichkeit* ist eine psychopathische Erscheinung, die im einzelmenschlichen Bereich von einem Seelenarzt als eine seelische Krankheit behandelt werden kann. Die *Inflation als Massenwahn* zu heilen ist bisher noch keinem wirtschaftspolitischen Arzt recht gelungen, wenn die Erkrankung sich erst einmal ausgebreitet und große Teile der nationalen und übernationalen Wirtschaftsvorgänge und der sozialen wie auch der politischen Wert-Struktur erfaßt hatte. Der Bazillus »Inflations-Mentalität« hat die Eigenschaft, sich zunächst im Kopf festzusetzen und von daher auf das Innenleben der Menschen überzugreifen und als ansteckende Krankheit sich zu einer Epidemie auszuweiten, die bisher immer noch zu einem kollektiven Kollaps geführt hat – auf jeden Fall in Deutschland, wo die Übertreibungen krebsartiger Wachstums-Erscheinungen stets besonders guten Nährboden im Volkskörper gefunden haben.

Als wichtig festzuhalten ist bei diesen Diagnosen und Analysen die Erkenntnis, daß übermäßiges Wachstum nicht allein mit wirtschaftlichen Maßnahmen bekämpft werden kann. Wenn Inflations-Denken – wie alles Denken – im Kopf begonnen haben sollte, und wenn menschliche Gier seelische Ursachen hat und dem Gefühlsbereich zuzurechnen sein sollte, so ist es wohl auch klar, daß Heilungskräfte nur da wirken können, wo die Erkrankung ihren Ursprung hat, vornehmlich in den Köpfen.

Der Heilung stehen vier Dinge im Wege:

1. Der Staat als *bürokratische* Einrichtung
2. Die Demokratie als *parlamentarische* Einrichtung
3. Die Parteien als *gesellschaftspolitische* Einrichtungen
4. Die Arbeitnehmer-Organisationen als *sozialistische* Einrichtungen.

All diese Einrichtungen wirken inflationistisch, wenn sie wie gewöhnlich ein Übermaß an Ansprüchen und Wachstum produzieren wollen, das keine reale Entsprechung hat!

Man wird an diesem Punkt der Darlegung auf den Einwand stoßen, daß der Hauptschuldige an der inflationären Entwicklung nicht erwähnt sei, nämlich der Unternehmer. Eine solche Behauptung übersieht, daß die Unternehmerschaft allein eben nicht die wirtschaftspolitischen und menschlichen Voraussetzungen schaffen kann, um eine größere Stabilität zu gewährleisten. Der einzelne Unternehmer ist vielmehr von den Entscheidungen aller vier genannten Institutionen mehr oder weniger abhängig: vom Staat und seiner Bürokratie, vom Parlament und seinen Gesetzen, von den Parteien und ihren Wünschen, von den Gewerkschaften und ihren Forderungen. Der Umfang der Unternehmer-Autonomie ist immer kleiner *geworden* und droht jetzt, wenn diese Autonomie sozialistisch und damit kollektiv überrollt wird, so klein zu werden, daß damit Unternehmertum im richtigen Sinne des Wortes zukünftig nicht mehr wirksam und existenzfähig sein dürfte.

Unternehmertum ist ein anderes Wort für Schaffenskraft, also für genau den Wert, der im neu Geschaffenen liegt, das eine ursprüngliche, originäre Leistung bedeutet, für die eine Volkswirtschaft besonders auch im Export honoriert wird und dies um so mehr, je mehr Kraft und Energie dieser schöpferischen Qualität sie entwickelt. Das freie Deutschland besitzt noch ein großes Potential solchen Unternehmertums. Es gilt, dies auszuwerten und auszubauen, nicht es zu verunsichern, zu behindern und zu zerstören.

Der rote Faden der Inflation und die Unternehmens-Dynamik

Der rote Faden der Inflation, an dem nach Ausbreitung der Epidemie alle Wirtschaftsvorgänge aufgereiht erscheinen wie kranke Perlen an einer morschen Schnur, muß durch die Schaffenskraft der Unternehmer in ein belastungsfähiges, stabiles Gewebe leistungsstarker und ertragsfähiger Unternehmungen eingereiht werden. Damit, daß die Unternehmer diesen Perlen wieder Glanz verleihen, erfüllen sie ihre Aufgabe voll und ganz. Sie müssen dabei in der dynamischen Gestaltung der Unternehmungen unabhängig sein, im Materiellen wie im Politischen, da sie sonst in ihrer Entscheidungsfreiheit unsachlich und einseitig belastet sind. Nur mit einem Vertrauenskapital von allen Seiten, das eine solche Aufgabe erfordert, können Unternehmer für die Volkswirtschaft durch die Stabilität der Betriebe für ein ausgeglichenes Wachstum des Ganzen wirken, nicht aber unter dem Druck sozialistischer Diffamierung.

Die freie Wirtschaft kann keine Seide mehr für den König Verbraucher spinnen, wenn es ihr unmöglich gemacht wird, den roten Faden – an dem so viele spinnen – so wirksam zu verarbeiten, daß den Unternehmern daraus kein Strick gedreht werden kann, an dem sie schließlich aufgehängt werden. Das wäre nämlich genau das Ziel, das der radikale Sozialismus, aber auch unsere kommunistischen Nachbarn im Osten, zugestandenermaßen gerne möchten: Womit ich gar nicht behaupten will, daß es nicht Unternehmer mit Todes-Sehnsucht gibt, zu denen ich nicht gehöre. Ich kämpfe hier, wo ich stehe und lebe, und niemand kann mir meinen Standpunkt nehmen.

Die freie Wirtschaft muß an die Stelle von Inflation das Ziel und die Tatsache der *Unternehmens-Dynamik* setzen und an Stelle der Idee von Reformen die ständige Entwicklungsfähigkeit und Erneuerung der bestehenden Betriebe, Einrichtungen und Organisationen.

Wenn wirklich eine Stabilität der Wirtschafts-Entwicklung erreicht werden soll, so müssen gerade diejenigen Institutionen von ihren inflationären Auswirkungen befreit werden, die auf den Geldwert und die Arbeitsmarktlage, wie auch auf die allgemeine Einkommens-Entwicklung, den größten Einfluß haben: Ich nannte bereits die vier Hauptverantwortlichen, nämlich die Bürokratie des Staates, der Länder und Gemeinden, den Parlamentarismus im fiskalischen Bereich, die Systemveränderer und Reformer in den Parteien und die einseitigen Interessenvertreter der organisierten Arbeitnehmer.

Die Bundesbank nenne ich in diesem Zusammenhang nicht, da sie sich ihrer Aufgabe entsprechend nicht in der Rolle dessen befindet, der Wirtschafts- und Sozial-Politik *aktiv* betreiben kann, sondern einer Einrichtung, die fast nur passive Steuerungsmöglichkeiten besitzt, welche Eingriffe meist dann erst erlauben, wenn Staat, Fiskus, Parlament und Sozialpartner schon gehandelt haben. »Die Wirksamkeit der Zinsen als Regulator der Geldnachfrage in einem inflationären Klima ist stark gemindert« – so erklärt gerade jetzt die Bankenwelt selbst – und: »Die Kreditpolitik der Bundesbank ist keine Wunderwaffe.« Die Bundesbank ist demnach ebensowenig wie die Unternehmen dazu befähigt, gemäß den zur Verfügung stehenden Möglichkeiten und Mitteln inflationäre Erscheinungen mit vorausschauender Aktivität zu bekämpfen.

Hinzuzufügen ist, daß diese Maßnahmen, die aus dem rein *ökonomischen* Betrieb stammen, alle nicht wirksam sind, wenn sie von der inflationären staatlichen Bürokratie mit einer übermäßigen Ausdehnung des Beamten-Apparates, vom Fiskus mit einer unangemessenen, prozyklischen Ausgabe-Politik, vom Parlament mit wahlwirksamen und teuren Reformgesetzen – siehe Rentenreform – und von den Gewerkschaften mit übertriebenen Lohnforderungen, ungeachtet des geringen Wachstums des Sozialprodukts, unterlaufen werden und durch entgegengesetztes Handeln sogar überkompensiert werden.

Der »arme Staat« – eine sozialistische Erfindung

Der Kampf für die *Stabilität*, die selbstverständlich nicht mit Stagnation gleichzusetzen ist, also ein stabiles, ausgeglichenes, aber auch dynamisches Wachstum bedeuten muß, dieser Kampf ist nicht zu gewinnen, wenn die politischen Voraussetzungen hierfür nicht geschaffen werden. Vergessen wir nicht: *Die Inflation fängt in den Köpfen an!*

Ein Ausweichen vor dem Problem dadurch, daß man den bösen Nachbarn und Welthandelspartnern die Schuld am eigenen Unvermögen zuschiebt, führt zu nichts. Nach den Aufwertungen, welche die Deutsche Mark mehrfach durchgemacht hat, ist die Preissteigerungsrate im Inland erst recht angestiegen, und das bleibende Ergebnis besteht folgerichtig darin, daß die Wettbewerbsfähigkeit der Exportindustrie bis an den Rand des Tragbaren belastet und beeinträchtigt wird. Deutschland lebt letztendlich vom *Export* und hat in diesem Jahrhundert nur *mit* dem Export überleben können. Inflation durch Exportdämpfung und Aufwertung bekämpfen bedeutet, die krankheitsbefallene deutsche Wirtschaft zu Tode operieren. Dann werden die Gralshüter des Sozialismus ausrufen können: Die reiche freie Wirtschaft ist tot, es lebe der arme totale Staat!

Von dem Unsinn, der im Zusammenhang mit der Suche nach einer sozialen und gerechten Wirtschafts- und Sozialpolitik geredet wird – letztere kann aus dem Wirtschaftsgeschehen nicht mehr ausgeklammert werden –, von diesem Unsinn, der vielfach gerade auch von der Presse aufgegriffen wird, ist die Behauptung vom armen Staat die gefährlichste und unrichtigste. Der Staat, Inflations-Erreger Numero 1, ist zwar arm an Geist, das sei gerade in der heutigen Situation unbestritten. Diese Armut hat sich allerdings auch bei den Reformvorhaben erwiesen, die zunächst nicht an der Geldfrage, sondern am Unvermögen der Köpfe gescheitert sind, die sich damit befaßt haben. Selbst Reformen, die angeblich kein Geld kosteten, konnten nicht durchgeführt werden, ebensowenig solche, die Geld bringen sollten, wie die Steuerreform, die sicherlich nicht der Verminderung der Staats-Einnahmen zu dienen bestimmt war.

Im übrigen ist dieser Staat nicht arm, es sei denn, daß er sein Volk nicht genug verdienen lassen will, damit es die extrem hohen Steuern zahlen kann, die dem Fiskus ununterbrochen unter Gesetzeszwang zufließen, von Anleihen ganz zu schweigen, mit denen zusätzlich Kredit und damit Vertrauen für eine ungewisse Zukunft verlangt wird.

Die Wahrheit ist, daß unser Staat unter den gegenwärtigen Verhältnissen wohl zu den schlechtest geleiteten Groß-Unternehmen gehören dürfte, die wir in Deutschland zur Zeit besitzen. Allein der übersetzte Beamtenapparat ist eine Verschwendung größten Ausmaßes. Die Inflation der Bürokratie, ständiger Nährboden einer Inflation der Staatsausgaben, wächst in dem Maße, wie Reformvorhaben jeder Art geplant und Gesetze, ungeachtet ihrer verwaltungstechnischen Voraussetzungen und personellen Anforderungen sowie ihrer finanziellen Auswirkungen für das Staats-Budget, beschlossen werden.

Hier kommen die Parlamente und damit die Parteien ins Spiel. Wieder sind wir bei den Köpfen angelangt, den Urhebern allen Übels. Solange und soweit die Leitung des Staatswesens Dilettanten anvertraut und die Gesetzgebung nicht erfahrenen Fachleuten übergeben wird, kann man nicht erwarten, daß der komplizierte Mechanismus einer modernen Wirtschaftsordnung richtig bedient wird und daß die Rechenaufgabe und die dynamischen Bilanzen, die jedes Privatunternehmen für sich aufzustellen und zu lösen hat, als notwendige Voraussetzungen einer politischen Entscheidung von Staats wegen überhaupt gesehen und anerkannt werden.

Reformen gut: aber mit Maß und Ziel, über Jahre verteilt und in Übereinstimmung mit den Wachstumsmöglichkeiten der Volkswirtschaft, parallel zum Zuwachs des realen Sozialproduktes. Also *erst* Erarbeitung eines größeren Sozialproduktes und *dann* Verbesserung der Lebensbedingungen durch Reformen, wenn man dieses übertriebene Wort, das ständig an Reformation erinnert, nicht lieber durch ein anderes wie beispielsweise Erneuerung, Modernisierung oder Weiter-Entwicklung ersetzen will.

Die notwendigen Maßstäbe für die finanzielle Durchführbarkeit von solchen Erneuerungs- und Modernisierungs-Vorhaben sind zu finden. Das Problem liegt nicht darin, solche berechenbaren Maßstäbe aufzustellen, sondern von allen interessierten Seiten die notwendige Zustimmung hierzu zu erhalten. Der Staat frißt seine eigenen Reformen, wenn er die *Inflation der Bürokratie* nicht abstellt. Auch dies ist denkbar durch Vereinfachung der Gesetzgebung, durch Beschränkungen bei der Einstellung von Beamten und durch Zuweisung der Lösung von Gemeinschaftsaufgaben an Privat-Unternehmen, die im Wettbewerb stehen und auf manchen Gebieten, wie z.B. Umweltschutz, Städteplanung, Errichtung von Bauten für öffentliche Zwecke, sicherlich rationeller arbeiten könnten als staatliche Betriebe. Der Staat wird nur arm dadurch, daß er sich zu viele Aufgaben zumutet und von der These ausgeht, daß das Volk dem Staat zu dienen habe und nicht der Staat dem Volk.

Der Staat wird schließlich auch dadurch nicht reicher, daß er höhere Steuereinnahmen erhält; denn er ist im wesentlichen eine Verbrauchs-Organisation, die durch gleichzeitige höhere Ausgaben wieder nur zur Erhöhung des Staats- und Verbraucher-Konsums und dadurch zu Preissteigerungen beiträgt; dies kann dadurch gemildert und ausgeglichen werden, daß gleichzeitig ein reales Wachstum der übrigen Volkswirtschaft eingeleitet wird, durch welches das reale Sozialprodukt im gleichen Maße erhöht wird, wie sich die Staatsausgaben vergrößern. Es bedarf also einer Parallel-Steuerung im Bereich der öffentlichen Hand zu den Entwicklungen in der Wirtschaft. Erhöhungen der Steuersätze für sich genommen, können die Kaufkraft der öffentlichen Hände höchstens vorübergehend stärken, auf lange Sicht jedoch wegen ihrer inflationären Folgen nur vermindern.

Die Heilung der inflationären Köpfe

Die *Heilung* des inflationären Kaufkraftschwundes und der Geldentwertung kann nur dadurch in dauerhafter Weise zuwege gebracht werden, daß alle Beteiligten am Wirtschaftsgeschehen, in erster Linie aber der Staat, die Parlamente, die Parteien und die öffentlichen Hände wie schließlich auch die Sozialpartner zur Einsicht in die größeren Gesamt-Zusammenhänge und zur Befolgung gemeinsamer Richtlinien gebracht werden. Diese *Einsicht in wirtschaftliche Vorgänge* und ihre Bedeutung für das soziale Leben, die Gesellschaftsordnung und für innen- und außenpolitische Entscheidungen muß auf allen Ebenen der Erziehung und der Bildung schon von der Schule ab gefördert werden. Presse und Fernsehen müssen sich dieser Aufgabe vordringlich annehmen, und die Wirtschaftswissenschaft sollte über die Universitäten und die vielen anderen Schulungseinrichtungen, die es schon gibt, ihre Kenntnisse in verständlicher Form der Allgemeinheit zugänglich machen.

Die Modernisierung unseres Staates und unserer Volkswirtschaft hängt davon ab, daß wir verstehen, was wir tun, und unser Schicksal nicht von sozialen, politischen und allzu menschlichen Emotionen, Ansichten, Vorurteilen und Meinungen abhängig machen.

Ich bin nicht so überheblich, daß ich an dieser Stelle das Wort Vernunft gebrauche. Es ist in der politischen Auseinandersetzung dieser Tage ohnehin dadurch entwertet, daß es von einer einzigen Partei in Anspruch genommen wird, deren Führung offenbar noch glaubt, daß *liberaler Sozialismus* – oder sozialistischer Liberalismus, wenn man Wortspiele liebt – mit Vernunft gleichzusetzen sei. Mein Eindruck ist aber der, daß Wahnsinn hier Methode wird; denn wenn irgend etwas von der Sache und vom Ziel her unvereinbar und gegensätzlich ist, so ist dies Liberalismus und Sozialismus. Es läßt sich höchstens darüber streiten, ob man die Bankrott-Erklärung des parteigebundenen politischen Liberalismus, der sich in seiner liberal-sozialistischen Fassung der unverbrüchlichen Blutsbrüderschaft mit dem demokratischen Sozialismus rühmt, nicht als »vernünftig« betrachten kann.

»Demokratisierung« – tödliches Gift im Kreislauf der freien Wirtschaft

Dieser Gedankengang enthält, wegen des Vergleichs zwischen liberalem und demokratischem Sozialismus, zugleich eine Fragestellung nach dem Sinn des Wortes »demokratisch«, wie es heute in stillschweigender Abänderung seiner bisherigen Bedeutung von Systemveränderern und solchen, die sich tarnen wollen, angewendet wird. Der Spruch »Mehr Demokratie«, zur Durchsetzung sozialistischer Machtansprüche seit der Machtübernahme des letzten Kanzlers in diesem Sinne mißbraucht, heißt nichts anderes, als daß nicht nur in politischen Bereichen, sondern gerade auch in der Wirtschaft die von der Sache her fundierte Entscheidung eines Unternehmens oder einer Betriebsleitung durch den Machtanspruch einer kollektivistisch gelenkten Mehrheit herbeigeführt oder verhindert werden kann. Man nennt dies irreführend Mitbestimmung und ist dazu übergegangen, diesen Vorgang allgemein als *Demokratisierung* zu bezeichnen, um den Anspruch auf alle Organisationen ausdehnen zu können, in denen Menschen gemeinschaftlich wirken, vom Betrieb über die Schule bis zur Polizei. Demokratisierung heißt demnach ein *unverantwortliches Kollektiv* und nicht etwa ein *verantwortliches Team* bilden, das von einer Machtzentrale, wie Gewerkschaften oder Ein-Parteien-Staat, her indirekt gemäß der Willensbildung einer *Minderheit* gelenkt werden kann. Für eine freie Unternehmer-Wirtschaft ist diese Art Mitbestimmung des unverantwortlichen Kollektivs ein tödliches Gift. Sie verhindert in jedem Fall, daß sachliche Entscheidungen von einer Unternehmensleitung noch getroffen werden können, wenn sie irgendeinem Mitbestimmer, der übrigens keine Mitverantwortung trägt, nicht paßt. Dem Druck eines Mitbestimmungs-Gremiums, gleich, wie es zusammengesetzt ist, kann sich keine Betriebsleitung entziehen. Dieser Druck wirkt seinem Ursprung nach und erfahrungsgemäß nicht in Richtung auf eine soziale Partnerschaft und auf eine Optimierung der Unternehmens-Entwicklung und auch nicht auf Stabilität oder Leistungsfähigkeit hin, sondern bestenfalls im Sinne der *einseitigen* Interessen-Wahrung einer Einzelgruppe wie z. B. der Gewerkschaftsmitglieder inner- oder außerhalb der Betriebe. Keinesfalls kann die Mitbestimmung als eine Verstärkung der Arbeitskräfte unserer Volkswirtschaft betrachtet werden, die gerade zum Ausgleich des inflatorischen Trends aller Wirtschafts- und Sozial-Faktoren in unserem Lande dringend geboten wäre. Gleiches gilt für die anderen europäischen Volkswirtschaften, mit denen unser Land mehr und mehr verbunden ist.

Europa als Inflations-Gemeinschaft ist heute schon eine Tatsache und nicht erst eine Gefahr. Die Überlegungen, welche Wege in der kommenden Zeit zu gehen sind, um stabiles Wachstum ohne Stagnation mit einem dynamischen Wirtschafts-System zu erreichen, sind daher höchst aktuell.

Stabilitätsfaktor Europa

Welcher Weg auch immer gemeinsam von Europa als Ganzem einzuschlagen sein wird, so sind die einzelnen nationalen Wirtschaften doch nicht der Notwendigkeit enthoben, in ihrem eigenen Bereich für Stabilität zu sorgen. Zu sehr stehen sich Kooperations-Bereitschaft und National-Bewußtsein, wie auch die Existenz verschiedener politischer Systeme und Ansichten, hierbei als unvereinbare Gegensätze gegenüber. Notwendige Maßnahmen zur Stabilisierung des Geldwertes werden so verhindert. Nicht anders als in unserem Land müssen in den anderen Ländern noch viele Lektionen erst gelernt werden, bevor von der Harmonisierung Europas wirklich die Rede sein kann. Wir müssen uns auf einen langen Marsch in eine Europäische Union gefaßt machen und uns darauf vorbereiten, daß wir nicht allein dieser Dekade, sondern darüber hinaus einer weiteren Dekade bedürfen könnten, bevor wir ein *vereinigtes Europa* besitzen, in dem wir gemeinsam handeln und leben können.

Wie wird dieses Europa zukünftig wohl aussehen? Wird es ein Europa der sozialen Marktwirtschaft, des Dirigismus, des Sozialismus oder des Kommunismus sein?

Die Ausgangspunkte in den Partner-Staaten sind vielfältig, sicherlich vielfältiger als in irgendeinem der größeren Bundesstaaten in der Welt. Dies ist bereits durch die Geschichte und die sprachliche Entwicklung bedingt und in den völkischen und nationalen Eigenarten der Mitglieder dieser Gemeinschaft ausgeprägt. So zeigt Europa heute viele Gesichter und stark unterschiedliche Gesellschaften, je nachdem, welche Eingangstür man zu dem Haus der Gemeinschaft zuerst betritt. Ist die dann anzutreffende Vielfalt des Inneren aber ein Nachteil?

Vom Standpunkt der Lebensfähigkeit des Ganzen ist es zunächst beruhigend zu wissen, daß jeder einzelne Partner-Staat für sich selbst genommen ein fest gefügtes Gebilde mit einem Eigenleben ist, so daß die innere Krise eines einzelnen nicht unmittelbar sämtliche Partner in Mitleidenschaft zieht. Eine gewisse Abgrenzung der vereinigten Staaten von Europa gegeneinander wird daher sicherlich zweckmäßig bleiben. Darüber hinaus besteht allerdings, das ist heute schon sehr spürbar, eine starke Abhängigkeit der Partner-Staaten voneinander oder, wenn einem das Fremdwort lieber ist, eine Interdependenz, eine gegenseitige Beeinflussung, die nicht nur wirtschaftlicher Art, sondern mindestens ebensosehr geistiger, kultureller und sozialer Herkunft ist, so daß gerade im gesellschaftspolitischen Bereich die Grenzen schnell übersprungen werden können.

Freiheitsberaubung durch Systemveränderer

Taucht also in einem maßgebenden Partnerland wie Deutschland der klassenkämpferische Sozialismus wieder auf – wie es heute der Fall ist –, so könnte ganz Europa davon ergriffen werden, wenn die junge Generation in Unkenntnis der Erfahrungen, die besonders in Deutschland vor und nach dem Zweiten Weltkrieg gemacht wurden, die Lehren des *Marxismus* als *Heilslehren* aufgreift und verwirklichen will. Ein solcher Vorgang wäre zwar ein Rückfall anachronistischer Art in das 19. Jahrhundert, deswegen jedoch noch längst nicht ausgeschlossen.

Die Entwicklung in unserem Land, das geographisch und kulturell stets nach Osten extrem exponiert war und, am Eisernen Vorhang lebend, in Zukunft auch bleiben wird, ist für Gesamt-Europa von entscheidender Bedeutung. Wenn die materiellen und geistigen Energien Deutschlands sich dem Kollektivismus und Sozialismus verschreiben, wenn sie sich der totalitären Demokratie des Ostblocks zuwenden, wenn sie sich dem Einfluß, den Überredungskünsten und schließlich der nackten Gewalt des Kommunismus öffnen und sich in die materielle und geistige Unfreiheit des östlichen Systems einfügen und einsperren lassen, so hat dies tiefgreifende Folgen für unsere Nachbarn im Westen, denen diese Energien dann nicht nur entzogen wären; sie würden vielmehr *gegen* sie gerichtet werden, gegen das Herz Europas, gegen seine Traditionen, gegen den »Esprit Français« und gegen den englischen »Common Sense«.

Wir dürfen uns nicht bei dem Gedanken beruhigen, daß der Sozialismus in Deutschland eine gemäßigte Form angenommen habe, die ein Umkippen nach der östlichen Seite ausschließe oder unwahrscheinlich mache. Es gehört zum Instrumentarium und zur Strategie der Systemveränderer, die wahren Absichten so lange zu tarnen, bis sie im Besitz der Macht sind, die ihnen alles erlaubt. So sehen sich die echten deutschen Sozialisten – soweit sie diese Bezeichnung wirklich verdienen wollen – im übrigen selbst und geben dies zumindest ungewollt zu. Jeder, der sie unterstützt und ihnen zur Macht verhilft, muß sich die Anklage der Beihilfe zur *Freiheits-Beraubung* gefallen lassen, gleichgültig ob er bewußt oder unbewußt handelt. Die Strafe für die Freiheits-Beraubung wird – wie es im politischen Leben so üblich ist – nicht der Täter erdulden müssen, also die Parteien und ihre Führer, sondern der Beraubte selbst, also das deutsche Volk und mit ihm die europäischen Völker, die sich nicht mehr retten lassen, wenn der Damm einmal gebrochen ist und die Fluten sich rot färben.

Die Verantwortung Deutschlands für das Schicksal Europas

Unser Land trägt daher eine schwere Verantwortung für das Schicksal Europas. Wir befinden uns heute erneut in einer Schicksalsstunde der westlichen Welt. Über die menschliche Freiheit, über die Existenz einer humanen Gesellschaft, über die Qualität des zukünftigen Lebens wird in Europa entschieden, im Herzen Europas, im freien Deutschland.

Wir haben es in der Hand, ein solides freies Europa zu bauen. Wenn wir unsere Energien mit den Kräften unserer Partner vereinen, dann ist diese Gemeinschaft stark genug, einen sicheren Bund zu bilden, der mit den großen Staaten der Welt kooperieren und koexistieren kann: mit den Vereinigten Staaten von Amerika, mit der Sowjetunion und mit China. Europa ist der Vierte im Weltbund, aber nur *mit* einem freien Deutschland, niemals ohne.

Zwei mächtige Staaten dieser Erde warten auf ein starkes geeintes Europa: Amerika und China. *Ein* Machtblock jedoch, die Sowjetunion mit ihren Satelliten, will Europa balkanisieren und sich einverleiben. Diesem Machthunger, der in der kommunistischen Lehre der Weltrevolution fest verankert ist, dürfen wir in unserem Lande keine Nahrung geben.

Bei unserem Kampf um ein freies, unabhängiges Europa ist China ein potentieller Verbündeter. China wünscht sich ein starkes, verläßliches Gegengewicht im Westen gegen den russischen Imperialismus, der immer noch in den Denkkategorien des 19. Jahrhunderts auftritt und den geographischen Umfang des Imperiums, also den direkten Besitz von Ländern und die unmittelbare Beherrschung anderer Völker, in den Mittelpunkt der politischen und nationalen Interessen stellt, unter der bekannten Tarnung als Friedenspolitik.

Dagegen ist China ein Land von solchen Ausmaßen, geographisch wie auch hinsichtlich seiner Bevölkerungsmasse, daß ein Streben nach *Weltherrschaft* im sowjet-kommunistischen Sinn dort weder einer innenpolitischen Notwendigkeit, noch einem traditionellen Ziel nationalistischer Expansions-Politik entspricht. Nicht einmal das chinesische Formosa hält man in der gegenwärtigen Konstellation militärisch für bedroht.

Ganz anders Europa, das unter der ständigen militärischen Bedrohung der Sowjetunion einschließlich seiner Satelliten und des direkten deutschen Nachbarn im Osten, der »Deutschen Demokratischen Republik«, steht. Angesichts solcher Bedrohung ist eine Anpassung an den Gegner als Annäherungsversuch gleichzusetzen dem Versuch, ein Raubtier dadurch zu besänftigen, daß man ihm von Zeit zu Zeit ein schönes Stück des eigenen Fleisches abschneidet und vorwirft. Die Annäherung endet mit Selbstverstümmelung. Daran ändert auch ein Grundvertrag nichts, der keine »Grundlage« haben kann, die von östlicher Seite gar nicht gewollt ist und so im wahrsten Sinne des Wortes grundlos und damit bodenlos ist.

Die Wahl auf Leben und Tod

Warum gehören diese weltpolitischen Betrachtungen in eine Erörterung der wirtschaftlichen Lage unseres Landes und in eine Analyse der zukünftigen Entwicklung? – so werden sich wohl diejenigen fragen, die glauben, daß sich Wirtschaft, Politik und Gesellschaftsordnung in der heutigen Zeit noch trennen ließen.

Man würde verkennen, daß es nur noch *eine* Welt gibt, in der sich alle Vorgänge mit Unmittelbarkeit für alle Menschen in ihren Köpfen und Herzen abspielen, und daß letzten Endes das zentrale Thema bei der Erörterung der menschlichen Gesellschafts-Phänomene *der Mensch* selbst ist. Wir können dieses zentrale Thema nur abstreiten, indem wir den Menschen als Träger und Schöpfer aller menschlichen Einrichtungen, Institutionen und Organisationen, als Bau-Element aller Rassen, Völker und Nationen verleugnen und an seine Stelle ein übergeordnetes *Kollektiv* setzen, das für den Einzelnen denken, ja sogar fühlen und schließlich handeln soll. Wir müssen im Gegenteil lernen, uns als Bewohner, Mitglieder und Bürger dieser *einen* Welt zu verstehen und die Inflation des nationalen Alleingangs ebenso zu überwinden wie die Inflation der Machtansprüche der Supermächte abzuwehren. Geschieht dies, so ist auch der Inflation der Wirtschafts-Entwicklung in der Welt ein Riegel vorgeschoben. Nur im Hinblick auf das Ganze können wir auch für unser Land und unsere Wirtschaft das Richtige tun. Hierfür ist das freie Deutschland nur stark genug als unerschüttliches Mitglied der Europäischen Gemeinschaft.

Ich bekenne mich zu diesem Europa, dem unsere vitalen Interessen und unsere Vision einer hoffnungsvollen Zukunft entsprechen. Ich fordere Sie alle auf, dem Unternehmen »Deutschland« auf diesem Weg in eine wünschenswerte Zukunft beizustehen und mit mir für unsere menschlichen Freiheiten zu kämpfen, die uns das Leben in unserem Lande erst lebenswert machen.

Wir können wählen zwischen Ost und West, zwischen materiellem Kollektivismus und individueller Freiheit. Es ist für den, der die menschliche Freiheit mit einem humanen Leben gleichsetzt, eine Wahl auf Leben und Tod.

Die Wirtschafts-Spiele der sozialen Partner

Das Wirtschaftsjahr 1973 begann in Deutschland mit einem politischen Paukenschlag. Im Januar dieses Jahres erfolgte die Machtergreifung des demokratischen Sozialismus in Deutschland durch einen Träger des Friedens-Nobelpreises, ein in Deutschland in zweierlei Hinsicht bisher nicht dagewesener Vorgang, nämlich einerseits das betonte Bekenntnis zum äußeren Frieden mit der Welt und andererseits die Einführung des Sozialismus als dem maßgebenden Machtfaktor. Im gleichen Augenblick aber mit dieser Machtergreifung des demokratischen Sozialismus ging der innere Frieden verloren.

Es ist jedoch nicht der Zweck der folgenden Ausführungen, politische Ereignisse zur Diskussion zu stellen, sondern vielmehr, die zukünftige Entwicklung des Unternehmertums im Rahmen des Strukturwandels der nationalen und globalen Wirtschaftsordnung zu untersuchen.

Ausgangsbasis dieser Betrachtung ist eine Politik, die Reformen und Systemveränderungen zum Ziele hat und daher besondere Probleme für die Gestaltung und Lenkung von Großunternehmen und Unternehmensgruppen hervorruft. Der Sozialismus mit demokratischer Betonung, ein wenig liberal-sozial eingerahmt, ist für die bestehende Marktwirtschaft eine Herausforderung und versteht sich in der Methodik, mit der Reformen und Systemveränderungen betrieben werden, selbst als Provokation.

Die Unternehmen und die Unternehmer, gleich ob als Eigentümer oder Manager, sind infolgedessen mit dieser Provokation der Marktwirtschaft konfrontiert, ob sie wollen oder nicht. Zu der bekannten amerikanischen Herausforderung gesellt sich damit die neue, noch ungewohnte sozialistische Herausforderung, die nunmehr, nach Abschluß der Ostverträge, auf dem westöstlichen Diwan ausgetragen wird, mitten im Herzland Westeuropas, mitten in Westdeutschland.

Rede anläßlich der Gesamtsitzung der Aufsichtsräte, Verwaltungsräte, Beiräte und Geschäftsleitung des Gerling-Konzerns am 26. Oktober 1973 in Köln

War der wirtschaftliche Wettbewerb bis dahin ein Wettkampf mit bekannten Spielregeln, die stillschweigend generell eingehalten wurden, so beginnt er jetzt auszuarten in einen Kampf aller gegen alle, eine Art Catch as catch can auf nationaler und globaler Ebene, in einen Ringkampf, in dem alles erlaubt sein soll, vor allen Dingen dann, wenn es sich gegen den Prügelknaben der Sozialisten und Kommunisten richtet, nämlich das private Unternehmertum.

In der klassischen marxistischen Terminologie nennt sich dieser Zustand Klassenkampf, eine Erscheinungsform der planmäßig erzeugten Unordnung des gesellschaftlichen und wirtschaftlichen Lebens, die uns während der zwanziger Jahre in unserem Lande mit Straßenschlachten und wirtschaftlicher Depression, begleitet von einer Selbstmordwelle der hiervon betroffenen Menschen, vor Augen geführt wurde – Jahre des wirtschaftlichen und menschlichen Verfalls, die wir niemals vergessen werden.

Im Zuge der Entspannungs-Politik mit dem Osten, die in diesem Sommer einen Höhepunkt erreicht hat, gewissermaßen eine Hochebene, von der aus das erreichte Gelände sich schon gut überblicken läßt, hat die Idee des Klassenkampfes, verbunden mit dem langen Marsch der Sozialisten durch die Institutionen, neuen Eingang in das wirtschaftspolitische Tagesgeschehen in unserem Lande gefunden und treibt jetzt neue Blüten der »Lust am Untergang«.

Die Unternehmer stehen damit Tag für Tag vor der Frage, wie sie sich gegenüber dieser Provokation verhalten sollen, die vor allen Dingen von Linksintellektuellen in den Gewerkschaften organisiert, inszeniert und in Aktion gesetzt wird; demgegenüber verhält sich die Masse der Arbeitnehmer – von Ausnahmen abgesehen – noch diszipliniert. – Wie lange noch?

Um es kurz vorweg zu sagen: Die Unternehmer sollten sich auf den Standpunkt stellen, daß dieser Klassenkampf nicht stattfinden darf. Der innere Friede muß Vorrang vor allen anderen Erwägungen haben. Die Alternative ist die Revolution, die innere westdeutsche Revolution als Teil einer vorprogrammierten Weltrevolution, die als Befreiung der Deutschen vom Joch der kapitalistischen Ausbeuter und Imperialisten vom Volk auf der Straße begrüßt würde.

Es darf niemals vergessen werden, daß eine geordnete, wachsende, ertragsfähige und insgesamt funktionierende Volkswirtschaft nur auf der Grundlage des inneren Friedens sich weiterentwickeln kann, ebenso wie die Weltwirtschaft nur bei Aufrechterhaltung des äußeren Friedens zwischen den Nationen und Völkern funktioniert. Im Klassenkampf würde die freie soziale Marktwirtschaft zu Tode getroffen werden, zumindest aber dahinsiechen und schließlich in ein kollektives System umfunktioniert werden.

Für Fanatiker oder Nachzügler der einen oder der anderen Richtung ist daher hier kein Raum. Es läßt sich weder freies Unternehmertum im Stile des Spätkapitalismus aufrechterhalten – wie es hie und da in Köpfen von Industriellen noch zu spuken scheint – noch eine demokratisierte und kollektivierte Wirtschaftsordnung einrichten, mit den Gewerkschaften in der Führungsrolle an den Hebeln der Macht. Die Gewerkschaften würden dann zum Staat im Staate werden und uns mit den Segnungen der lähmenden Bürokratie und des unmenschlichen Marxismus versehen.

Es stellt sich in diesem Zusammenhang die Frage, wie der drohende Klassenkampf, der in die Betriebe hineingetragen werden soll, aktiv überwunden werden kann, indem man die notwendigen Veränderungen zur Modernisierung der Wirtschafts- und Unternehmens-Strukturen aus eigener Initiative vornimmt und aus eigenem Vorausdenken entwickelt und sich nicht in die passive Rolle des Verteidigers überholter Vorstellungen und veralteter Methoden drängen läßt. Die Zeichen der Zeit sind als soziale Herausforderung mit sozialistischem Hintergrund unmißverständlich. Eine nüchterne Analyse der Situation auch im weltwirtschaftlichen Bereich zeigt dies.

Nicht nur die deutsche Volkswirtschaft ist in den Strudel gesellschaftlicher Systemveränderung und in die Inflation sozialer und anderer materieller Ansprüche der wachsenden Wohlstands-Gesellschaft geraten, sondern ganz Europa, Nord- und Südamerika, Japan und im Gefolge auch andere Länder, die sich auf dem Wege der Industrialisierung befinden.

Man kann ohne Übertreibung sagen, daß die Weltwirtschaft in einer kritischen Phase des Übergangs dahintreibt, fast führungslos, nachdem die USA ihre entscheidende Führungsrolle aufgegeben haben und vor zwei Jahren Europa und Japan den Wirtschaftskrieg erklärten. Seitdem regiert Unordnung und Unruhe den Welthandel, und das nicht nur in Währungsfragen.

Im Inneren Europas hat sich die Inflations-Gemeinschaft, die bereits im vorigen Jahr sichtbare Umrisse angenommen hatte, weiterhin gefestigt. Die Inflationsraten überstiegen auch in Westdeutschland alle bisherigen Rekorde, gestützt von der importierten Inflation aus den USA; den letzten Anstoß zu weiteren Preissteigerungen in aller Welt gab nun noch der arabische Ölkrieg, der die Aussichten auf einen durchschlagenden Erfolg von Stabilitäts-Bemühungen weiter verringert.

Nationale Abschließung gegen außen ist ein weiteres Zeichen der großen Unsicherheit, die zwischen den Wirtschaftsblöcken und innerhalb der Europäischen Wirtschaftsgemeinschaft herrscht. Die europäische Integration kommt auf keinem Gebiet planmäßig voran. Zieht man die Bilanz zwischen Europa mit Deutschland einerseits und USA andererseits, so darf man feststellen: Die Handels- und Währungsprobleme der westlichen Welt sind noch lange nicht gelöst. Schwankende Wechselkurse bleiben, wobei der Dollar keine große Aussicht hat, im Kurswert auf lange Sicht wieder anzusteigen, obwohl die Deutsche Mark allmählich abwertungsverdächtig wird; die anderen europäischen Währungen dürften auch infolge Inflations-Erscheinungen und sozialpolitischer Schwierigkeiten an Wert verlieren. Da der Dollar nicht sehr bald in Gold konvertierbar sein wird, müssen neue Festpunkte der Währungs-Paritäten gefunden werden, nachdem die Dollar-Leitwährung nicht mehr existiert. Was außer Gold könnte dies sein? Auf Krediten und Sonderziehungs-Rechten allein wird sich keine stabile Währungs-Ordnung errichten lassen.

Innerhalb Europas haben sich ebensowenig feste Währungsrelationen herausgebildet. Die konjunkturellen Entwicklungen in den einzelnen Ländern sind trotz vieler gemeinsamer Tendenzen noch zu unterschiedlich, um eine gleichgerichtete Konjunktur-Politik zu gewährleisten. Die unterentwickelten Regionen in England, Irland und Italien belasten gerade diese Länder in ihrem gesamten wirtschaftlichen Fortschritt so stark, daß hierfür erst Lösungen in der Europäischen Gemeinschaft beschlossen werden müssen, bevor an eine gleichgerichtete Konjunkturpolitik mit der Folge einigermaßen parallel verlaufender Geldwert-Entwicklung für alle Mitglieder der Gemeinschaft gedacht werden kann.

Die Bemühungen um Stabilität im Sinne einer Eindämmung der Inflationsflut sind in allen Ländern der westlichen Welt, in USA ebenso wie in Europa und auch in Deutschland, außerordentlich problematisch und zeigen bisher keinen durchschlagenden Erfolg, der Aussicht auf Dauer hätte.

Das Bemühen der Deutschen Bundesbank, mit Restriktionsmaßnahmen Stabilität wieder zu gewinnen, ist sicherlich anzuerkennen. Jedoch zeigen die mäßigen Erfolge, daß damit nur Symptome kuriert werden können, aber nicht die Ursachen der deutschen Geldentwertungs-Krankheit zu beseitigen sind.

Stabil sind auch die Ertragsaussichten der Industrie in keiner Weise, so daß eine generelle Verbesserung der Aktienkurse im Jahre 1974 nicht zu erwarten ist. Hinzu kommt die langfristige Zins-Satz-Entwicklung, die bei anwachsender Inflationsrate höchstens vorübergehend bei Lockerung der Kreditrestriktionen eine Senkung erwarten läßt. Die Aussichten auf gute Rentabilität und Aktien-Renditen, die dem Aktionär eine angemessene Verzinsung belassen, die im richtigen Verhältnis zum Rendite-Niveau der festverzinslichen Werte steht und ihm außerdem genügende Wachstums-Chancen versprechen, sind außerordentlich gering. Die Aktie als Anlagepapier, als Wert-Papier und die Börse als Markt- und Kursregulator verlieren mehr und mehr an Bedeutung; sie sind ein Opfer der weltweiten Inflation, die von zunehmenden Steuern begleitet wird und das Investieren in privaten Unternehmungen immer weniger attraktiv macht.

Die geplante Mitbestimmung bei Großunternehmen auf der Basis der Gleichgewichtigkeit von Arbeit und Kapital, die auf irreleitenden ideologischen Vorstellungen basiert, entzieht den Privat-Unternehmen den Boden, auf dem sie stehen, nämlich die Kapitalzufuhr von seiten privater Aktionäre. Man kann den Aktionären aller Schichten nur raten, in einen Aktionärsstreik einzutreten und die Kapitalzufuhr zu verweigern, bevor ein Widerstand gegen diese abwegigen Pläne zu spät ist.

Man sollte außerdem davon Kenntnis nehmen, daß vor kurzem ein Kooperations-Abkommen zwischen dem sowjetischen und dem westdeutschen Gewerkschaftsbund abgeschlossen wurde, in welchem mit den Sowjets ein Aktionsprogramm für 1974 zur Förderung der Mitbestimmung am Arbeitsplatz festgelegt wurde.

Ein weiteres Element der Unruhe in den Betrieben und ein Faktor der Unberechenbarkeit ist die inzwischen auf drei Millionen angewachsene Zahl der Gast-Arbeiter in der Bundesrepublik. Die Industrie sieht sich gerade dadurch an die Grenzen eines sinnvollen Wachstums erinnert.

Vielleicht einer der schwerwiegendsten Faktoren der Belastung für die Stabilität unserer Wirtschafts-Struktur ist die Inflation der Staatsbürokratie, die im Bundeskanzleramt beginnt und bei beamteten Straßenfegern endet, wobei die Ausdehnung des Beamtenapparats bei Ländern und Gemeinden keinen Halt macht.

Die Fehlinvestition, die im Bildungs-Sektor durch Duldung und Förderung roter Universitäten und marxistischen Schulunterrichts stattfindet, hat unübersehbare Schäden langfristiger Art zur Folge, die nicht nur die Steuer-Belastungen sondern mehr noch den Bildungs-Stand und den Geisteszustand des deutschen Volkes betreffen. Es ist hohe Zeit, den Gedanken privater Hochschulen aufzugreifen und die Unternehmerschaft dazu aufzurufen, diese Möglichkeit der Nachwuchsbildung mit eigener Initiative nachdrücklich organisatorisch und finanziell zu unterstützen.

Andere Faktoren der Unsicherheit, die das Investitionsklima und die Investitionslust in unserem Lande nicht gerade begünstigen, sind die Vermögensbildung, so wie sie in der Planung der Sozialisten mit der Bildung zentraler Fonds vorliegt, ebenso die Reform des Bodenrechts mit der beabsichtigten Sozial-Verpflichtung des Eigentums und gewisse Teile der Steuerreform, die zusammengenommen schwere Belastungen des Privateigentums unter Einschränkung der Eigentums-Rechte und der freien Verfügungs-Möglichkeiten über Einkommen und Vermögen schaffen.

Es bedarf dieser Aufzählung, um zu zeigen, daß hier zwischen Reformen und Systemveränderung kaum noch zu unterscheiden ist und um klarzumachen, daß von Stabilität zukünftig nur in ganz geringem Maße und nur in eng umgrenzten Bereichen gesprochen werden kann. Statt dessen ist in Wirklichkeit Unruhe, Unsicherheit und Inflation auf fast allen Gebieten programmiert, auch wieder an der Lohnfront, an der jetzt schon wieder 12%ige Steigerungsraten das Geschehen bestimmen.

Es ist also Zeit, Bilanz zu ziehen und die Gewinn- und-Verlust-Rechnung aller Reformbestrebungen aufzumachen, um den Stand der Dinge zu erkennen und Schlußfolgerungen daraus abzuleiten.

Wir wissen seit einiger Zeit, daß das Deutschland von heute schon eine andere Republik ist als vor vier Jahren. Wie wird es dann nach weiteren vier Jahren aussehen, das ist hier die große, oft sorgenvolle Frage.

Die bisherige Betrachtung gibt keine guten Ergebnisse und Auskünfte über das zukünftige Schicksal der Marktwirtschaft und des Unternehmertums. Wir wollen uns jedoch hiervon nicht entmutigen lassen, im Gegenteil sollten die unternehmerischen Kräfte den zu erwartenden Schwierigkeiten mit Gegenmaßnahmen zuvorkommen und sich hierfür nicht nur durch sorgfältige Analysen der Ausgangslage instand setzen, sondern ebenso durch ein vorbereitetes Konzept und ein entsprechendes Aktions-Programm, in dem eine übergeordnete Strategie entwickelt wird.

Das anvisierte Ziel müßte hierbei sein, die unternehmerischen Kräfte in Deutschland und Europa zu verstärken und ihnen einen Weg zu weisen, auf dem sie die Probleme der Zeit, die inzwischen fast lawinenartig angeschwollen sind, durch die Entwicklung einer gewandelten Gesellschafts- und Wirtschafts-Ordnung einer Lösung zuführen können. Es geht also letzten Endes um die Integration der sozialen Herausforderung in ein neues Unternehmens-Konzept, dem die Sozialpartner zustimmen.

Wie aber soll dieses Kunststück, das nahezu in zwölfter Stunde zu vollbringen ist, nunmehr unter den heutigen Umständen zuwege gebracht werden? Zunächst scheint die Provokation zum Klassenkampf eine ausweglose Situation zu schaffen, da sie die Anwendung von Vernunft und Argumenten umgehen will. Es hängt also von der Mentalität aller im Arbeitsprozeß beteiligten Menschen ab, wie sie sich zu den Thesen der Systemveränderer verhalten, die im Grunde eine intellektuelle Minderheit darstellen, die dem Arbeiter im allgemeinen noch ferner steht als manchem Unternehmer.

Es ist daher weitgehend eine Frage des gesunden Menschenverstandes und der emotionalen Veranlagung, wie weit Parolen des Klassenhasses angenommen und in direkte Aktion umgesetzt werden und wie weit sie nur gebraucht werden, um eine Verbesserung der Arbeitsbedingungen und des Lebens-Standards herbeizuführen.

In unserem Lande hat der Klassenkampf schon einmal in den zwanziger Jahren stattgefunden und ist vielen, die noch leben und arbeiten, in schlechter Erinnerung. Nach dem Zweiten Weltkrieg fanden sich daher die Sozialpartner in anderer Weise zusammen, als das Experiment des nationalen Sozialismus ebenfalls in das Chaos geführt hatte. Heute diese noch im Bewußtsein der Bevölkerung wirksame Erinnerung und Warnung durch einen dritten Versuch mit der Klassenkampf-Idee wieder zu verdrängen dürfte nur schwer gelingen, da die heranwachsende Generation, die diese vernichtenden Erlebnisse nicht hatte, noch nicht das zahlenmäßige Übergewicht über die erfahrene, ältere Generation erhalten hat. Jedoch ist nicht zu verkennen, daß die Erfahrung der jetzt noch führenden Generation die intellektuelle Aktivität der jüngeren Generation als Gegner hat, gestützt auf den kommunistischen Machtfaktor und das sozialistische Programm des Ostblocks.

Das Kräfteverhältnis der beiden Generationen ist schwer abzuschätzen, da die aktive junge Generation aggressive Kräfte entfaltet, denen die gleichgültige und saturierte, manchmal auch kampfesmüde und apathische Generation des Establishments kaum Gleichwertiges gegenüberzustellen hat.

Mit dem Pochen auf Erfahrungen, die nicht übertragen und übermittelt werden können, ist nichts getan. Im Gegenteil wird die Berufung hierauf als überhebliche Besserwisserei abgetan, was sie auch ist, da die Erfahrungen der Vergangenheit nicht ohne weiteres auf die Gegenwart übertragbar sind.

Die führende erfahrene Generation muß sich daher die Mühe machen – und das bedarf nachdrücklicher Erwähnung, da dies keineswegs immer von arrivierten Unternehmen akzeptiert wird –, sich und ihre Haltung wie auch ihre Absichten zu erklären, und zwar dem Nachwuchs im Betrieb ebenso wie der Öffentlichkeit, also: warum sie so handeln, wie sie handeln, warum sie das unterlassen, was sie unterlassen, warum sie bestimmte Ziele verfolgen und andere nicht, warum Gewinne wichtig sind, warum Produktivität für alle Beteiligten wünschbar ist und nicht zuletzt, warum es Unternehmer geben muß.

In den Köpfen der heranwachsenden, gerade in Führungs-Stellen einrückenden Generation spukt oft die Vorstellung, daß eine Wirtschaft ohne Unternehmer möglich sei, wobei nicht erkannt wird, daß die Alternative zum Unternehmer dann der vom Staat, einer Partei oder Gewerkschaft ernannte Bürokrat ist und damit eindeutig der Übergang von der unternehmerischen Marktwirtschaft zur kollektiven Wirtschafts-Bürokratie der Funktionäre vollzogen wird. Dieses Ergebnis wird zwar nicht immer von den jungen Befürwortern der marxistischen Ideologie gewollt, es ist aber – was sie nur zu oft übersehen – einfach zwangsläufig, da eine andere Alternative oder eine Art Zwischending nicht denkbar und realisierbar ist.

Demokratischer Sozialismus soll so ein Zwischending sein; in Wirklichkeit ist es nur ein anderer Ausdruck für totalitären Kollektivismus.

Leider gehört der Streit um Begriffe und die Polemik zum Rüstzeug sozialistischer Klassenkämpfer, so daß es kaum zu umgehen ist, ihnen mit gleichen Waffen und hoffentlich auch noch mit besseren Mitteln zu begegnen. Jedenfalls gehört das Gespräch mit der Nachwuchsgeneration zu den unabdingbaren Voraussetzungen für eine Verständigung der Unternehmer mit den Sozial-Partnern, um wenigstens innerhalb der Gruppe der Jungen, die einmal eine unternehmerische Führungs-Rolle im sozialen Aufstieg übernehmen, eine gemeinsame geistige Basis und gemeinsame Spielregeln für den unternehmerischen Wettbewerb und damit für die Wirtschafts-Spiele der sozialen Partner in den Betrieben und im gesamten Wirtschaftsleben zu entwickeln.

Der Sozial-Partner als Mitarbeiter von heute kann der Unternehmer von morgen sein. Unternehmer in diesem Sinne ist eben jeder, der in die Unternehmens-Führung hineinwächst, gleichgültig ob er Aufsteiger aus dem Arbeitnehmer-Lager, Geisteswissenschaftler, Gewerkschaftler oder Parteizugehöriger ist oder aber als Kapitaleigner sich in seinen eigenen Betrieb hineinarbeitet. So verschieden die Ausgangs-Punkte und Anfangspositionen der Aufstiegs- oder Einstiegs-Möglichkeiten sind, so sehr ist doch das Endziel, nämlich Mit-Verantwortung und möglicherweise Haupt-Verantwortung im Unternehmer-Team zu tragen, allen Teilnehmern am Wirtschafts-Spiel der Sozial-Partner gemeinsam.

Die Gemeinsamkeit geht darüber hinaus, wenn man sich die Qualifikationen, berufliche Bildung und persönliche Eignung vor Augen führt, die zum Aufstieg und zur Mitverantwortung in der Unternehmens-Kooperation führen. Es müssen bei den Wettbewerbern in diesem Spiel nämlich Fähigkeiten vorhanden sein, die sie wie einen Kapital-Einsatz mitbringen. Gemeint sind ihre geistigen Fähigkeiten, die als Geistkapital im Unternehmen fungieren. Dies bedeutet nicht, daß nur Mitarbeiter hohen geistigen Ranges gebraucht werden könnten und die anderen ausscheiden, sondern daß jeder seinen Fähigkeiten entsprechend mit der dazugehörigen Eigenverantwortung dort eingesetzt wird, wohin ihn seine Eignung drängt.

Wichtig ist das Bewußtsein jedes Teilnehmers im sozialen Partnerspiel, daß er zu derjenigen Leistung aufgefordert und herausgefordert wird, die seiner Begabung entspricht. Das vorhandene Geistkapital der Mitarbeiter muß vom Unternehmer analysiert, gefördert und weitergebildet werden. Die Berufsbildung wird zu einem Eckpfeiler verantwortlicher Unternehmens-Führung weiter über das Maß hinaus, das wir heute kennen.

Die Auswertung des Geistkapitals gehört ebenso zu den Spielregeln, die mit der Annahme der sozialen Herausforderung verbunden sind, wie die Förderung des Wettbewerbs zwischen den Unternehmen und innerhalb der einzelnen Betriebe unter den Mitarbeitern.

Wettbewerb macht lustig – so sagt man – und entfernt daher die Sozial-Partner von dem übertriebenen tierischen Ernst, der in Klassenkampf und Depression führt, schließlich sogar in Gewaltanwendungen gegen den Mitbürger. Wettbewerb schließt die Kooperation zur Erfüllung gemeinsamer Aufgaben nicht aus, führt aber zu allgemeiner positiv motivierter Aktivität, mit der viele Elemente der Aggression in den zwischenmenschlichen Beziehungen abgebaut werden und sogar unter den Völkern der Welt einiges zur Vermeidung des Krieges beigetragen werden kann.

Wenn daher der Ostblock einen Wettbewerb der Systeme anbietet, so sollte man diesen Gedanken der globalen Konflikt-Lösung zwischen Ost und West nicht leichtfertig beiseite schieben. Entspannung durch

Wettbewerb wäre durchaus als eine Grund-Idee anzunehmen, die über allen Ideologien steht und die nationale Gegebenheiten ebenso berücksichtigt wie die psychologischen Voraussetzungen der menschlichen Natur, die außer dem täglichen Brot auch die täglichen Spiele haben möchte:

Panem et circenses – Brot und Spiele – priesen die Römer als Lösung der Massenprobleme schon im Altertum.

Daran hat sich kaum etwas geändert, nur daß die täglichen Wirtschafts-Spiele nicht mehr zum Anschauen, sondern zum Mitspielen und zur Erzielung produktiver Ergebnisse veranstaltet werden, die lebenswichtig sind.

Der Wettbewerb löst mithin ein psychologisches, ein wirtschaftliches und ein politisches Problem zu gleicher Zeit. Nicht, daß diese Idee irgend etwas Neues beinhaltete; neu daran ist nur, daß sie auch von der Unternehmer-Seite als Grund-Spielregel aller Wirtschafts-Spiele wieder voll in Kraft zu setzen ist.

Daß die Kartell-Gesetzgebung, die glücklicherweise gerade in Kraft trat, so hartnäckig im wettbewerbsfeindlichen Sinn von der Privat-Wirtschaft bekämpft wurde, bezeugt das Unverständnis der hierfür verantwortlichen Unternehmer und ihrer Verbände für die Bewahrung der Grundlagen, auf denen die freie Marktwirtschaft aufgebaut ist. Zusammen gesehen mit der weiteren Fusion von Groß-Unternehmen und Konzernen zu Super-Konzernen und Mammut-Unternehmens-Gruppen ist dieses Vorgehen nur geeignet, den Ast selbst abzusägen, auf dem das Unternehmertum sitzt, und der sozialen Partnerschaft ins Gesicht zu schlagen und damit den Systemveränderern Recht zu geben, die das bestehende System als maßlos und unmenschlich bekämpfen.

Der zweite Pfeiler neben der rein wirtschaftlichen Funktions-Fähigkeit, auf dem die unternehmerische Wirtschaft beruht, nämlich der Pfeiler der sozialen Verantwortung, ist immer noch zu schwach ausgebildet. Die Grundsatzfragen des Unternehmertums, insbesondere die Gestaltung des wirtschaftlichen und sozialen Wettbewerbs mit der dementsprechenden Verantwortung, sollten mit ihren Spielregeln zukünftig eindeutiger festgelegt werden. Es bedarf hierzu wahrscheinlich einer gemeinschaftlichen Einrichtung der Unternehmer, die sich ausschließlich mit solchen Fragen befaßt, einer Organisation, die wie ein Kuratorium tätig wird, nicht wie eine Partei oder eine Verbands-Zentrale, gewissermaßen eines Instituts, das dem Gedankenaustausch und der Information dient, womöglich einer Club-Gemeinschaft, deren Mitglieder sich zur Einhaltung bestimmter Spielregeln verpflichten.

Zwischen den Mitgliedern müßten die Prinzipien niedergelegt und weiterentwickelt werden, nach denen die unternehmerische Wettbewerbs-Wirtschaft betrieben werden soll. Mit den Verbänden und Instituten der Wirtschaft könnten Vereinbarungen über die Anwendung dieser Grundsätze und Richtlinien in Einzelbereichen getroffen werden. Die Ministerien wären über die Meinungs-Bildung dieser Vereinigung zu unterrichten.

Mir ist bewußt, daß dieser und ähnliche Vorschläge von den Männern der Praxis wahrscheinlich als utopisch und wirklichkeitsfremd abgelehnt werden. Es spricht jedoch keineswegs gegen eine Idee, daß sie nicht unmittelbar durchführbar ist und zunächst keine Freunde findet. Vielleicht gibt es einige Mitstreiter, die rechtzeitig bemerken, wann dem Unternehmertum das Messer an der Kehle sitzt, und dann bereit sind, den Vorschlag zu durchdenken und zu verwirklichen. Das Nachdenken und das Vordenken hat jedenfalls noch niemandem geschadet.

Die Wirkung des durchdachten und organisierten Wettbewerbs auf den einzelnen Mitarbeiter und auf den einzelnen Unternehmens-Betrieb zeitigt eine kumulierte Gesamtwirkung für die Volkswirtschaft; mit einer Ausstrahlung auf die weltwirtschaftlichen Beziehungen, die meßbar wird und daher in rein wirtschaftlichen Begriffen sachlich auszudrücken ist. Die gemeinte Gesamtwirkung ist die Erhöhung der Produktivität bei den einzelnen Arbeitnehmern und die Erhöhung der Kreativität des Unternehmers.

Erhöhte Produktivität und Kreativität kommen infolge Verstärkung der Motivation zustande durch die breitere Verteilung der Verantwortung auf die Schultern der leitenden Angestellten und der Mitarbeiter überhaupt, ferner mit der Durchführung von Delegation, Dezentralisation und weitgehender Kooperation und nicht zuletzt dadurch, daß die wirtschaftliche Tätigkeit in den Rahmen eines Wettbewerbs der personellen und materiellen Kräfte gestellt wird, in welchem neben der produktiven Funktion die soziale Funktion des Unternehmertums die wesentliche Rolle spielt.

Die Teilnehmer an diesem Spiel der Wirtschafts-Kräfte, das im Sinne des Wettbewerbs ohne Auslösung des Klassenkampfes stattfinden kann und soll, sind die sozialen Partner, deren Geistkapital gefördert, entwickelt und weitergebildet wird. Jeder Teilhaber am Arbeits-Prozeß hat die Chance, sich zum Unternehmer zu machen und die Leiter des Aufstiegs mit wachsender Verantwortung im Wettbewerb mit anderen Berufsspielern zu erklimmen, wobei der Platz auf dem Spiel-Feld der Arbeit seinen Fähigkeiten entsprechen soll – möge er wie ein Fußballspieler nun zum Stürmer werden oder Torwart –, jeder hat einen Platz im Wettkampf. Damit verbunden ist eine humane Gestaltung der Arbeitswelt, die sich aus der Selbst-Verwirklichung der arbeitenden Menschen im unternehmerischen Wettbewerb ergibt. So wird die produktive Betätigung im Beruf zum Mittel menschlicher Lebensgestaltung.

Durch die geschilderte Spiel-Funktion der Sozial-Partner wird die Arbeits-Produktivität stärker angeregt als bisher. Es findet aus der Betrachtungsweise aller Teilhaber am Wirtschaftsgeschehen eine »Umwertung aller Werte« statt, also eine Änderung der Ziele und Wertvorstellungen, die aus dem veränderten Bewußtsein der Partner entstehen.

Da die Produktivität die Grundlage der Wert-Schöpfung im Wirtschaftsprozeß ist, wird der Wert des Sozialprodukts mit steigender Produktivität erhöht und auch der Wert der Währung dementsprechend anwachsen. Die bisherige Geldentwertung kann abflachen, die inflationären Triebkräfte nehmen ab, und die Inflation der Ansprüche und des Konsums kann kompensiert, kann ausgeglichen werden. Anders ausgedrückt: Das neue Konzept verwandelt die innere Entwertung des Geldes und der Arbeits-Entgelte in eine innere Aufwertung des Geldes und der Einkommen durch eine verstärkte Motivation der Arbeits-Initiative, so daß für den einzelnen Arbeitnehmer die Teilnahme an einem sinnvollen Betriebs-Spiel entsteht, in dem er den Wert seiner Rolle als Mitspieler erkennt.

Die gegensätzlichen Standpunkte der Wirtschafts-Politik können infolgedessen auf einen sozialen Ausgleich hin neu formuliert werden, ohne damit die Grundsätze des vereinbarten Wettbewerbs-Spiels zu verletzen, das weder die einseitige Gewinn-Maximierung noch die schließliche Abschaffung der Unternehmer als Ausbeuter zum Ziele hat. In der extremen Mitte zwischen beiden, in der gemeinsamen Anerkennung der sozialen Funktion des Unternehmertums und der Wettbewerbs-Funktion der Sozial-Partner kann das tägliche Wirtschaftsleben in neue Bahnen gelenkt werden, die zu einem Ausgleich der Gegensätze und zu einer Bejahung der sinnvollen Produktivität verantwortlicher Mitarbeiter in einer kooperativen Gemeinschaft führen.

Zusammenfassend ist zu sagen:

Als das oberste Ziel wirtschaftlicher Tätigkeit gilt die Herstellung, Erhaltung und Verbesserung der Produktivität in einer Volkswirtschaft, begründet auf ihrer Funktionsfähigkeit als wirtschaftliche und soziale Organisation.

Das angestrebte Ergebnis ist die möglichst vollkommene Funktions-Erfüllung, die nicht nur im rein rechnerischen wirtschaftlichen Sinne zu erreichen ist, sondern der gleichzeitigen Erfüllung der menschlichen Sozialfunktion im unternehmerischen Betrieb bedarf.

Die Volkswirtschaft braucht den Unternehmer als planenden Organisator und als verantwortlichen Leiter und Lenker des Wirtschaftslebens. Seine Motivation zur Erbringung einer Höchst-Leistung ist ebenso unerläßlich wie die Motivation aller anderen Mitarbeiter im Wirtschafts-Prozeß.

Der Unternehmer braucht hierfür die volle Eigen-Verantwortung und Entscheidungs-Freiheit, die zur Entwicklung der Funktions-Fähigkeit eines jeden erfolgbringenden Unternehmens für ihn als persönliche Triebkraft unbedingt erforderlich ist.

Der Unternehmer trägt hiermit zugleich die soziale Verantwortung für den Betrieb und die Mitarbeiter im Wirtschafts-Prozeß. Durch Delegation und Dezentralisation der Verantwortung stellt er die Mitverantwortung des Fähigkeits- und Geistkapitals, das als Produktivitäts-Faktor den ersten Rang einnimmt und dem Finanz-Kapital im Wert gleichzuordnen ist.

Aus der Mitverantwortung aller Mitarbeiter im unternehmerischen Wirtschafts-Prozeß ergibt sich einerseits eine Kooperation der Beteiligten innerhalb der Unternehmen. Die Kooperation als Organisations-Prinzip führt andererseits zu einer wünschenswerten Form der wirtschaftlichen Unternehmens-Gestaltung sowie der Konzern- und Gruppen-Bildung als Kooperations-Verband, also zu Querverbindungen zwischen verschiedenen Unternehmen und Wirtschaftsbereichen.

Die mitverantwortliche Kooperation der Mitarbeiter kommt hinzu und schafft im Einzel-Unternehmen eine Mitbestimmung der Arbeitnehmer. Im Bereich der Unternehmensleitung ist die Mit-Entscheidung eines Aufsichts-Gremiums nicht möglich, da sie die Eigenverantwortung der Unternehmens-Leitung aufhebt und die Funktionsfähigkeit – und damit die Produktivität – lähmt und blockiert. Die Mit-Bestimmung eines Aufsichtsrates soll sich daher auf die verantwortliche Mitberatung der Unternehmens-Leitung beziehen, unterstützt von dem Recht, im Einvernehmen mit der Hauptversammlung gewisse legislative Funktionen auszuüben, wozu die Wahl des Vorstandes und seines Vorsitzenden gehört, die nicht gegen den Willen der Unternehmens-Eigentümer vollzogen werden darf, da diese auch das unternehmerische Risiko durch Einsatz ihres Vermögens zu tragen haben.

Die Erfüllung der Sozial-Funktion der Unternehmer gegenüber den Mitarbeitern liegt in betrieblicher Hinsicht bei dem Betriebsrat. Der Aufsichtsrat soll die Überwachung der inneren und äußeren sozialen

Verpflichtungen eines Betriebes als weiteren Teil seiner Aufgaben übernehmen.

Die Motivation aller am Wirtschaftsprozeß Beteiligten wird durch die Förderung des Wettbewerbs erreicht, der auf innerbetrieblicher Ebene, auf der Ebene der Unternehmens-Beziehungen, auf der Ebene der volkswirtschaftlichen Produktivität und auf der Ebene der globalen Kooperation die entscheidende Triebkraft des menschlichen Handelns darstellt und Aggression ebenso wie Apathie kompensieren und in Grenzen halten kann.

Der Wettbewerb entspricht im Bereich wirtschaftlicher Produktivität und sozialer Ansprüche an das National-Produkt dem Spieltrieb, der in jedem Menschen steckt und ihm in Ausübung des Spieltriebs das Gefühl seiner Identität und der Möglichkeit zur Selbst-Verwirklichung gibt. Der Spieltrieb läßt zudem den tierischen Ernst vergessen, der in den zwischenmenschlichen Beziehungen zu Neid, Eifersucht und Gewalttätigkeiten führt.

Der Wettbewerb in seiner zweifachen Funktion, als Faktor der Erfüllung der wirtschaftlichen und der sozialen Forderungen und Verantwortungen, bedarf der Organisation und der Förderung durch die Unternehmer, wofür eine gemeinsame Einrichtung der unternehmerischen Wirtschaft zu schaffen wäre. So würde eine Funktions-Maximierung der Wettbewerbs-Wirtschaft zu erreichen sein, die letztes Ziel der Arbeit aller ist.

Die Unternehmer sollten damit ihrerseits den langen Marsch durch die Institutionen beginnen, um sich schließlich in der extremen Mitte der wirtschaftspolitischen und der gesellschaftspolitischen Gegensätze mit ihren Sozialpartnern zu treffen – in einer extremen Mitte, die wie das Gleichgewicht einer Waage nur dann zu finden ist, wenn die Gewichte auf beiden Seiten stimmen.

So würde unsere Arbeitswelt mit neuem Sinn erfüllt, und die Menschen in Deutschland könnten ihren inneren Frieden wiedergewinnen.

»Wenn ich nicht die Leitung des Konzerns hätte übernehmen müssen, wäre ich sicher Architekt geworden.« Hans Gerling – als bestimmende Kraft auch im Architekturgeschehen seines Unternehmens – hat ein ganzes Kölner Stadtviertel geprägt. Ausgehend von dem schon durch Robert Gerling erworbenen Mittelbau (ganz links im Bild) wurden in den Jahren 1951 bis 1958 das Hochhaus und der Brunnenplatz am Gereonshof mit dem langgestreckten »Friedrich-Wilhelm-Gebäude« geschaffen. Das Ensemble erfuhr seine Erweiterung 1966 mit dem Hufeisenbau, dem Rundbau und dem quadratischen Rechenzentrum. Der Gerling-Konzern ist das in der Dimension unübersehbar größte Baudenkmal der Nachkriegszeit in Köln. Bis zum Ende des Jahres 2000 wird der Konzern in Richtung Hohenzollernring durch ein streng rechteckiges Gebäude des Architekten Sir Norman Foster erweitert.
(Abbildung: nachfolgende Doppelseite)

Photo: Laubner-Luftbild, Bonn

Hochhaus im Bau: Das Hochhaus wurde 1949–1951 von den Architekten Hentrich und Heuser geplant, 1951 von Hans Gerling verändert und 1951–1953 vom Gerling-Architekturbüro unter Leitung von Erich Hennes ausgeführt. Da die Stadtplaner fürchteten, ein Hochhaus könne schlecht in das alte Stadtbild integriert werden, ließ der Architekt am 5. April 1950 einen Ballontest durchführen. Am Bauplatz wurde ein Fesselballon in die in die Höhe des geplanten Hochhauses hinaufgelassen. So konnte man sich überzeugen, daß der Blick auf die Kirchen, insbesondere St. Gereon, nicht beeinträchtigt werde.

Der Brunnenplatz mit dem »Friedrich-Wilhelm-Gebäude« bei seiner Einweihung 1958

Der Brunnenplatz mit dem Erker des Arbeitszimmers von Hans Gerling

Für den mittleren Brunnen entwarf Arno Breker 1956 vier Delphine mit darauf reitenden Knabenfiguren, die Fische in den Händen halten.

Das Arbeitszimmer von Hans Gerling nach seiner Fertigstellung im Jahre 1958

Gärten, hier im Innenhof zwischen Friedrich-Wilhelm-Gebäude und Rundbau, sind immer Bestandteil der Architektur von Hans Gerling.

Der Rundbau wurde 1966 vollendet.

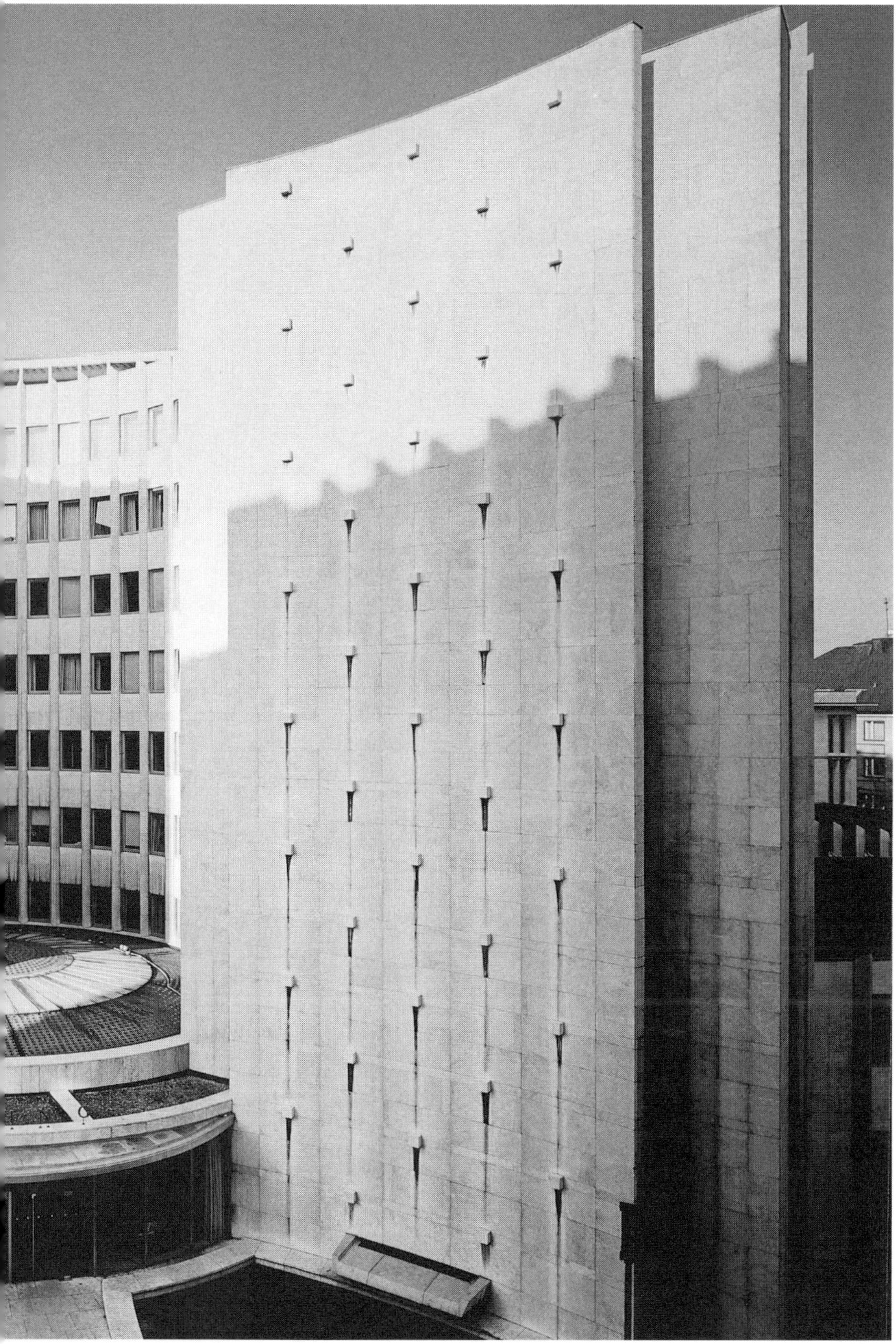

Partnerschaft der Generationen

…

Ich möchte an diesem Tage der Besinnung, an dem zugleich ein neuer Zeitabschnitt, ja eine neue Lebensphase des Unternehmens beginnt, einiges sagen über die Grundlinien, die das Entstehen und das Leben dieses Unternehmens bestimmt haben und weiter bestimmen werden. Ganz bewußt entwerfe ich von dem Unternehmen Gerling ein Bild, das in seiner wesentlichen Struktur auf Weltoffenheit und Dauer angelegt ist. Aussagen, die hierzu von mir gemacht werden, nehmen diesen Tag des 75sten Jubiläums lediglich zum Anlaß, sind aber nicht als Tagesaussagen aufzufassen, sondern gemünzt auf die kommenden Jahrzehnte.

Das Jahr 2004, der hundertjährige Geburtstag des Gerling-Unternehmens, soll damit jetzt schon in unser Blickfeld gerückt und ins Visier genommen werden. Ich stelle mich also der Frage und stelle alle Beteiligten vor die Frage: Welche Lebenschancen und welche Möglichkeiten der Entwicklung hat das Gerling-Unternehmen in der Zukunft, genau gesagt in den nächsten 25 Jahren. Zu dieser Frage möchte ich aus übergeordneter Sicht einiges ausführen:

Wer Zukunft haben will, sollte sich auf die Vergangenheit besinnen. Der Gerling-Konzern hat Zukunft, die auf Vergangenheit und Gegenwart gründet, in der Vereinigung von drei Generationen:
Eine nicht mehr lebende, aber geistig wirksame Generation, geboren aus dem Geist des Gründers,
eine führende Generation als Träger der Verwirklichung der Konzern-Idee und
eine kommende Generation als Künder und Wegbereiter für die Wandlungen der Zukunft.

Rede anläßlich der Jubiläumssitzung der Aufsichtsräte, Verwaltungsräte, Beiräte und Geschäftsleitung des Gerling-Konzerns zum 75. Gründungsjubiläum am 4. Mai 1979 in Köln

Die Verwandlung einer tragfähigen Grund-Idee, einer treffenden Kern-Konzeption gibt einer Unternehmung das Leben und macht diese Unternehmung zu einem entwicklungsfähigen Unternehmen. Entwicklungsfähigkeit heißt Fähigkeit zur Anpassung und zur Wandlung gemäß den Geboten der Zeit. Anpassung und Wandlung bedeutet nicht Veränderung der Grund-Idee, sondern ihre Gestaltung, die Erfüllung mit lebendigem Geist.

Geist wird von Menschen getragen; wenn sie schöpferisch und produktiv ihren Geist einsetzen, sind sie Persönlichkeiten, die produktiven Geist als zeugende Kraft im Bereich des wirtschaftlichen Schaffens einsetzen und damit Geistkapital zur Entstehung bringen: Geistkapital ist das Kind der Unternehmer-Väter, geboren aus dem Samen der ursprünglichen Idee, die bereits alle Entfaltungs- und Entwicklungsmöglichkeiten der Zukunft in sich trägt. Aus der Kern-Idee entstehen auf dem Wege der Kern-Fusion und der Kern-Spaltung die geistigen Energien, die treibenden Kräfte, deren Brennelemente nach ihrer Verwertung wieder Grundlage zur Aufbereitung neuer aus dem Ursprung hergeleiteter, vielleicht verwandelter geistiger Energien bilden.

Die richtige und angemessene Verwertung der Brennelemente ist die unerläßliche und unabdingbare Aufgabe des Unternehmers ebenso wie die Verhütung von Katastrophen infolge des Verbrennungsvorgangs, der bei der Verwirklichung der unternehmerischen Idee eintritt. Brennelemente sind nicht nur die Produkte, die als Güter oder Dienstleistungen erzeugt werden; mehr noch sind es die arbeitenden Menschen, die mithandelnden Personen und Persönlichkeiten – und in erster Linie der Unternehmer selbst, der im Mittelpunkt der Fusions- und Spaltungs-Vorgänge als geistiger Lenker der Produktions- und Verbrennungs-Abläufe steht.

Der Unternehmer muß wissen, daß er in einer Kettenreaktion mit Vergangenheit und Zukunft verbunden ist und sich in der Gegenwart in einem zeitabhängigen Regelkreis einerseits, mit zeitlosem Ziel und zeitunabhängigen Grundfaktoren andererseits befindet. Was gilt nun für ihn, das ist hier die Frage: Hat das zeitlose Ziel den Vorgang oder die zeitliche Anpassung im Regelkreis der Gegenwart?

Die Antwort:

Das zeitlose Ziel kann nicht aufgegeben werden; es ist der Inhalt der Tätigkeit des Unternehmers, das Unternehmen würde zugrunde gehen, sollte das Ziel aus dem Auge verloren werden. Jedoch: Zugleich muß die zeitliche Anpassung vollzogen werden, die dem Unternehmen die Funktionsfähigkeit angesichts der Gegebenheiten der Zeitumstände und der Entwicklung der Wirtschaft im allgemeinen gewährleistet.

Dies bedeutet, daß die beiden Gebote des unternehmerischen Handelns in Einklang zu bringen sind und der Unternehmer selbst seine Persönlichkeit in den Fusionsvorgang dieser Gebote einbezieht: Das menschliche und geistige Vorbild, das der Unternehmer mit oder ohne Willen zu verkörpern hat, darf nicht anders sein als der Geist, der in einem Unternehmen als einem lebendigen Organismus aller daran beteiligten Mitarbeiter gebildet wurde. Gelingt die Fusion nicht, so besteht Katastrophen-Gefahr. Der Gerling-Konzern hat in zwei Generationen die Verbrennungs-Vorgänge vieler Kern-Fusionen und Kern-Spaltungen gemeistert. Darüber hinaus: Das Unternehmen ist in den 75 Jahren seiner geistigen und materiellen Existenz für sich selbst und in der Öffentlichkeit zu einer einmaligen und klaren Gestalt der darin verkörperten Idee geworden, und alle Wandlungen der Zeit, alle Verbrennungsvorgänge und kritischen Phasen haben nur dazu beigetragen, das Besondere dieses Unternehmens, seine Bedeutung als Außenseiter im Wettbewerb, seine Notwendigkeit als Spezial-Versicherer der Industrie, noch klarer herauszustellen und weiterzubilden, als es ohne diese Bewährungsproben geschehen wäre.

Den Diamanten der Gerling-Idee, dessen Schliff Robert Gerling, der Gründer, seit dem Jahre 1904 bis zum Jahre 1934 selbst in der Hand hatte, übergab er bei seinem Tode an die folgende Generation als einen Brillanten von hohem Glanz und großer Strahlungskraft. Diese Kraft blieb über die Wirrnisse und Belastungen des Zweiten Weltkrieges hinaus erhalten. Die zweite Generation Gerling trat zehn Jahre später nach einem Interregnum an, in dem es gelungen war, das geistige Erbe des Gründers zu bewahren.

Von 1944 bis 1974 befand sich die zweite Generation in der Führung des Unternehmens, wieder 30 Jahre lang, wie auch der Konzerngründer selbst seinen Gerling-Konzern 30 Jahre geleitet hatte. Fast muten die Dauer dieser Perioden und ihr Ende wie Gesetzmäßigkeiten des Gerling-Unternehmens an. Auch zum zweiten Mal 1974 trat ein Interregnum in der Konzern-Führung ein, das jedoch nur kürzere Zeit Dauer hatte und Ende 1978 beendet war. Beide Male hatte das Ende der Führungsperioden einen katastrophenartigen Charakter. Im Januar 1935 starb Robert Gerling, der Gründer, unerwartet, ohne daß seine drei Söhne, von denen der älteste damals erst 21 Jahre alt war, selbst die Konzernleitung übernehmen konnten.

Im Jahre 1974 wurde die zweite Generation in meiner Person ebenso unvermittelt aus der Konzernführung herausgerissen wie die erste vor 40 Jahren. Auch in dem folgenden zweiten Interregnum gelang es, das geistige Erbe des Gründers für den Gerling-Konzern und damit für die inzwischen fest fundierte Institution des größten Industrieversicherers Deutschlands zu bewahren.

Heute, am 4. Mai 1979, 75 Jahre nach der Gründung des Gerling-Unternehmens, verpflichtet sich die dritte Generation Gerling in aller Form, dem Gerling-Konzern zu dienen, diesmal durch Eintritt von Rolf Gerling in den Aufsichtsrat der Holding, der Gerling-Konzern Versicherungs-Beteiligungs-Aktiengesellschaft, zu dessen Mitglied er vor 2 Tagen ernannt wurde. Rolf Gerling nimmt heute zum ersten Mal als Mitglied des Aufsichtsrates in dieser Eigenschaft an einer Sitzung aller Konzern-Gremien teil. Die Partnerschaft der Generationen ist damit Wirklichkeit geworden: Die dritte Generation Gerling hat sich zur Erfüllung ihrer unternehmerischen Aufgaben zur Verfügung gestellt.

Welche unternehmerischen Aufgaben sind das? Was bedeutet der Gerling-Konzern heute, was in Zukunft?

Der Ausgangspunkt des Jahres 1904, die Kern-Idee, war die Durchführung der Versicherungs-Vermittlung in direkter Verbindung zur Industrie, unter Ausschaltung von Fremd-Vermittlern jeder Art, vom Makler über den Agenten bis zum nebenberuflichen Vermittler. Auf diese Weise war es möglich, Provisionen zu sparen, die Bedingungen des Versicherungs-Vertrages direkt mit der Industrie entsprechend den Erfordernissen der Industrie auszugestalten und die Versicherten an den Gewinnen aus Provisions-Ersparnissen zu beteiligen, möglichst in Form niedrigerer Prämiensätze. Aus dieser direkten Verbindung ergab sich eine Vertrauensstellung gegenüber der Industrie; Gerling bildete für sich selbst bei den versicherten Industriellen aus der ursprünglichen Kern-Idee, dem Gerling-System, gleichzeitig und zwangsläufig Vertrauenskapital, das aus dem eingebrachten Geist-Kapital der Persönlichkeit Robert Gerling scheinbar von selbst hervorging. Der Gründer formulierte als echter Außenseiter für die damalige Versicherungswirtschaft etwas Ungewöhnliches: »Versicherung ist Vertrauenssache« – so seine Worte, die er als Werbeslogan benutzte. Vierzig Jahre später, nach dem Zusammenbruch infolge des Zweiten Weltkrieges, formulierte die zweite Generation den gleichen Gedanken als Werbeslogan: »Gerling verdient Vertrauen«, so daß hämische Gemüter meinten: »Der alte Gerling hat Geld verdient, der junge verdient Vertrauen.« Hiermit war sicherlich richtig erkannt, daß der Geist der Zeit seit den vierziger Jahren nicht mehr nur aufs Geldverdienen gerichtet war.

Mit der Ansprache der Industrie auf direktem Wege durch Robert Gerling war die direkte Beratung durch einen Versicherungs-Fachmann gegeben, der die Risiko-Probleme der Industrie aus eigener Anschauung erkennen konnte und diese zwecks Industrie-orientierter Lösung aufgriff. Das Risk-Management, das sich hieraus ergibt, wurde schon damals geboren. Erst seit wenigen Jahren allerdings wird dieser – bereits vor einigen Jahrzehnten entstandenen – Gerling-Beratungs-Idee die erweiternde Bezeichnung Risk-Management gegeben.

Robert Gerling war eben seiner Zeit weit voraus. Er war sich seiner geistigen Überlegenheit bewußt, und dies ohne jede Überheblichkeit. Dennoch oder wahrscheinlich gerade deswegen hatte er als Außenseiter des Gewerbes und, zum »Freidenker« abgestempelt, auch als Außenseiter der Gesellschaft härtere Angriffe, vor allem von der Konkurrenz, zu erdulden und schwere Bewährungsproben, auch gegenüber den Aufsichtsbehörden, zu bestehen.

Der Versuch seiner Gegner, ihn zu isolieren, um ihn zum Aufgeben zu zwingen, führte ihn mit Unterstützung der Industrie in den zweiten Bereich der Versicherung, nämlich in die Gründung von Erstversicherern für die Sachversicherungssparten. Die Industrie wurde als Aktionär und durch Aufsichtsratsmandate von ihm maßgeblich an den von ihm geschaffenen Unternehmen beteiligt. In dieser Phase bis 1922 war Gerling zwar der Unternehmer, die Versicherungs-Gesellschaften seiner Gruppe aber erhielten seinen Namen in Verbindung mit der Bezeichnung »Konzern« erst 1922 bei der Gründungsversammlung der »Gerling-Konzern Lebensversicherungs-AG« und der »Gerling-Konzern Rückversicherungs-AG« auf dem Petersberg, der neben dem Kölner Gürzenich das Stammhaus für die großen Aufsichtsratssitzungen von Gerling war.

Dieses Gründungsereignis bedeutete zugleich die Erweiterung des Konzerns um die Lebensversicherung, womit der Gerling-Konzern zum Financier der Industrie werden konnte, und darüber hinaus die Ausdehnung auf die – wohlgemerkt – konzerneigene Rückversicherung, da Gerling von den führenden Rückversicherern Deutschlands die Rückdeckung verweigert wurde. Die Konkurrenz, angeführt von der Münchener Rück, provozierte zudem eine Presse-Kampagne gegen Gerling, die mit ihren Diffamierungen und Unhaltbarkeiten in keiner Weise zurückstand gegenüber den Angriffen, die im Jahre 1974 gegen Gerling im Zusammenhang mit der Bank-Krise gerichtet wurden.

Die Kernfusion »Gerling-Konzern« im Jahre 1922, das Entstehen des größten Energie-Trägers im Bereich des Versicherungswesens in

Deutschland seit Beginn des Jahrhunderts, führte den Aktor, aber auch den Re-Aktor Robert Gerling an die Grenzen der Belastbarkeit. Das etablierte Versicherungskartell, mit Abdeckung durch die Aufsichtsbehörde in Berlin, hatte sich vorgenommen, den Re-Aktor durchgehen zu lassen, hatte jedoch nicht damit gerechnet, daß die Industrie ihr Vertrauenskapital unbeirrbar bei Gerling weiter investierte, und zwar im Gerling-Konzern, so wie er damals stand.

Dreißig Jahre härtesten Kampfes hatten die Lebenskräfte des Gründers aufgezehrt, als er 1935 mit 56 Jahren starb, nicht aber sein geistiges Erbe, das auch über den Krieg hinweg intakt blieb, bis die zweite Generation durch mich in der Lage war, die Konzernleitung wieder zu übernehmen.

Geblieben war ein Versicherungsunternehmen, das vom Vertrieb über die Erstversicherung bis zur Rückversicherung ein geschlossenes Ganzes darstellte und wieder unter einheitlicher Leitung stand, nachdem mit Kriegsende die zweite Generation Gerling an die Stelle des Konzern-Gründers getreten war.

Das in sich geschlossene Ganze des Konzerns war nach Kriegsende zunächst erneut aufzubauen, dann zu erweitern und in seiner Funktionsfähigkeit zu verbessern. Die Welt des Risikos hatte sich inzwischen ebenso verändert wie die gesellschaftspolitische Welt und damit die Grundlagen des Wirtschaftens wie auch des Unternehmerischen. Die soziale Marktwirtschaft wurde zur Selbstverständlichkeit, die Mitbestimmung der sozialen Partner in Gesetzen verankert. Europa entwickelte sich als wirtschaftliche Gesamtheit, Amerika und die anderen Kontinente rückten näher; das Flugzeug hob äußere und innere Entfernungen auf; das Ausland bot sich als neuer Versicherungsmarkt an.

Im Aufbau des Gerling-Konzern hatte es bis dahin einen Bereich gegeben, nämlich den Bereich der Rückversicherung, der nur konzernintern betrieben worden war, solange das Eigenkapital der Konzern-Rückversicherer ausreichte, um die immer größer werdenden Risiken anzugleichen und dem Erstversicherer, der Gerling-Konzern Allgemeine Versicherungs-AG, ausreichend Rückdeckung zu geben. Schon in den ersten Nachkriegsjahren zeigte sich, daß in den risikobelasteten Sparten, vor allem in der Feuerversicherung, der Betriebsunterbrechungs-Versicherung, aber auch in den neu aufgenommenen, technischen Sparten Maschinenversicherung, Montage- und Bauwesenversicherung, eine erweiterte Rückdeckung und eine entsprechende Verstärkung der Marktposition des Gerling-Konzern unerläßlich war.

Mit der Gründung der Gerling-Konzern Globale Rückversicherungs-

AG im Jahre 1954, jetzt also vor 25 Jahren, wurde dem Bedürfnis nach Austausch von Versicherungsgeschäft Rechnung getragen, und zwar zwecks besserer Streuung der Risiken, unterstützt durch den Austausch eigener Risiken gegen Hereinnahme fremden Rückversicherungsgeschäfts auf einem weltweiten Markt. Die Globale Rück entwickelte sich in den folgenden Jahrzehnten zu einem der größten Rückversicherer der Welt, aufbauend auf dem eigenen Geschäft der Erstversicherer des Konzerns in Sach und Leben, ergänzt durch eine weitere Neugründung des Jahres 1954, die Gerling-Konzern Speziale Kreditversicherungs-AG.

Mit dieser Kreditversicherungsgesellschaft, deren 25stes Gründungsjahr uns ebenfalls wie bei der Globale Rück ein Jubiläumsanlaß ist, entstand eine neue Verbindung zur deutschen Industrie, die später auf die Schweiz ausgedehnt wurde als dem einzigen Land, in dem der Gerling-Konzern die Kreditversicherung auch noch direkt betreibt. Die »Speziale« ist heute der zweitgrößte Kreditversicherer Deutschlands. Mit der Einführung der Ausfuhr-Kreditversicherung als erster Privatversicherer hat die »Speziale« eine Pionierleistung vollbracht.

Gerling wollte und will *der* Hausversicherer der Industrie sein. Hierzu mußte der Gerling-Konzern alle Versicherungs-Sparten führen und jede Art von Vermögensanlagen tätigen, die der Industrie dienen konnten. Das Angebot wurde dabei auf alle Sparten ausgedehnt, die für die Industrie von Interesse sind. Das Angebot von Gerling im Jahre 1904, das mit Feuerversicherung begann, läßt im Jahre 1979 keine wesentliche Sparte mehr aus. Nach dem Modell des Bureau für Versicherungswesen Robert Gerling & Co. des Jahres 1904 sind inzwischen zahlreiche regionale Vertriebsgesellschaften in Deutschland entstanden. Für das Auslandsgeschäft sind Servicegesellschaften in allen europäischen Ländern gegründet worden, wie auch eine Versicherungs-Gruppe in Kanada, eine Rückversicherungsfiliale in Amerika, ein Erstversicherer in Brasilien, ein Rück- und Erstversicherer in England und weitere Rückversicherer des Konzerns in der Schweiz und in Südafrika.

Die weltweite Tätigkeit des Gerling-Konzerns als aktiver Rückversicherer hat dem Unternehmen eine globale Bedeutung gegeben, die es vor dem Zweiten Weltkrieg nicht hatte. Im Rückversicherungsbereich wurde zudem die gleiche Kern-Idee wieder verwendet, die in der Herstellung des direkten Kontakts zum Kunden besteht und das eigene Geistkapital in Vertrauenskapital der Versicherten oder Rück-Versicherten zu verwandeln vermag. Die direkte Vertretung einer Rückversicherungsgesellschaft wie der Globale durch eigene Servicegesellschaften des

Konzerns im Ausland war ein Novum, das kein anderer Rückversicherer angewandt hatte. Auf diesen Servicegesellschaften basierte in einer zweiten Entwicklungsstufe des Konzerns in den letzten 10 Jahren dann auch die Organisation des Erstversicherungs-Geschäftes im Ausland, das für die Gerling-Konzern Allgemeine Versicherungs-AG abgeschlossen wird.

Die weltweite Entwicklung des direkten Geschäfts im Ausland steckt noch in den Anfängen, gewinnt jedoch von Jahr zu Jahr sehr schnell an Bedeutung. Dem Industrieversicherer Gerling im Ausland für den gleichen Marktsektor eine ebenso große Bedeutung zu verschaffen wie im Inland ist eine große Zukunftsaufgabe, ja wirklich ein ganzes Unternehmen für die dritte Generation Gerling. Von der Idee her und von der Konzeption des Gerling-Konzern her gesehen gibt es bisher in den übrigen Industrieländern der Erde wohl kaum ein gleichgeartetes Unternehmen. Die Zukunft auf den Versicherungsmärkten der Welt gehört aber voraussichtlich den Spezialisten, wie dem Spezial-Versicherer Gerling, die das große Risiko und das Management des Risikos verstehen und den Mut wie auch die Erfahrung haben, mit Brennelementen, Kernspaltungen und Kernfusionen umzugehen – unternehmerisch wie risikotechnisch –, von der Weltraum-Fahrt ganz zu schweigen. Einem Industrieversicherer sollte auf dieser Welt kein Risiko fremd sein und keine Versicherung unmöglich. Aber er bedarf außer »Kopf, Genie und Ellenbogen« – wie der Gründer Gerling sagte – noch anderer Mittel, um in Zukunft die notwendigen Energien für die Versorgung einer weltweiten Industrie mit Versicherungsschutz zu garantieren.

Das erste und wichtigste Mittel hierfür ist die Sicherstellung eines Mitarbeiterstabes, der das Wissen, die Erfahrung und die Initiative besitzt, mit eigenem unternehmerischen Denken und Handeln die Gerling-Idee auch weltweit mit Leben zu erfüllen und die ursprünglichen geistigen Energien des Unternehmens auf viele andere zu übertragen, die in alle Welt gehen und die Gerling-Idee und das Gerling-System ausbreiten und das Gerling-Angebot aus eigener Überzeugung darbieten. Der Antritt der dritten Generation ist unauflöslich verbunden mit der Heranziehung und Ausbildung von Nachwuchskräften. Das Versicherungskraftwerk Gerling ist ein Kraftwerk der persönlichen Dienstleistungen von Männern und Frauen, die sich dem Gerling-Geist verpflichtet fühlen, weil sie erkannt haben, daß sie als Mitarbeiter des Gerling-Konzern eine sinnerfüllte Arbeit leisten und dadurch ein sinnerfülltes Leben führen können. Der Verpflichtung zur Leistung des einzelnen steht die Verpflichtung zur Gegenleistung gegenüber, eine

Verpflichtung, die der Gründer Robert Gerling in seiner Sprache als »leben und leben lassen« ausdrückte. Seine Hilfsbereitschaft nach innen und nach außen als Lenker des Konzerns und als Unternehmer, gegenüber den Mitarbeitern nach innen und den Versicherten nach außen, ist schon zu seiner Zeit zum festen Bestandteil der Unternehmens-Grundsätze geworden, angefangen von höheren Gehältern einerseits bis zur schnellen und großzügigen Schadenregulierung andererseits.

Persönliche Freiheit und Entwicklungsmöglichkeit für die Mitarbeiter des Gerling-Konzern gehören gleicherweise zur Gerling-Idee. Ohne diese beiden Faktoren wäre das sonst so wirksame System zum Tode verurteilt. Das letzte Interregnum zeigte es:

Wer sich von diesen Grundsätzen abkehrt, nimmt den Mitarbeitern die Motivation und führt sie in die Resignation einer uninteressierten und unpersönlichen Bürokratie; nicht zuletzt raubt er ihnen den Sinn ihrer Arbeit, der nur in freiwilliger innerer Anteilnahme am Unternehmens-Geschehen entstehen kann.

So stellt sich die Führungsaufgabe der dritten Generation zwar in neuer Form, aber mit den Inhalten, die aus dem vorhandenen Geistkapital erwachsen sind: Das Unternehmen braucht das Vertrauenskapital der Mitarbeiter, um erfolgreich arbeiten und funktionieren zu können, ebenso wie es des Vertrauenskapitals der Versicherten bedarf.

Das Ziel für alle ist die Funktions-Maximierung, aus der sich eine Maximierung der Leistung ergibt.

Dies gilt auch für die Eigentümer des Unternehmens, die das zweite sehr wichtige, unerläßliche Mittel bereitstellen und in das Unternehmen investieren müssen, um in Zukunft die notwendigen Energien für die Versorgung einer weltweiten Industrie mit Versicherungsschutz zu garantieren, nämlich das Finanzkapital.

Der Gründer ging auch in diesem Bereich eigene Wege, war auch in dieser Beziehung Außenseiter. Er ging zur Aufbringung der Gründungskapitalien nicht etwa an die Börse, sondern bat seine Freunde aus der Industrie um Beteiligung; sie wurde gewährt, da man ihm vertraute, seinem Genie und seiner Zuverlässigkeit. Im Laufe der ersten zwei Jahrzehnte bildete Robert Gerling eigenes Vermögen und genoß ausreichenden Kredit, um weitere Gründungen über seine eigene Holding, die Gerling-Konzern Rheinische Versicherungs-Gruppe AG, finanzieren zu können. Die Industriellen, seine Partner, behielten noch Aktien-Beteiligungen an der Gerling-Konzern Allgemeine Versicherungs-AG. Seit den zwanziger Jahren finanzierte der Konzern sein Eigenkapital aus eigenen Erträgen, die sich aus der konsequenten

Ausweitung des Gerling-Systems im Vertrieb sowie in der Erst- und Rückversicherung ergaben.

Dies galt auch während der folgenden 50 Jahre 1974. Gewinne, die als Dividende aus dem Konzern herausflossen, wurden im wesentlichen dort reinvestiert.

Mit der Konzern-Neuordnung der Jahre 1974 bis 1976 wurde dann zum ersten Mal ein erhöhter Kapitaleinsatz der Aktionäre der Konzern-Holding erforderlich, der nicht mehr aus den Dividenden zu decken war. Das Interregnum brachte eine Durststrecke, die erst Ende 1978 abschließend durchlaufen war.

Seit Beginn dieses Jahres arbeitet der Konzern nunmehr auf einer neuen Kapitalbasis, die von den Aktionären Flick und Gerling als Partnern geschaffen wurde. Zur Partnerschaft der Generationen ist damit die Partnerschaft der Aktionäre hinzugekommen. Das Interregnum ist beendet.

Wer die Vergangenheit meistert, kann die Zukunft gewinnen, hat also Zukunft. Die Einigung Flick-Gerling, die Partnerschaft Gerling-Flick, ist jüngste Vergangenheit, die ihre Meister fand, und hat daher eine große Zukunft.

Diese Partnerschaft zwischen Industrie und Versicherung bedeutet die Rückkehr der Industrie in die Aktionärsstellung, wie sie in der Gründungsphase des Konzerns bestanden hatte und vom Konzerngründer gewollt war. Sie ist eine Gerling-konforme Lösung, ein erneuertes Bekenntnis der Industrie – vertreten durch die Industrie-Gruppe Flick – zu dem Industrieversicherer Gerling. Zukunft und Vergangenheit verschmelzen in diesem Vorgang zur Einheit.

Die zweite Generation Flick – repräsentiert durch Friedrich Karl Flick – ist an die Seite der zweiten Generation Gerling getreten, um die dritte Generation zu ordnen. Ein Beginn wurde mit dem heutigen Tage, auch durch die Berufung von Rolf Gerling in den Aufsichtsrat der Holding, gemacht.

Viele weitere Schritte werden gemeinsam zu tun sein, um die Sicherstellung der notwendigen Energien für den Ausbau des Unternehmens im weltweiten Rahmen zu garantieren. Die Aktionäre betrachten sich als Garanten dieser Entwicklung. Sie bedürfen ebenso wie die Mitarbeiter des Unternehmens und die Konzernleitung einer Motivation, die ihnen weitere Investitionen in diesem Unternehmen sinnvoll erscheinen lassen – Investitionen finanzieller Art, Investitionen persönlicher Art und Investitionen geistiger Art – also unternehmerische Investitionen.

Die Partnerschaft der Aktionäre beruht auf der Überzeugung, daß die Zukunft die Gemeinsamkeit starker unternehmerischer Interessen bedarf, um den Kampf um Überleben, Wachstum, Weiterentwicklung und Innovation zu bestehen. Gemeinsamkeit von »Partnern« geht wie ein roter Faden durch unser aller Denken, Fühlen und Handeln:

Gerling – Partner der Industrie
Gerling – Partner der Flick-Gruppe
Gerling – Partner der Mitarbeiter
Gerling – Partnerschaft der Generationen
Gerling – Partner der Zukunft

Das Fazit hieraus: Zukünftig ist Kooperation das Losungswort aller Beteiligten am Unternehmen; nur die Kooperation hat Zukunft, nicht die »Operation« und auch nicht die Konfrontation. Das Gleichgewicht der Kräfte so zu halten, daß die Kooperation der Beteiligten und der Unternehmenden nicht gestört wird, ist die große Kunst, in der sich der Gerling-Konzern, seine Aktionäre, seine Führung und seine Mitarbeiter bewähren müssen. Das Unternehmen als Kunstwerk ist kein Traum, keine Vision, sondern Wirklichkeit des Zusammenarbeitens von Menschen.

Ich wünsche uns allen an diesem Tage des 75sten Konzern-Jubiläums, daß der Gerling-Konzern ein Unternehmen des gesunden Menschenverstandes und der Menschlichkeit bleibt, das möglichst vielen – seien es die Versicherten, die Mitarbeiter, die Unternehmensleitung oder die Eigentümer – auch in der Zukunft wesentliche wirtschaftliche und menschliche Lebensenergien vermitteln, übertragen und erhalten kann.

Das Wesentliche bleibt:

Der Lebensbaum des Gerling-Konzern ist der Spender von Energien, die der Erhaltung und Erneuerung des Lebens dienen. Er trägt die Früchte des Vertrauenskapitals, das er von allen Seiten empfängt.

Gerling der Versicherer erzeugt und bildet das Geistkapital, das im Dienste der Versicherten steht und damit für die gesamte Wirtschaft und die arbeitenden Menschen wirkt.

Das Gerling-Unternehmen verkörpert die Vereinigung von Vergangenheit, Gegenwart und Zukunft als lebendige Wirklichkeit, gegründet und getragen von vorausschauenden Menschen, die den Geist der Freiheit lieben und zugleich in der Erfüllung von Zielen der Menschlichkeit den grundlegenden Sinn ihrer Aufgaben, ihrer Tätigkeiten und ihrer Dienste erblicken.

Der produktive Konzern in bürokratischer Umwelt

...

Wenn man beklagt, daß wir alle, ob privat oder beruflich, von Anordnungen und Auflagen immer mehr eingekreist werden, dann sollten wir unseren eigenen Anteil an dieser Entwicklung weder vergessen noch beschönigen. So hat etwa der Einsatz von Computern gelegentlich weniger zur Entlastung als vielmehr zu Wasserköpfen der Verwaltung und damit zu einer wachsenden Bürokratisierung geführt, die sich da und dort schon zum Selbstzweck entwickelt. Wer die Zahlenkolonnen und die mit dem Computereinsatz fast zwangsläufig entstehende Zentralisierung auf ihre Nutzbarkeit abklopft, findet oft keine überzeugenden Gründe mehr.

Für Versicherungsunternehmen speziell können solche Vorgänge die Gefahr schematischer Kundenferne fördern und zu einer Verfremdung des lebenswichtigen individuellen Kundenkontakts führen.

Gerade ein Industrieversicherer wie der Gerling-Konzern als Spezialversicherer der Unternehmen und ihrer Mitarbeiter sollte sich stets ins Gedächtnis rufen – und dies eben nicht durch schematisches, sondern durch produktives unternehmerisches Denken auf allen Ebenen seines Hauses –, daß er Individualversicherer in deutlichster Ausprägung des Wortes sein und bleiben muß.

Den Schlüsselbegriffen Delegation und Dezentralisation kommt dabei entscheidende Bedeutung zu. Wer nach innen motivieren und nach außen hochwertigen Service bieten will, wer echte Partnerschaft mit den Kunden zum Leitmotiv seines Handelns macht, sollte mit ausreichender Eigenverantwortung ausgestattet werden, um seinen Posten im Unternehmen mit Erfolg ausfüllen zu können.

Diese Aufgabe ist nicht zu unterschätzen. Befehlswirtschaft erscheint meist einfacher – zumindest am Anfang. Delegation von Entscheidungen setzt unternehmerische Fähigkeiten beim Adressaten voraus. Dieser

Rede anläßlich der Gesamtsitzung der Aufsichtsräte, Verwaltungsräte, Beiräte und Geschäftsleitung des Gerling-Konzerns am 31. Oktober 1980 in Köln

Adressat ist im Gerling-Konzern aus der Sicht der Konzernleitung der Gesamtvorstand der Versicherungsgruppe und die Geschäftsführung der Vertriebs- und Service-Gesellschaften im In- und Ausland, die traditionell an hohe Eigenverantwortung gewöhnt sind und daher auch in Krisenzeiten beweisen konnten, daß für sie unternehmerisches Handeln als ein selbstverständlicher Bestandteil ihrer Verpflichtungen gegenüber dem Unternehmen und seiner Kundschaft gilt. Ebenso wesentlich ist die Dezentralisierung der Entscheidungszentren, wie sie unser Unternehmen schon in seiner Struktur aufweist und in seiner Praxis durchhält; sie verlangt von der Innen- wie von der Außenorganisation und den Führungskräften statt Spartenegoismus stets den Blick auf das Ganze.

Ich freue mich darüber, daß der Gerling-Geist, der sich auf der Grundlage dieser Prinzipien entwickelt hat, unserem Haus die innere Stärke gibt, die bereits die Belastungen der Vergangenheit meisterte und geeignet ist, die Probleme der Zukunft erfolgreich zu lösen. Die raschen Veränderungen auf allen Gebieten werden wir so nicht nur bewältigen, sondern für die produktive Weiterentwicklung des Unternehmens nutzen. Und ich bin sicher, daß wir gerade auf diese Weise interessant bleiben – für die Kunden wie für die Mitarbeiter.

Eine Bürokratisierung, die unsere Umwelt weitestgehend prägt, muß uns daher besonders wachsam stimmen. Auch uns stellt sich natürlich die Frage, wie die unerläßliche Lenkung und Kontrolle ohne Bürokratisierung zu bewerkstelligen ist. Nun gibt es eine kluge und sicherlich richtige Überlegung, die besagt, daß sich die Kontrolle über eine große und weitverzweigte Organisation immer nach der raschen Informations-Möglichkeit und der entsprechenden Informations-Geschwindigkeit richtet, die wiederum für ein funktionierendes Berichtswesen einen gewissen Informations-Apparat voraussetzen, der schließlich seinerseits zu einer Verwaltungsbürokratie werden kann. Wir müssen also vermeiden, daß sich auch bei uns die Berge von Daten, die unser Jahrhundert mit zunehmender Schnelligkeit produziert, durch Zentralisierung selbständig machen. Hier wird die Selektion des Bedarfs zur entscheidenden Aufgabe, mit den Fragen: Was ist notwendig? Was ist vernünftig? Die Verhältnismäßigkeit muß also immer wieder geprüft und überprüft werden.

Wer die Zukunft gewinnen will, braucht selbstverständlich tüchtige Verwalter, aber noch mehr selbständige, kreative Denker, die sich mit der Organisation der Produktivität befassen. Das Organ der Organisation aber ist der Mensch, der produktive Mensch, der unbürokratische Mitarbeiter mit gesundem Menschenverstand.

Diese Mitarbeiter werden im Rahmen unseres Unternehmens herangebildet. Von ihrer Qualifikation hängt heute die Position eines Unternehmens im Markt weitgehend ab. Versicherungs- und Serviceleistungen, die bis ins Detail Gerling-Qualität haben, brauchen hochqualifizierte Experten, vom Firmenbetreuer bis ins Archiv. Wir tun einiges dafür, im Führungsstil, bei den Vergütungen und nicht zuletzt durch systematische Weiterbildungsprogramme.

Der Gerling-Konzern richtet seine Personalpolitik so ein, daß es möglich ist, qualifizierte Mitarbeiter zu gewinnen und zu halten. Er bemüht sich um eine Gestaltung der Arbeitsumwelt und der Arbeitsbedingungen, die den Arbeitsfluß optimal fördert.

Primäre Anforderung ist selbstverständlich das Fachwissen. Seine Vermittlung beginnt schon früh. Jährlich werden jeweils rund 200 Auszubildende nach erfolgreicher Prüfung in ein festes Angestelltenverhältnis übernommen. Bewerber mit Realschulabschluß erhalten die normale duale Ausbildung. Für Abiturienten gibt es einen speziellen Ausbildungsgang ausschließlich im Unternehmen. Fast 200 Sachbearbeiter aus den Fachbereichen, die selbst ihre Kenntnisse immer wieder bei Ausbildertagungen und in Weiterbildungsseminaren vertiefen, fungieren als Ausbilder.

Auch erfahrene Mitarbeiter einschließlich der Führungskräfte sind nicht aus der Pflicht zur Weiterbildung entlassen. Sie nehmen ständig an Seminaren teil, die aufeinander aufbauen, Fachkenntnisse auffrischen, mit der Menschenführung vertraut machen und aktuelle Entwicklungen vermitteln. Naturgemäß stehen hierbei versicherungstechnische Themen im Vordergrund. Ansonsten können alle Mitarbeiter aus einem vielseitigen Programm wählen, das von Sprachen über Briefgestaltung bis zur richtigen Argumentation reicht. Auch Institutionen und Experten von außerhalb des Hauses sind in die Bildungsarbeit eingebunden. Ein zentrales Ausbildungsressort koordiniert die Erfordernisse der einzelnen Gesellschaften und erstellt die Ausbildungspläne.

So werden, und dies ist eines der wichtigsten Ziele unserer täglichen Arbeit, Gerling-Mitarbeiter in die Lage versetzt, ihr Wissen konstruktiv und beweglich anzuwenden. Versicherungsprodukte im jeweiligen Arbeitsfeld verlangen immer wieder individuelle Problemlösungen. Der qualifizierte Versicherungsberater wird oft den genau passenden Versicherungsschutz erst entwerfen, indem er ideenreich alle Variationsmöglichkeiten ausschöpft.

Gerling-Mitarbeiter sind sorgfältig vorbereitet. Ihr Anteil an der Elastizität, am Geist-Kapital des Unternehmens ist hoch, und ich bin stolz darauf. Wir alle sind dafür verantwortlich, daß die richtige Ausbildung und Weiterbildung unsere Mitarbeiter in jenen Geist der Produktivität hineinführt, der nicht nur den Lebensstandard, sondern auch die persönliche Zufriedenheit des einzelnen sichert.

Personenbezogener Führungsstil, wie er im Gerling-Konzern seit Gründung des Unternehmens besteht, ist auch im Zeitalter der Computer und der Bürokratie im Interesse des Unternehmens wie im Interesse der Gesamtheit unerläßlich. Die Delegation der Verantwortung mit entsprechenden Vollmachten ist hierfür die Voraussetzung. Die Führungsebene eines Unternehmens muß durch die Delegation von Entscheidungsfunktionen auch die Fähigkeit zur kritischen Distanz beweisen, selbst gegenüber eigenen, unter Umständen überholten Vorstellungen.

Zwischen »Das haben wir schon immer so gemacht« und »Je mehr ultramoderne Technik, desto besser« muß die vernünftige Mitte gesucht und gefunden werden. Im richtigen Ausgleich zwischen persönlicher unternehmerischer Entscheidung und der Anwendung unpersönlicher Verwaltungstechnik liegt eine der wesentlichen Führungsaufgaben.Im Spannungsfeld von passiver Bewahrungspolitik des Bewährten und aktiv-aggressiver Modernisierungspolitik können durch die Verbindung zwischen rationellen Verwaltungstechniken einerseits und den Marketing-Erfordernissen der Produkte andererseits neue erfolgversprechende Vertriebswege gefunden weden. Dies gilt insbesondere bei der Förderung bestehender oder der Einführung neuer Produkte. Der Gerling-Konzern hat mit seiner Elastizität den Erfordernissen des Marktes in dieser Hinsicht durch Innovationen immer wieder in vorausschauender Weise Rechnung getragen und wird diese geschäftspolitische Strategie auch zukünftig anwenden. Der Unternehmer ist dem Mut zum Risiko verpflichtet. Seine persönliche Verantwortungsbereitschaft muß schnelle Entscheidungen möglich machen. Der Gerling-Konzern hat als Außenseiter im Versicherungsgewerbe diese unternehmerische Notwendigkeit speziell gegenüber der Versicherungsaufsicht durchzusetzen, deren Funktion im übrigen voll bejaht wird. Anlagevorschriften müssen ebenso sein wie die sorgfältige Prüfung neuer Versicherungsangebote. Aber auch hier liegt nicht nur in der Sachkompetenz, sondern auch in Schnelligkeit und Maß Weisheit, wenn man den Wettbewerb im Versicherungsgewerbe nicht in bürokratischen Entscheidungen und Verfahren ersticken will.

Die Erhaltung des Wettbewerbs gegenüber der Bürokratie ist ein wesentliches Anliegen für alle Versicherungsunternehmen und wird vom

Gerling-Konzern seit den Gründungszeiten immer als erstrangiges Ziel angesehen und behandelt, wie schon die Außenseiterstellung des Konzerns beweist. Der Wettbewerb braucht selbstverständlich eine Organisation mit einem entsprechenden Arbeitsstab. Aber es wäre sehr gefährlich, Organisation mit Bürokratie gleichzusetzen. Im Gegenteil, eine richtig durchdachte Organisation sollte den Wettbewerb in ihren Dienst stellen, denn dieser ist ein Wettbewerb produktiver Menschen, die sich bewußt sind, daß um die Wette geworben wird. In den Wettbewerb führen heißt nicht nur fördern, sondern auch fordern. Erst aus diesem echten Wettbewerb kann der wirtschaftliche Fortschritt entstehen und über das Erfolgserlebnis die Selbstverwirklichung der tätigen Menschen im Unternehmen und damit Produktivität und Kreativität zustande kommen. Wenn dem arbeitenden Menschen seine produktive Betätigung wieder Freude macht wie ein sportliches Erlebnis, ist es vorbei mit der vielzitierten Leere des Daseins.

Unternehmerisch denken und handeln als Strategie gesehen heißt zudem, über die Tagesarbeit und über die taktischen Notwendigkeiten aktueller Entscheidungen hinaussehen. Dies führt naturgemäß dazu, die größeren Zusammenhänge zu erkennen, in denen ein Unternehmen steht. Der moderne Unternehmer ist in diesem Verständnis nicht nur Kapitalgeber oder Verwalter, er ist Motor nach innen und außen. Er handelt dementsprechend zugleich im allgemeinen Interesse und leistet einen wesentlichen Beitrag zum Gemeinwohl. Seine Wirtschaftlichkeit und sein Ertrag bilden über die Steuerzahlung als Finanzbeitrag das materielle Fundament des Staates.

Wer diese Betrachtungsweise annimmt, wird sich eingestehen müssen, daß sich durch die Anerkennung und Auswertung des produktiv unternehmerischen Elements in der Wirtschaft eine bedeutende Änderung der Ziele und Wertvorstellungen ergibt, und zwar eine Änderung des wirtschaftlichen Verhaltens in dem Sinne, daß der Massenwohlstand gemehrt statt vernichtet wird, daß der persönlichen Entfaltung Raum geschaffen statt Fesseln angelegt werden, daß auf diese Weise also zum Wachstum der Persönlichkeitswerte und des wirtschaftlichen Erfolgs Entscheidendes beigetragen wird.

Der Produktivitätsfortschritt, der damit entsteht, ist das einzige wirkliche Gegengewicht zum säkularen Inflationstrend. Dementsprechend könnten die gegensätzlichen Standpunkte der Gesellschaftspolitik auf einen sozialen Ausgleich hin neu formuliert werden: Zunehmende Inflation treibt in immer schärferen Verteilungskampf. Zunehmende Produktivität schafft genug für alle.

Die größte Gefahr für den Bestand der sozialen Marktwirtschaft und damit für die Grundlagen unserer Gesellschaftsordnung besteht daher in der Inflation der Bürokratie des Staates und der öffentlichen Hände, wobei wir die Bürokratie der Verbände aller Art nicht vergessen sollten.

Papierkrieg, Umständlichkeit und Langsamkeit innerhalb der wachsenden Regulierungswut der Gesetzgeber haben dazu geführt, daß in vielen westlichen Ländern der Staat bereits die Hälfte des Sozialprodukts direkt kontrolliert, weil die Reibungsverluste bei Entscheidungsgeschwindigkeit und Effizienz, von den Kosten ganz abgesehen, auf der privatwirtschaftlichen Seite das Wachstum hemmen. Die größte Gefahr geht von der Sozialrechtsbürokratie aus, gefolgt von der Steuerbürokratie. Selbst bei Investitionen der Privatwirtschaft muß man neben dem Rentabilitätsrisiko gleichrangig das Behördenrisiko bedenken, wenn man beispielsweise allein bei Baugenehmigungsverfahren in der chemischen Industrie mit einem Zeitraum von mindestens 5 Jahren rechnen muß. Außerdem ist die Privatwirtschaft mit dem Faktum konfrontiert, daß der Staat nicht nur seine eigene Verwaltung aufbläht, sondern auch noch die Verwaltungsarbeit gern »privatisiert«, und zwar in dem Sinne, daß er sie auf den privaten Bereich abwälzt.

Doch der Trend zu immer mehr »Staat« darf nicht als unausweichliches Schicksal gesehen werden. Die gesamte gegenwärtige Diskussion um die Staatsverschuldung und die Notwendigkeit öffentlicher Leistungen, um die künftige Erhöhung von Steuern und Sozialbeiträgen weist doch darauf hin, daß der moderne Staat an die Grenze seiner finanziellen Leistungsfähigkeit stößt. Vielleicht werden die öffentlichen Hände einiges von dem, was sie heute betreiben, wieder in Privathand zurückführen müssen. Das ist nicht Utopie, sondern harte Notwendigkeit, die beispielsweise durch das gegenwärtige Geschehen in England demonstriert wird.

Der Machtkampf, den bürokratische Einrichtungen durch ihre Funktionäre in allen Bereichen führen, wird fälschlicherweise oft mit dem Tarnwort Demokratisierung belegt. Inzwischen wurde die Erfahrung gemacht, daß man mit der Bürokratisierung den demokratischen Gedanken zumindest wirtschaftlich zu Tode reiten kann, weil am Schluß niemand mehr persönliche Verantwortung trägt.

Eine Übermacht bürokratischer Verwaltung und Beeinflussung führt zur Stagnation wirtschaftlicher Produktivität einerseits, andererseits zu einer Überschuldung öffentlicher Hände. Es entsteht eine Zentralisierung wirtschaftlicher und politischer Macht in der Hand von Funktionären, die sich selbst wirksamer Kontrolle entziehen wollen und können. Die komplizierten Probleme einer Zukunft, die zwischen den Schlagworten »Grenzen des Wachstums« und »Bevölkerungsexplosion« pendelt, werden nur von Menschen zu lösen sein, die Verantwortungsbewußtsein und Leistungsbereitschaft vereinen. Wo öffentlicher Dienst nötig ist, sollte die Betonung nicht auf öffentlich, sondern auf Dienst liegen.

Von der Spitze des öffentlichen Dienstes, dem Staat, ist die Einsicht zu erbringen – und vielleicht ergibt sich dieser Zug der Vernunft im Zusammenhang mit der Grenzüberschreitung der Staatsverschuldung – daß nicht gesucht werden muß, welches Problem noch nicht gesetzlich geregelt und damit bürokratisiert ist, sondern daß umgekehrt stets die kritische Frage zur Hand sein müßte, ob ein Tatbestand wirklich regelungsbedürftig durch die öffentliche Hand ist. Nicht nur muß also ein Stop der Inflation der Bürokratisierung erfolgen, sondern zugleich ein Stop der Inflation der Staatsverschuldung.

Beamte – wie auch Abgeordnete des Bundestages, von denen übrigens rund zwei Drittel der Beamtenschaft angehören – sind Beauftragte der Bürger mit mancherlei Pflichten. Ganz vorne aber muß trotz ihrer Beamteneigenschaft doch ihre Verpflichtung stehen, die Quelle der Leistungen nicht durch Bürokratisierung zu verstopfen, weil von der produktiven Leistung der wirtschaftlich Tätigen alles andere abhängt, auch das finanzielle Wohl des Staates. Der Staat selbst und nicht zuletzt die Regierung sind damit in unauflösliche Abhängigkeit von der Bürokratie geraten, an die sie ihren Tribut zahlen müssen. Dadurch droht der Staat schließlich zu einem teuren und verlustreichen Apparat zu werden, der dazu noch vom Volk als ganzem getragen werden muß.

Noch können sich unser Staat und unsere Gesellschaft sehen lassen, weil wir auf der Basis der Leistung des ganzen Volkes einen Massenwohlstand erreicht haben, den es zuvor in der deutschen Geschichte nie gab, und weil wir dieses positive Resultat noch festhalten. In der Summe aller Faktoren, die in den letzten Jahrzehnten die soziale Marktwirtschaft geprägt haben, war wirtschaftlicher, technischer *und* sozialer Fortschritt realisierbar. Schließlich wird man daraus ableiten müssen, daß die Wirtschaft sich nur in der bewährten Gesellschaftsordnung als soziale Marktwirtschaft und nicht als verwaltete Zuteilungswirtschaft in Wohlstand weiterentwickeln kann, wobei auch das Unternehmertum ein wesentlicher Bestandteil dieser Ordnung bleiben muß. Die unternehmerisch denkenden Menschen in unserem Volk haben hier wirklich eine große Verantwortung: sie können nicht behaupten, sie wüßten nicht, worum es geht. Zu ihrer eigenen betriebswirtschaftlichen Aufgabe, ökonomisch den nächsten Tag und das nächste Jahr zu erreichen, müssen sie den Auftrag übernehmen, mit anderen verantwortungsbewußten Kräften gegen ideologisch begründete bürokratische Verfahrensweisen anzutreten, die leistungs- und freiheitsfeindlich sind.

Sie müssen erkennen, daß die Ideologisierung mit dem Ergebnis der Bürokratisierung nicht dem Schutz des einzelnen oder gar des vielzitierten kleinen Mannes dient, sondern daß die Übermacht der Bürokratie im Gegenteil den einzelnen in seiner persönlichen Existenz und in seiner Eigenverantwortung erstickt und den sogenannten mündigen Bürger zu einer Nummer in behördlichen Akten und in Datenbanken herabwürdigt. Nicht die soziale Marktwirtschaft und die Leistungsgesellschaft sind inhuman, sondern ihre Umkehrung, die eine bürokratische Zuteilungsgesellschaft, eine verwaltete Wirtschaft mit verwalteten Menschen ist.

Wir sollten uns stets daran erinnern, daß unser vorhandenes Wirtschaftssystem Güter von höchstem menschlichen Wert hervorbringt, vor allem auch die freie Gestaltung des persönlichen Lebens, von der freien Wahl des Arbeitsplatzes bis zur freien Urlaubsgestaltung, von der freien Konsumwahl bei großem Angebot bis zur Rede- und Meinungsfreiheit. Wir besitzen also eine Gesellschaft großer demokratischer Freiheiten.

Persönliche Freiheit und nicht Staatsbefehl, persönlicher Wohlstand und nicht Staatseigentum prägen unsere Ordnung, und jeder sollte wohl begreifen können, wo mehr Menschenwürde liegt. Es ist ganz konkret unsere Aufgabe, auch dafür zu sorgen, daß sich nicht über die Hintertür der Bürokratisierung Zustände der Entmenschlichung einschleichen, die im Grunde kaum jemand in diesem Lande will, die aber ein Eigenleben entwickeln.

Freilich ist zur Erfüllung dieser Aufgabe mehr notwendig als unverbindliche Bekenntnisse. Der Einsicht muß die Organisation folgen. Jeder ist auf seinem Gebiet dafür verantwortlich, daß Kooperation und Wettbewerb, Dezentralisation und Delegation, Ausbildung und Bildung wirklich zu realen Grundlagen werden, die alle tätigen Menschen in die Lage versetzen, produktiv zu leben und zu arbeiten. Die Gesellschaft der freien Rollenteilung, die Gesellschaft der Funktions-Maximierung und nicht der Funktionärs-Maximierung gibt allen Bürgern des Landes eine echte Chance, den Wohlstand zu erhalten und zu mehren und ihr Leben sinnvoll zu gestalten.

Mehr Eigenverantwortung statt weniger, mehr Unabhängigkeit statt Abhängigkeit geben unserem Volk innerhalb aller weltpolitischen und weltwirtschaftlichen Veränderungen eine zukunftsweisende Möglichkeit. Die produktive Heranziehung, Erziehung, Bildung und Ausbildung des unternehmend denkenden und handelnden Nachwuchses bekommt damit eine entscheidende Bedeutung für die produktive und kreative Gestaltung unseres wirtschaftlichen und sozialen Lebens in der Zukunft. Die Aufgabe des Gerling-Konzerns besteht in diesem Zusammenhang darin, die geistigen und wirtschaftlichen Grundlagen weiter zu entwickeln, die es den tätigen Menschen ermöglichen, ihr Lebensziel in Selbstverwirklichung zu erreichen. Die unternehmerische Aufgabe aller ist die Zukunftssicherung des produktiven Menschen.

Die unternehmerische Funktion des Gerling-Konzern

Was uns alle in Wirtschaft und Politik betrifft, das betrifft auch den Gerling-Konzern: Es geht um das Überleben und die Wiederbelebung des Unternehmungsgeistes in allen Lebensbereichen. Der Gerling-Konzern ist von jeher ein Vorreiter unternehmerischen Denkens und Handelns gewesen. Er ist es in unverändertem Bestreben auch heute noch. Er leidet wie ein jedes Unternehmen darunter, daß der Unternehmungsgeist allgemein unterdrückt zu werden und zu erlöschen droht, um bürokratischer Verwaltung auch in den Unternehmungen selbst Platz zu machen, mit der Folge, daß an die Stelle der unternehmerisch motivierten Betriebe mit leistungsorientierten, produktiven Mitarbeitern der unpersönliche Betrieb und der verwaltete Mensch steht, der nur noch als Nummer einer Datenbank bewertet wird, also keinen Eigenwert mehr besitzt. Damit ist die Sinnlosigkeit jeder Tätigkeit vorprogrammiert, und die Sinnlosigkeit zeugt Lebensangst.

Diese Kettenreaktion der Angstauslösung führt weiter zur Auflösung der Gesellschaftsordnung und damit auch zur Auflösung der gegebenen Wirtschaftsordnung, die heute noch Marktwirtschaft genannt wird, morgen aber schon zur Kollektivwirtschaft werden kann. Von Unternehmungsgeist kann dann keine Rede mehr sein. Die Kollektivwirtschaft ist nicht die Alternative, die wir in Deutschland ergreifen wollen; darüber herrscht Einigkeit im Volk und scheinbarer Konsens in der Politik. Aber es gibt viele Schattierungen der Abwandlung der Marktwirtschaft und ihrer faktischen Deformierung zu einem Zwitterwesen, das keine Marktwirtschaft mehr und sicherlich noch keine Kollektivwirtschaft ist. In dieser Grauzone bewegen wir uns heute, an der Grenze der Tragfähigkeit unseres bisherigen Wirtschaftssystems. Die Belastungen des Systems wurden zu groß, die Antriebskräfte dagegen nahmen immer mehr ab. Der Stillstand des Wirtschaftsmotors, das Ende des realen Wachstums rückt immer näher. Wenn sich im Wirtschaftsleben man-

Rede anläßlich der Gesamtsitzung der Aufsichtsräte, Verwaltungsräte, Beiräte und Geschäftsleitung des Gerling-Konzerns am 30. Oktober 1981 in Köln

gels Unternehmungsgeist und Investitionswillen eine Nullösung ergibt, so wird dies auch zu einer Nullösung für diejenigen führen, die die deutsche Wirtschaft dorthin gebracht haben: Dann sind wir reif für das Kollektiv der unpersönlichen Nummer.

Das reale Sozialprodukt tendiert im Jahre 1982 wohl effektiv zur Nullösung. Man kann also nicht behaupten, daß grundlegende Feststellungen der vorerwähnten Art unzutreffend oder etwa grundlegend falsch seien. Es muß nunmehr darüber nachgedacht werden, mit welchen Mitteln eine Wiederbelebung des Unternehmungsgeistes bewirkt werden kann. Dieses müßten wohl Mittel sein, die jeden einzelnen als Mitarbeiter am Sozialprodukt ansprechen und anregen, nicht aber nur eine bestimmte Klasse: gewiß nicht *nur* die Unternehmer und nicht *nur* die Mitarbeiter der Betriebe. Nein, es muß die Gesamtheit der tätigen Menschen mit der notwendigen Sicherung leben und arbeiten können, welche die Triebkräfte wieder freisetzt, die von unserem Staat, unseren Behörden, unseren Parteien, unseren Kirchen, unseren Verbänden und von vielen Organisationen bürokratischer Art verschüttet wurden. Wir brauchen eine Bewegung demokratischer Freiheit, um dieses Ziel zu erreichen. Sie ist nirgendwo sichtbar, vielleicht jedoch im stillen bei einer unwilligen Minderheit oder sogar einer schweigenden Mehrheit latent vorhanden.

Das gesprochene Wort, hinter dem der entsprechende Geist steht, kann hier Anstöße geben, um auch die Unwilligen und Schweigenden zum Reden und Handeln zu bringen. Aber nicht nur die Macht der Worte sollte eingesetzt werden, sondern zugleich das Handeln, den Worten gemäß.

Wir müssen also ein Beispiel geben, jeder in seinem Bereich und auf seine Weise. Kann der Gerling-Konzern, über dessen unternehmerische Funktion hier gesprochen werden soll, ein solches Beispiel, gewissermaßen ein Modellfall sein?

Schon als Außenseiter im Versicherungsmarkt ist unser Unternehmen prädestiniert, unternehmerische Initiativen zu entwickeln, die dem aktiven Wettbewerb dienen und damit die Aufgaben der Sicherung persönlicher und betrieblicher Art entsprechend den Erfordernissen jedes Einzelfalles zu lösen und mit *Ver*-Sicherung das Gefühl der Sicherheit im Wirtschaftsleben zu erhöhen und die erforderlichen Ersatzleistungen zu erbringen, die dazu dienen, das Vermögen der Versicherten, also das Leistungs-Ergebnis, vor Verlusten zu schützen. Das Ziel unseres Unternehmens ist es, den bestmöglichen Deckungsschutz mit einem optimalen Service zu verbinden und durch die qualitativ hochwertige Dienstleistung eine Funktions-Optimierung zu erreichen.

Wenn ich von Funktions-Optimierung spreche, dann meine ich damit eine Optimierung der *unternehmerischen* Funktion, die nicht zu verwechseln ist mit der oft als Grundsatz unternehmerischen Handelns herausgestellten Gewinn-Maximierung. Die Erzielung eines höchstmöglichen Gewinns tritt hinter die Verwirklichung einer größtmöglichen unternehmerischen Funktionserfüllung zurück.

Die Funktionen, die ein Unternehmen zu erfüllen hat, sind von zweierlei Art: Sie sind einerseits interner Art und betreffen die Struktur, die Organisation, die Führung und die Mitarbeiter eines Betriebes. Andererseits sind diese Funktionen externer Art und betreffen die Stellung des Unternehmens im Markt, seine Rolle im Wettbewerb und seine Zielsetzungen im Rahmen gesellschafts- und wirtschaftspolitischer Verantwortung, die in jedem Falle gegeben ist, auch dann, wenn es sich um mittlere und kleine Unternehmens- oder Betriebseinheiten handelt.

Unternehmerisch handeln heißt, sich etwas Eigenes einfallen zu lassen, um es in die Tat umzusetzen. Nur mit Ideen zu hantieren – seien es auch die richtigen – bedeutet noch nicht, unternehmerisches Gewicht zu haben. Ohne die Verwirklichung der Idee tritt selbst bei Erfindungen keine wirtschaftliche Folgewirkung ein, wenn der zündende Gedanke nicht als Triebkraft eines Wirtschaftsbetriebes eingesetzt wird, der die Bezeichnung Unternehmen verdient.

In dem Augenblick also, in dem es um die Verwirklichung einer unternehmerischen Idee geht, ist der Unternehmer nicht mehr allein: Er braucht Mitarbeiter, und zwar solche, die seine persönliche individuelle und wahrscheinlich neue und oft ungewöhnliche Idee verstehen und nachvollziehen können. Nur dann kann ein Unternehmen in der wirtschaftlichen Wirklichkeit bestehen, wenn es dem unternehmerisch begabten Initiator, der die Initialzündung als Starter gibt, auch gelingt, seine Idee und die geschäftspolitische und technische Verwendung dieser Idee auf seine Mitarbeiter zu übertragen und sie im wesentlichen mit dem gleichen Geist zu erfüllen, der mit der Idee und aus der Art ihrer Verwirklichung geboren wird. Es ist also immer ein geistiger Konsens herzustellen, von dem zumindest die führenden Mitarbeiter eines Unternehmens, möglichst aber alle daran durch gemeinsame Arbeit Beteiligten durchdrungen sein sollten.

Diese Durchdringung mit dem Geist eines Unternehmens kann bewußt oder unbewußt sein. Ein Unternehmen ist wie eine Persönlichkeit zu verstehen, ein Teil davon steht im hellen Licht des Bewußtseins, ein anderer bleibt unbewußt, ist aber nicht weniger eine Realität.

In unserem Gerling-Unternehmen ist der Gerling-Geist seit den Zeiten des Gründers ein Begriff. Der Inhalt dieses Begriffs wirkt ebenso wie die Funktions-Optimierung nach innen wie nach außen. Das Gerling-System des Direktverkaufs mit einem festangestellten Außendienst und eigenen Vertriebsgesellschaften ist nach außen die organisatorische Grundlage des Geistes des Wettbewerbs, von dem der Gerling-Konzern als Außenseiter im Versicherungsmarkt bewegt wird, und zwar so nachdrücklich, daß unser Unternehmen als »Hecht im Karpfenteich« immer wieder eine besondere wettbewerbliche Rolle spielt.

Nach innen ist die Folge des Gerling-Geistes eine starke Motivation der Mitarbeiter durch diese Sonderstellung, die allen Beteiligten erneut nach dem Zweiten Weltkrieg das Erfolgserlebnis eines ungewöhnlichen Aufstiegs gebracht hat, der für den Gerling-Konzern bis heute ungebrochen ist. Dieser wirtschaftliche Aufstieg ist begleitet – und das ist mindestens ebenso wichtig – von einer Beteiligung aller Mitarbeiter am Erfolg durch außergewöhnliche, zusätzliche und über dem Durchschnitt liegende soziale Leistungen wie auch überdurchschnittliche Gehälter. Dieser Umstand hat wesentlich dazu beigetragen, den unternehmerischen Gedanken und den Konsens hierüber bei allen Mitarbeitern von oben bis unten im Hause Gerling zu verankern. Alle sind so gesehen am Wohlergehen des Unternehmens beteiligt – auch innerlich – und haben sich auch in schwierigen Zeiten zu dem gleichen Geist bekannt.

So ist die Feststellung berechtigt, daß eine besondere unternehmerische Funktion auch nach innen eine besondere menschliche und persönliche Motivation abgibt, die sich von oben nach unten übertragen läßt und damit Teil einer Unternehmens-Persönlichkeit wird, die allen Mitarbeitern eine sinnerfüllte Arbeit möglich macht, die zudem eine sinnvolle Aufstiegsmöglichkeit zu einer sinnvollen Führungsposition ergibt und damit die Angst nehmen kann, die mit einer sinnentleerten Tätigkeit verbunden ist.

Die einzige Angst, die uns nicht genommen werden kann, besteht darin, daß dieser Gerling-Geist von uns genommen werden könnte oder verloren ginge. Doch in dieser Beziehung hat die Vergangenheit gezeigt, daß mit Ausnahme weniger Wankelmütiger auch in schwierigen Zeiten ein überzeugtes Bekenntnis zu dem Fortbestand dieses besonderen Unternehmungsgeistes mit allen Implikationen stillschweigend oder ausdrücklich abgelegt wurde.

Wir stehen im Jahre 1981 und in den kommenden Jahren an einem Wendepunkt der Wirtschaftsentwicklung in Deutschland und in der Weltwirtschaft. Es ist daher von großer Bedeutung für uns alle und besonders für die Unternehmensleitung, den Standort des Gerling-Konzerns im wirtschafts- und gesellschaftspolitischen Bereich zu bestimmen. Das Gewicht der von mir im vorhergehenden geschilderten Struktur und Zielsetzung des Unternehmens geht daher inhaltlich und zeitlich weit hinaus über eine historische Betrachtung oder eine geschäftspolitische Berichterstattung, die damit für den heutigen Status des Unternehmens gleichzeitig erfolgt.

Wenn wir wirtschaftspolitisch verantwortlich handeln wollen, müssen wir uns als Unternehmen mit der Frage befassen, ob sich das eigene Unternehmen als Modellfall der Entfaltung unternehmerischer Funktionen auf andere Betriebe projizieren läßt und wie die gedankliche und gegebenenfalls praktische Übertragung des Unternehmungsgeistes geschehen soll. Aus psychologischer Sicht erfolgen Projektionen und Übertragungen von einem Menschen auf den anderen im Regelfall unbewußt, gewissermaßen auf dem Wege der Ansteckung. Obwohl diese unbewußte Ansteckung im unternehmerischen Bereich sicherlich denkbar ist, so bewegen wir uns hier doch in einem so real durchdachten Komplex, daß es richtiger und wirkungsvoller erscheint, ganz bewußt die Erfolge und Ergebnisse der unternehmerischen Funktion in Wort und Tat herauszustellen, um über die Ansteckung hinaus einen Antrieb für die Wiederbelebung des Unternehmungsgeistes zu gewinnen. So bleibt mir in dieser Versammlung zunächst das Wort, dem die Taten aber folgen sollen, soweit es der Einfluß dieses Unternehmens auf wirtschaftspolitische Entscheidungen zuläßt.

Sie werden verstehen, daß sich meine Gedanken zu diesen Fragen in dem Umfeld bewegen, das durch das Stichwort »*Ver*-Sicherung« gegeben ist. Als Versicherer weiß ich, daß die Möglichkeiten der Ver-Sicherung begrenzt sind, wenn es um die Sicherung menschlicher und gegenständlicher Werte geht. Die Ver-Sicherung kann nur in bestimmten Fällen finanziellen Ersatz leisten für Vermögens- oder Einkommensverluste. Sie kann und will keine umfassende Sicherung sein für alle Risiken und Wechselfälle des wirtschaftlichen und persönlichen Lebens. Damit ist zugleich ausgesagt, daß materieller Notstand und erst recht nicht seelische Not und Angst durch »Sicherungen« aufgehoben werden, die aus der Ver-Sicherung kommen. Dennoch ist die Idee der Versicherung der Anknüpfungspunkt für die meisten Einrichtungen, die materielle Sicherheit gewährleisten sollen: Im öffentlichen Sektor spannt sich der Versicherungsbogen von der Rentenversicherung, der Arbeitslosenversicherung, über die Atomhaftung bis zur Pensionssicherung im Konkursfall von Unternehmen.

Mit diesen Versicherungen und Rechts-Garantien aber ist nur ein bestimmter Teil unserer Gesellschaft abgesichert, sagen wir einmal ganz pauschal der Arbeitnehmer und der Rentner. Für die Mehrheit der sozial schwächeren Bevölkerungskreise ist damit ein verhältnismäßig dicht geflochtenes Netz sozialer Sicherheit geschaffen worden. Für die Unternehmerseite jedoch ist von einer entsprechenden Sozial-Verpflichtung und Absicherung der persönlichen Ergebnisse der unternehmerischen Arbeit bisher weder die Rede gewesen, noch wurde ein solches Vorhaben auch nur gedanklich erfaßt.

Heute, in einer Zeit größtmöglicher sozialer Sicherung, wird niemandem ein Mißerfolg so unerbittlich quittiert wie dem Unternehmer. Für ihn gibt es kein soziales Netz. Im Gegenteil, er wird im Ernstfall aus dem Sozialverband ausgeschieden und ausgegliedert. Das Risiko, eingeschlossen das Risiko, als Arbeitgeber für das Schicksal der Arbeitnehmer verantwortlich gemacht zu werden, wird ihm im wesentlichen allein überlassen.

Angebot und Nachfrage, Marktlücken oder Übersättigung, Qualität, Ausstattung und Preis, Erfindungen und Elastizität bestimmen darüber, ob ein Unternehmen im Wettbewerb überlebt. Das erfordert Investitionen nicht nur an Geld, Intelligenz und Geist, sondern auch an Arbeitszeit und Nerven. Die Erfolgreichen sieht man dann, sie werden beneidet und hoch besteuert. Diejenigen jedoch, die dem Kampf mit ständig veränderten und zum großen Teil staatlich verfügten wirtschaftlichen Belastungen nicht gewachsen sind, werden praktisch gezwungen, über den Verlust des Unternehmens hinaus auch ihre eigenen Ersparnisse, und zwar zusätzlich das von ihnen außerhalb des Unternehmens gebildete Vermögen, also ihr *persönliches* Eigentum, auch ohne *persönliches* Verschulden zu opfern.

Soll man nun deshalb ein Sicherheitsnetz für Unternehmer anstreben? Dies kann, so meine ich, nicht das Ziel sein. Der erfolglose Unternehmer muß aus dem Markt ausscheiden, sofern er den Mißerfolg selbst zu verantworten hat, sonst funktioniert die Wettbewerbswirtschaft nicht.

Ebenso notwendig für die Marktwirtschaft ist es jedoch, daß den Unternehmern, die ihre Funktion erfüllen, nicht zu viele wirtschaftsfremde Fesseln angelegt werden, mehr noch, daß sie für das persönliche Ergebnis ihrer Tätigkeit gewisse Absicherungen, gegebenenfalls auch Garantien erhalten. Diese Absicherungen müssen zunächst einmal darin bestehen, daß die Grundlagen des Wirtschaftssystems erhalten bleiben, auf dem die Privatwirtschaft aufgebaut ist. Eine staatlich verfügte Änderung der grundlegenden Unternehmensbedingungen, die dem Unternehmen gewissermaßen den Boden unter den Füßen wegziehen, dürfte weder den betreffenden Unternehmungen selbst angelastet werden noch den Unternehmensleitungen oder den Inhabern. Nicht zuletzt bedeutet die Einstellung eines Betriebes gleichzeitig Arbeitslosigkeit, die in solchen Fällen staatlich veranlaßt ist. Seiner Verantwortung jedoch entzieht sich der Staat zu Lasten der Unternehmer.

Zur unternehmerischen Ausgangssituation, wie sie heute gegeben ist, muß folgendes festgestellt werden: Der Begriff der sozialen Marktwirtschaft umfaßt heute Wettbewerb und staatliche Wettbewerbsbeschränkungen, Privatwirtschaft und Staatswirtschaft, Ein-Mann-Betriebe und Konzerne sowie zwei Superkartelle: Das Lohnkartell der Gewerkschaften und das Kostenkartell der staatlichen Sozialpolitik. Im Bereich des Außenhandels bestehen international Verzerrungen durch künstlich gesetzte Daten. Dazu tritt die Verflechtung mit der Gesellschaftspolitik, die jede unternehmerische Planung illusorisch macht, sobald damit eine Veränderung grundlegender Faktoren eintritt, die gegen die privatwirtschaftliche unternehmerische Tätigkeit gerichtet ist und dazu noch die »Unternehmer« als Klasse diffamiert. Nur am Rande sei hier vermerkt, daß die Unternehmer keine Gesellschaftsklasse sind und daß ihr angebliches Klassenbewußtsein hauptsächlich darin besteht, daß sie sich im Wettbewerb befinden und mithin jeder andere Unternehmer als Wettbewerber ein potentieller Gegner ist.

Wenn der Staat nun ohnehin ständig in die Wirtschaft eingreift, wenn er sogar selbst als Unternehmer auftritt, dann muß gerade er Verständnis dafür haben, daß seine Verpflichtung gegenüber den Unternehmern, die nun einmal der Motor wirtschaftlicher Tätigkeit sind, darin besteht, eine vernünftige und unternehmerisch tragbare Wirtschaftsordnung zu schaffen und das von ihm selbst geschaffene System zu garantieren und seine Kontinuität zu erhalten.

Wenn die Basis des Systems und die Kontinuität der Grundlagen sich verändert, müssen die Absicherungen oder Garantien den neuen rechtlichen und sozialen Verpflichtungen der Unternehmungen entsprechend angepaßt werden, um die soziale Funktion des Unternehmens als Arbeitgeber aufrechterhalten zu können.

Wenn ein Arbeitnehmer etwas geleistet hat, so darf ihm seine Rente nicht genommen werden. Das ist selbstverständlich. Wenn ein Unternehmer etwas geleistet hat, dann darf ihm mit der gleichen Logik sein durch Eigenleistung erworbenes Vermögen und das von ihm gebildete

Vertrauenskapital nicht entschädigungslos genommen werden. Dieses Vermögen ist nämlich wiederum die Voraussetzung für Leistungen und Arbeitsplätze der Zukunft. Es darf nicht vergessen weden, daß der Unternehmer potentiell immer Arbeitgeber ist. Er schafft Arbeit für andere, nämlich die Arbeitnehmer.

Es darf auch nicht vergessen werden, daß – ungleich mehr als die erarbeitete, Rente – die Bildung von Ersparnissen, also von Vermögen und damit von Kapital Voraussetzung ist für volkswirtschaftliches Wachstum. Hier besteht durchaus ein direkter Bezug zur Versicherung, die nicht nur Werte schützt, sondern zur Vermögensbildung Wesentliches beiträgt und damit auch zur Kreditgewährung an andere Unternehmen und letztendlich zur Investitionsförderung und zum Wachstum der Wirtschaft. Als Fazit ergibt sich: Die *gleichzeitige* Sicherung von Arbeitnehmern *und* Unternehmern bildet die hauptsächliche Grundlage für die Erhaltung und Wiederbelebung des Unternehmensgeistes.

Eine Entrechtung des Unternehmers – sie ist vom Gesetzgeber bis zu den Arbeitsgerichten keinesfalls eine Fata Morgana – darf es ebenso wenig geben wie eine Entrechtung des Arbeitnehmers. Beide Seiten im Betrieb wollen in ihrer ganz großen Mehrheit die produktive Arbeit und die persönliche Leistung. Für beide Seiten sollten ihre Früchte anerkannt werden.

Alle ökonomischen Vorgänge im Westen, im Osten und in den Entwicklungsländern zeigen: Mehr Marktwirtschaft fördert den Lebensstandard stärker als weniger Marktwirtschaft, mehr Welthandel hebt den Wohlstand schneller als weniger Welthandel, und mehr Privatwirtschaft schafft bessere Wettbewerbsfähigkeit als keine Privatwirtschaft, besonders dann, wenn an die Stelle der sozialen Marktwirtschaft eine staatliche Wirtschaft mit Dirigismus und Bürokratie tritt.

Dabei geht es nicht nur um Prinzipien. Es hat sich in der täglichen Praxis, gerade auch in den Ostblockländern, gezeigt, daß die Marktwirtschaft, in der jeder für sich selbst arbeiten darf, weit besser als jedes andere System die Produktivität und damit das Gemeinwohl voranbringt.

Wo stehen wir im Hinblick auf die Marktwirtschaft nun heute? In den vergangenen Jahren hat die staatliche Wirtschaftspolitik nicht vermocht, den einmal eingeschlagenen Weg der Überforderung des Sozialprodukts in die Straße der Vernunft einmünden zu lassen. Noch immer zehren maßgebliche politische Kräfte von der Illusion, die vor etwa einem Jahrzehnt glauben machen wollte, es könnte von Staats wegen unabhängig von der Produktivität der Wirtschaft dem einzelnen auf dem Wege der Umverteilung mehr gegeben werden, als insgesamt erarbeitet wurde. Der Sinn für die inzwischen eingetretene Realität, daß aus weniger Leistung durch Umverteilung nicht mehr als das Produzierte verteilt werden kann, ist noch immer nicht in die Köpfe der Entscheidungsträger eingekehrt, obwohl inzwischen klar wurde, daß sich gleichzeitig die Kaufkraft des Geldes als Gegenwert der Leistung ständig vermindert hat. Ein realer Zuwachs wurde also mit dem Übermaß an Umverteilung kaum erzielt, sondern eher verhindert.

Nicht einmal die Zukunftsplanung der Staatsausgaben ist der Veränderung der Verhältnisse angepaßt. Die Erkenntnis muß wachsen, daß ein Herumpfuschen in komplexen wirtschaftlichen Zusammenhängen von allen Parteien teuer bezahlt werden muß, weil mit der Leistung auch das Vertrauen geschwächt wird. Vielleicht ist die unmittelbare Zukunft eine günstige Zeit dafür, wieder besser zu beachten, daß zwischen Freiheit, sinnvoller Planung, unternehmerischer Leistung und berechtigtem Anspruch kein Widerspruch besteht, sondern ein ergänzendes Verhältnis, vergleichbar einer Symbiose.

Die Gesellschaft basiert heute in den Industrieländern, und vor allem in Deutschland, nicht auf dem Reichtum einer kleinen Schicht, sondern auf dem Wohlstand der großen Masse, mit breiter Konsumkraft und freier Konsumwahl. Nach wie vor will jedermann hohe Löhne und niedrige Preise, viel soziale Sicherheit und wenig Steuern. Wenn dies so bleiben soll, ist es notwendig, sich nach dem gründlichen Knüpfen des sozialen Netzes für die Mehrheit auch über die Notwendigkeit freiheitlicher, produktionsfreundlicher Rahmengarantien für eine besonders aktive Minderheit, die Unternehmer, klarzuwerden. Mit einem Wort: Unternehmer brauchen Minderheitenschutz. Statt dessen geht die Diffamierung des Unternehmers, der Unternehmungen und der unternehmerischen Arbeit weiter.

Der lebendige Organismus, den Unternehmer wie Arbeitnehmer gemeinsam in den Betrieben darstellen, kann nicht einseitig gesehen und behandelt werden: Der Rechts- und Sozialstaat muß stets beiden Sicherung bieten, auf die sie als gleichberechtigte Sozialpartner gleichrangig und gleichzeitig Anspruch haben.

Diese Grundgedanken müssen ebenfalls in die Rechtsordnung und in die Rechtsprechung eingehen, ähnlich den Rechtsansprüchen der Arbeitnehmer. Es bedarf mithin einer Gesetzgebung, die bisher noch nicht einmal in Anfängen oder Ansätzen zu erkennen ist. Dennoch ist es ermutigend, wenn man beispielsweise im Konkursrecht darüber nachzudenken beginnt, existente Betriebe gerade im Hinblick auf das gemeinsame Interesse an der Erhaltung der Arbeitsplätze nicht ohne Not sofort aufzulösen, sondern vor der Konkurserklärung eine Prüfungs- und Sanierungsphase zwecks möglicher Weiterführung des Unternehmens vorzuschalten, wie es in anderen Ländern – etwa in Frankreich – bereits der Fall ist.

In diesem Zusammenhang wird offensichtlich, daß von einer Gesetzgebung, die Rücksicht auf Unternehmens- und Betriebsinteressen nimmt, auch die Versicherung positiv betroffen wird, nämlich in diesem Fall die Kreditversicherung. Nachdem die Zahl der Insolvenzfälle in diesem Jahr wohl alle vorhergehenden Nachkriegsjahre übertreffen wird und für das nächste Jahr eine Verschlechterung, aber sicher keine Verbesserung zu erwarten ist, wird dieses Thema neben der Feuerversicherung das akuteste Versicherungsproblem der kommenden Zeit werden. Es zeigt an, daß die Privatwirtschaft an das Ende ihrer Kraft gerät, schwierige Zeiten zu überstehen. Bei einer Inflationsrate, die in diesem Jahr in Deutschland, wie anderswo, stark ansteigt, müßte schon eine merkliche Wende in der Wirtschaftsentwicklung und in der Einstellung der Staatsorgane zu der Frage der Unternehmenserhaltung eintreten, bis wir mit einer Besserung dieser Situation rechnen könnten. Die Vorzeichen hierfür sind nicht günstig, wie die gegenwärtigen nahezu unüberwindlichen Schwierigkeiten bei der Sanierung des Staatshaushaltes schlagend beweisen.

Als Versicherungsunternehmen müssen wir uns mit der Frage befassen, ob diese Prognose für die Gesamtheit der Sparten zutrifft, oder ob wir nur in einzelnen Versicherungszweigen betroffen werden. In unserer Planung für 1982 werden wir davon ausgehen, daß der gesamte Prämienzuwachs für den Gerling-Konzern in der Erst- und Rückversicherung um 8% liegen wird. Mit dieser Zielsetzung können wir auskommen, um die wesentliche Relation zwischen Erträgen – zu denen auch die stark wachsenden Vermögenserträge gehören – und andererseits Schäden und Kosten auf dem gegenwärtigen Stand zu halten.

In den Sachversicherungssparten ist es im letzten und im laufenden Jahr gelungen, die Schadenquote stärker zu normalisieren, ein Ergebnis, das auf gezielten Sanierungsmaßnahmen beruht und im nächsten Jahr fortbestehen wird, wenn keine Katastrophenschäden unerwarteten Ausmaßes eintreten. Beunruhigend ist die wachsende Inflation in fast allen Ländern, in denen wir tätig sind, da diese sich auf die Schadenhöhe sofort, auf die Anpassung der Versicherungssummen jedoch frühestens im Zeitabstand eines Jahres auswirken wird, so daß fortschreitende Unterversicherung in den Sachsparten nicht zu vermeiden sein wird.

Im übrigen profitiert ein Versicherungsunternehmen in der Zwischenzeit von dem hohen Zinsniveau, das voraussichtlich auch im nächsten Jahr noch maßgeblich zur Verbesserung der Vermögenserträge und damit zum Ausgleich unserer Gewinn- und Verlustrechnung beitragen wird, die im versicherungstechnischen Ergebnis sicherlich auf der Verlustseite bleiben wird, in der Erstversicherung ebenso wie in der Rückversicherung. Das Gesamtergebnis dieses Jahres wird in der konsolidierten Jahresrechnung wieder ein Gewinn sein, der von den Vorjahren nicht wesentlich abweicht. Die Bilanzen der Versicherungsträger des Gerling-Konzern sind hierbei mit zureichenden Reserven für alle vorhersehbaren Wechselfälle im Schadenverlauf ausgestattet.

Das gesamte im Konzern verwaltete Vermögen ist in der Sach-, Lebens- und Rückgruppe einschließlich Verwaltungs- und andere Dienstleistungsgesellschaften auf über 10 Milliarden DM – genau 10 Milliarden und 74 Millionen DM – per Ende September dieses Jahres angewachsen, wobei die Vermögenserträge um 9% gegenüber dem gleichen Zeitpunkt des Vorjahres auf rd. 610 Millionen DM für den Zeitraum Januar bis September 81 angestiegen sind.

Von den Vermögenswerten entfallen auf die Lebensgruppe annähernd 70%, also der überwiegende Teil. Die Lebensversicherung, die mit nominal festgelegten, aber dynamisch wachsenden Versicherungssummen arbeitet, hat auf der dementsprechend an Nominalbeträge gebundenen Schadensseite nicht die Probleme der Sach- und Haftpflichtversicherung. In der Sparte Leben liegt das Problem eher auf der Seite des Zuwachses des Lebensbestandes, der jedoch jährlich immer noch erheblich anwächst, wobei der anhaltende Sparwillen in unserem Lande eine ausschlaggebende Rolle spielt, während in der betrieblichen Altersversorgung eine Stagnation zu verzeichnen ist. Bezogen auf den 30. September des Vorjahres wuchs der Bestand der Lebensgruppe – gemessen an der Versicherungssumme – bis zum 30. September dieses Jahres bei einer Zielsetzung von 9% um 8,8% auf nahezu 24 Milliarden DM an. In der Lebens-Rückversicherung wurde zum gleichen Zeitpunkt ein Bestand von rd. 11,1 Milliarden DM ausgewiesen mit einer Zuwachsrate von rd. 17%.

Bei der Gerling-Konzern Allgemeinen war ein Prämienwachstum von 10,2% in den ersten 3 Quartalen 1981 zu verzeichnen und damit einige Überschreitung der Zielsetzung von 9,6% um 0,6% Prozentpunkte. Nur in der Rückversicherung konnten wir in diesem Jahr unsere Ziele nicht erreichen, vornehmlich deswegen, weil der geplante Zuwachs in USA wegen des dort sehr schlechten Schadenverlaufs und des weitaus zu niedrigen Prämienniveaus sich im Laufe des Jahres als unerwünscht herausstellte. Außerdem wurde eine Sanierung bestimmter Länderbereiche, wie Spanien und Mexiko, in Angriff genommen. Schließlich war das deutsche Rückgeschäft rückläufig, da ein Großdezent seinen Eigenbehalt wesentlich erhöhte. Alles zusammen genommen ergibt sich in diesem Jahr bis 30.9. nur ein Prämienzuwachs in der Rückversicherung von 2,3%.

Der Gesamtzuwachs des Prämienvolumens belief sich für den Konzern per 30.9.1981 auf 7%. Es wurde damit zu diesem Stichtag eine Prämieneinnahme von annähernd 3 Milliarden DM erzielt – genau 2 Milliarden und 954 Millionen DM. Hierin enthalten ist auch die Kreditversicherung mit einem Zuwachs von 12,5% und die Rechtsschutzversicherung mit einem Zuwachs von 17,5%.

Angesichts dieser Wachstumsergebnisse können wir für unser Unternehmen wohl davon ausgehen, daß wir uns auf der Hochebene der Funktions-Optimierung bewegen, wobei von einer Gewinn-Maximierung nicht die Rede sein kann. Wollten wir den aus unserer Sicht irreführenden Weg einer Gewinn-Maximierung beschreiten, so müßten wir aus versicherungstechnischer Sicht einen großen Teil unseres Industriegeschäftes kündigen und uns damit selbst den Boden des Ausgleichs und der Vermögenserträge entziehen, auf dem ein Industrieversicherer wie Gerling nun einmal steht und stehen muß und stehen bleiben will. Das Marktziel des Konzerns bleibt im In- und Ausland unverändert das gewerbliche Firmengeschäft und die Industrieversicherung.

Trotz dieser unverändert ausschlaggebenden Zielgruppe können wir den Privat-Mann nicht außer acht lassen, denn er ist zugleich in irgendeinem der Unternehmen tätig, die der Gerling-Konzern versichert hat. Gerade deswegen sollte auch er unser Kunde werden können. Den Vertriebsweg zu öffnen, der über die Firmen zu deren Mitarbeitern führt, gehört zu den Planzielen, die wir gegenwärtig mit Nachdruck verfolgen. Eine der Innovationen, die diesem Ziel dienen, ist die erfolgte Einführung der Privat-Schutz-Police, die sieben persönliche Sparten in einem einzigen Antrag und in einer Versicherungs-Police zusammenfaßt. Der Privat-Schutz wird in unserem Hause auch Gerling PS Versicherung genannt und von uns mit vielen PS erfolgreich in die Kundschaft getragen. Auch dieses neue Vertriebsprodukt gehört in den Ideenbereich der funktionellen Optimierung unserer Dienstleistungen als Versicherer.

Der Gerling-Konzern, der von Geburt ein Industrieversicherer ist und bleiben will, kann und darf auf die Dauer nicht vorbeigehen an dem Schutzbedürfnis der einzelnen Privatpersonen. Diese Einstellung beruht auf der Erkenntnis, daß unsere Wirtschaft mehr denn je als Verbraucherwirtschaft orientiert ist, so daß schon dem Volumen nach der private Schutz einen wesentlichen Marktanteil darstellt. Der Wohlstand, früher im gesamten Ablauf von 5000 Jahren Geschichte überall Sache einer kleinen, erlesenen Schicht, wurde durch Umschichtung auf breite Bevölkerungskreise »demokratisiert«.

Heute wird das Unternehmerverhalten grundsätzlich bestimmt von dem Wunsch, die Bedürfnisse möglichst großer Käuferkreise besser und billiger zu befriedigen als der Konkurrent, Bedarfslücken zu erspähen, neue Bedürfnisse zu wecken. Dies gilt auch für den Gerling-Konzern als Versicherungsunternehmen. Es soll möglichst viel verkauft werden, und zwar zum jeweils günstigsten Preis. Ob dieser Preis relativ hoch oder relativ niedrig sein kann, ist Sache der unternehmerischen Überlegungen in bestimmten Marktsituationen.

Ausschlaggebend für das gesunde reale Wachstum der Volkswirtschaft ist der Unternehmerwunsch, zu gestalten, zu produzieren und Gewinn zu erzielen; er ist die Triebkraft der Wirtschaft. Die zunehmenden wirtschaftlichen Schwierigkeiten der Gegenwart haben ihren Grund nicht in einer falschen Unternehmer-Politik, sondern in der anhaltenden Überforderung der Unternehmungen zunächst mit Lohn- und Sozialkosten, sodann in der wirtschaftspolitisch bedingten außenwirtschaftlichen Lage und schließlich in den damit zusammenhängenden Kreditkosten. Auf null zusammengedrückte Gewinnerwartungen mit entsprechend reduzierter Investitions-Bereitschaft mußten die Folge sein.

Man muß diese Ursachen nüchtern sehen und anerkennen. Dennoch ist unsere wettbewerbsorientierte Wirtschaft selbst in einer Rezessionsphase leistungsfähiger als andere Wirtschaftsformen. Das bezeugen im Grunde auch ihre Kritiker dadurch, daß sie immer noch mehr von dieser Wirtschaft verlangen. Daher werden auch in Zukunft weder die »Globalplanung« noch »prospektive volkswirtschaftliche Gesamtrechnung« die Wiederbelebung des Unternehmensgeistes bringen; dies sind nur Schlagworte. Auf diesem Wege können die Unwägbarkeiten im Wirtschaftsablauf ohnehin niemals voll erfaßt werden. Nur die Besinnung auf mehr Marktwirtschaft und die Funktion des Unternehmerischen im Wirtschaftssystem, verbunden mit dem erforderlichen Konsens der Sozialpartner, kann aus der Vielfalt unterschiedlicher Interessen eine echte Harmonie machen, die alle voranbringt.

Nur der gemeinsame Wohlstand auf stabiler Basis sichert jene übergeordneten und für alle gültigen Ziele, die da heißen: persönliche Freiheit, demokratischer Staat.

Gerade in der Demokratie ist zur Erreichung dieser Ziele die unternehmerische Führung nötig – und auch möglich. Die vergangenen Jahre haben eindringlich gezeigt, daß der Wohlstand des gesamten Volkes gefährdet wird, wenn man mehr auf einseitig-utopische und reformistische Vorstellungen hört als auf den wirtschaftlichen Sachverstand. Führungsverweigerung und Flucht in die Nichtverantwortung haben, nicht zuletzt als Folge dieser Entwicklung, schon ein bedrohliches Ausmaß angenommen. Nur die allgemeine Anerkennung der im Können und Wagen, in der sachlichen und menschlichen Qualität und Autorität wurzelnden natürlichen Triebkraft des unternehmerischen Menschen kann diese Tendenz umkehren.

Wirtschaft bedeutet nicht nur Umsätze. Sie bedeutet in der Quintessenz Arbeitsmöglichkeit und Wohlstand für jeden, der zu eigener Leistung bereit ist. Der Staat sollte, mehr noch, er muß, wenn es wieder aufwärtsgehen soll, der bestehenden Marktordnung die rechtlichen Sicherungen geben, die mit der Anerkennung der unternehmerischen Funktion den Weg zu einer kontinuierlichen Weiterentwicklung öffnen. Die Wiederherstellung eines solchen rechtlich fundierten Grundkonsenses ist keine theoretische Forderung, sondern, weil sie auch die Interessen aller Gruppen unseres Volkes zusammenführt, eine entscheidende Aufgabe für die unmittelbare Zukunft.

Der Gerling-Konzern: Standpunkt und Entwicklung des Unternehmens

Der Gerling-Konzern steht am Beginn einer neuen Entwicklungsphase, nachdem das Versicherungs-Unternehmen acht Jahrzehnte vollendet hat, in denen es zu einem der bedeutenden und führenden Versicherer Deutschlands, Europas und der Welt wurde. Von den 100 größten Unternehmen Deutschlands liegt es im Versicherungsbereich an dritter Stelle, in der Industrieversicherung sogar an erster Stelle.

Mit dieser Feststellung des Erreichten, gemessen an der Größe des Unternehmens, verbindet sich die Frage, welche Qualität der wirtschaftlichen, materiellen und geistigen Gegebenheiten vorhanden sein mußten und weiterhin bestehen müssen, um die Entwicklung des Unternehmens in der heutigen Welt zu gewährleisten.

Meine folgenden Ausführungen gelten dem Bestreben, diese Frage zu beantworten, wobei der Strukturwandel, der sich gegenwärtig in der ganzen Welt nicht nur wirtschaftlich, sondern ebenso in der Veränderung fast aller menschlichen Wertmaßstäbe vollzieht, eine zumindest gleichbedeutende Rolle spielt wie die unternehmerischen Grundsätze und Handlungsweisen, die den Gerling-Konzern als Versicherungs-Unternehmen geprägt haben und in Zukunft weiterentwickeln sollen. Unternehmerisches Wirken und die Veränderung der menschlichen und natürlichen Welt sind im Regelkreis untereinander verknüpft. Versicherung ist nur das Spiegelbild dessen, was die Welt an Unsicherheit enthält und hervorbringt. Versicherung ist dazu da, den Schaden zu begrenzen, der aus den Folgen dieser Unsicherheiten entsteht. Die Unsicherheit selbst kann auch der stärkste Versicherungsmarkt nicht beseitigen.

Vor allem eines kann der Versicherungsmarkt nicht leisten: Er kann nicht das unternehmerische Risiko der Wirtschaft im weltweiten Bereich übernehmen. In keiner Sparte der Versicherung sollte dies geschehen, allen Versuchen zum Trotz, Versicherungs-Gesellschaften und -Gruppen für alles verantwortlich und haftbar zu machen, was ein-

Rede anläßlich der Gesamtsitzung der Aufsichtsräte, Verwaltungsräte, Beiräte und Geschäftsleitung des Gerling-Konzerns am 25. Oktober 1985 in Köln

zelne Wirtschaftseinheiten an Gefahren nicht alleine tragen können. Dennoch wird, gerade auch von staatlicher Seite, immer wieder der Versuch gemacht, das untragbare eigene Risiko auf mehr oder minder gültiger angeblicher Rechtsbasis dem Versicherungsmarkt aufzubürden.

Finanzielle Schwierigkeiten, die infolge der Nachgiebigkeit der Erstversicherer insbesondere die internationale Rückversicherung betroffen haben, sind im wesentlichen hierauf zurückzuführen, also darauf, daß Gefahren versichert werden, die wegen ihres unberechenbaren Risikos gar nicht versicherbar sind. Für ein unberechenbares Risiko läßt sich keine berechenbare Prämie ermitteln.

Die zweite Grenzziehung, die erforderlich ist, um die wahre Aufgabe von Versicherungsunternehmen nicht in eine andere Richtung zu überschreiten, liegt in der Feststellung, daß die soziale Fürsorge auch nicht in indirekter Form Gegenstand einer Privat-Versicherung sein kann und sein soll. Die Privat-Versicherung ist weder eine Sozial-Versicherung noch ein Instrument der Sozialfürsorge. Soziale Aufgaben sind keine Gefahren, für die ein Versicherungsentgelt verlangt werden kann; umsonst aber, ohne Beiträge, kann und darf ein Privat-Unternehmen der Versicherungswirtschaft, mag es noch so sozialverpflichtet denken und handeln, nicht der reinen Sozialhilfe dienen.

Diese Feststellungen, die Unversicherbarkeit des Unternehmensrisikos und der sozialen Fürsorge betreffend, wären noch vor 10 Jahren in dieser unmißverständlichen Form nicht erforderlich gewesen. Der Strukturwandel der Lebensverhältnisse auf der ganzen Welt aber hat dazu geführt, in der Versicherungswirtschaft einen Verantwortlichen zu finden, der ohne Frage dem Wohle und der Sicherheit aller zu dienen hat, ungeachtet der Bedingungen, die den Versicherungsverträgen zugrundeliegen und ungeachtet der bestehenden Rechtsverhältnisse, die in wachsendem Maße der Willkür von Richtern und Staatsanwälten in aller Welt überlassen werden. Die Staaten, soweit wir dies aus unserer Versicherungstätigkeit kennen, sehen diesem Geschehen mehr oder minder tatenlos, meist jedoch mit Wohlgefallen zu, von den politischen Parteien aller Richtungen ganz zu schweigen. Wo bleibt da der Rechtsstaat?

Das Fragezeichen am Ende dieses Satzes, der fast mehr ein Aufschrei ist, kennzeichnet eine neue Gefahr, von der die Versicherungswirtschaft der ganzen Welt betroffen ist und die sie betroffen macht:

Die Gefahr der Rechtsunsicherheit, die weltweit – in den USA besonders stark – ausgeprägt ist und in Deutschland inzwischen zu den fest verankerten Gegebenheiten unseres wirtschaftlichen, politischen, gesellschaftlichen und menschlichen Eigenlebens gehört, ist eine Gefahr, die langsam aber sicher zu einer Auflösung jeder gemeinsamen Lebensstruktur führt und für das Versicherungswesen vereinfacht gesagt die Folgerung hat, daß derjenige zu zahlen hat, der Geld besitzt. Verständlich wird diese Einstellung, wenn hierfür in Deutschland als sozialpolitisches Argument die »neue Armut« ins Feld geführt wird, die nach meinem Verständnis wohl die geistige Armut derjenigen ist, die eine neue Armut in der bisher wohl noch nicht dagewesenen Wohlstandsgesellschaft erst entdeckt haben, nachdem sie selbst wohlhabend geworden sind. Nur nebenbei bemerkt: Auch geistige Armut läßt sich nicht versichern!

Als Antwort auf die Probleme, die sich aus dem vorher Gesagten ergeben, ist ein ausgewogener und seinem Wesen nach unabhängiger Standpunkt einzunehmen, der das Versicherungswesen auch in Zukunft als ein sinnvolles Instrument des Wirtschaftens begreift und einsetzt. In diese Richtung ist in ständiger Anpassung an den Strukturwandel der Wirtschaft der Standpunkt des Gerling-Konzern, seiner Organe und seiner Mitarbeiter – und nicht zuletzt auch seiner Aktionäre – entwickelt und festgelegt worden. Dieser Standpunkt ist bestimmt durch Verständnis für die individuellen Bedürfnisse der Versicherungskunden, durch Erfindungsgabe, individuelle Beratung und Serviceleistungen, spezielle Vertragsgestaltung und Vertragstreue, unbürokratische Schadenregulierung und Vermeidung von Prozessen sowie insgesamt von der Leitlinie, daß der Kunde König ist und das Unternehmen im wahrsten Sinne des Wortes Dienste leistet im Interesse des Kunden als dem richtungsweisenden Abnehmer des Produktes Versicherung. Dieser Standpunkt ist in seinen Grundzügen nicht neu; auf diesem Fundament ist der Gerling-Konzern gewachsen und wird sich damit weiter entwickeln, in möglichst großer Unabhängigkeit von den Belastungen einer Zeit, die den Versuch macht, den Versicherungsgedanken zu verfremden und ihn zu mißbrauchen.

Bevor ich darauf eingehe, wie wir im Gerling-Konzern den Anpassungsvorgang unseres bisherigen Standpunktes an den Strukturwandel unserer Zeit vollziehen wollen und welche Planung sich daraus für die nächsten Jahrzehnte ergibt, möchte ich einige Daten nennen, aus denen die Festigkeit des Fundaments hervorgeht, das in den 40 Jahren nach dem letzten Weltkrieg als Konzern-Unternehmen in neuer Struktur entstanden ist.

Bei dieser Darstellung möchte ich von einem Wahlspruch des Konzerngründers ausgehen, den er schon in den zwanziger Jahren prägte, der aber heute in verstärktem Maße gilt. *»Der Blick muß auf das Ganze gerichtet sein«:* – also: Auf die ganze Welt und auf den ganzen Gerling-Konzern.

Wenn dieses Jahr 1985 nach unseren Vorstellungen, Plänen und Erwartungen abschließt, so wird das Prämien- und Beitragsvolumen weltweit für den ganzen Konzern bei 6 Milliarden und 360 Millionen DM liegen. In dieser Zahl ist das Erst- und Rück-Geschäft unserer Auslandsgesellschaften und der Frankona Rückversicherung enthalten. Der Gesamtbetrag umfaßt jedoch nur die Prämienbeträge, die von Dritten an Konzerngesellschaften gezahlt wurden, nicht jedoch konzerninterne Vorgänge.

Für Deutschland allein gerechnet ergibt sich ein Prämienvolumen des Konzerns ohne Frankona von annähernd 4,4 Milliarden DM. Unter Einschluß der Frankona beläuft sich das Prämienvolumen voraussichtlich auf rd. 5 Milliarden und 800 Millionen DM zum 31.12.1985.

Diese Umsatzzahlen ergeben sich trotz einer außerordentlich starken Selektion von Risiken, insbesondere im Rückversicherungsbereich. Bei allen Gesellschaften, die Erstversicherung betreiben, ergeben sich Zuwachsraten im In- und Ausland. Der Versicherungskonzern als Ganzes befindet sich bei betonter Stärkung der Reservestellungen und der Ertragskraft weiterhin auf Wachstumskurs. Es ist geglückt, zumindest im Bereich der Erstversicherung im In- und Ausland, das Unternehmensziel des wachsenden Volumens mit dem Ziel der wachsenden Ertragskraft zu verbinden. Dies gilt für alle Sparten, die durch den Konzern betrieben werden einschließlich der Lebensversicherung und der Kreditversicherung. Nicht zuletzt hat auch die Vermögensanlage unserer Kundschaft im Gerling-Rendite-Fonds stark zugenommen. Eine halbe Milliarde ausgegebene Fondsanteile wurde in diesem Jahr überschritten. Hauptabnehmer dieses Rentenfonds, der immer wieder Spitzenreiter der deutschen Fonds in seiner Wertentwicklung ist, sind die Kunden des Gerling-Konzern.

Für die Gesamtschau der Aktivitäten unseres Unternehmens kann demnach eine zuversichtliche Prognose gestellt werden, die für die nächsten Jahre Geltung haben wird. Die drei Hauptfunktionen, die der Konzern zu erfüllen hat, nämlich

1. die *Vermögenssicherung* als Risikoträger,
2. die *Vermögensbildung* durch die Sparvorgänge in der Lebensversicherung,
3. die *Vermögensanlage* in dem hochrentablen Gerling-Fonds,

diese drei Funktionen werden sich weiter entwickeln im Sinne einer zunehmenden Ertragskraft, die einer gleichzeitig wachsenden Anzahl von Gerling-Kunden zugute kommen wird.

Alle drei Funktionen beruhen in ihrer ertragbringenden Wirksamkeit auf der Anwendung und Auswertung eines Grundfaktors, der im Gerling-Konzern als Leitidee des Erfolges wieder in den Mittelpunkt der Unternehmensstrategie gerückt wurde und seine erwünschten Folgen schon gezeigt hat. Es ist der *Grundsatz der Selektion des Risikos* verbunden mit der *Selektion des Versicherungs-Kunden.*

Selektion bedeutet, daß eine Auswahl stattfindet, zunächst nach objektiven Kriterien des Risikos und sodann nach subjektiven Kriterien des jeweiligen Kunden, sei dieser eine Gesellschaft wie in der Industrieversicherung oder eine Person, wie beispielsweise im Privatgeschäft und der Lebensversicherung.

Was in den vergangenen Jahren oft als Sanierung bezeichnet wurde, war immer ein Vorgang der nachträglichen Selektion. Inzwischen haben wir verwaltungstechnisch wie vertrieblich die Grundlagen dafür geschaffen, daß die Selektion der Risiken von Anfang an in allen Fällen vom Versicherungsabschluß bis zur Umstellung und Erneuerung von Verträgen beachtet wird.

Die erforderliche Selektion, welche die Trennung von unerwünschten Risiken bedeutet, hat vor allem in der Rückversicherung, der die Kundennähe fehlt, nur mit großer Zeitverzögerung stattfinden können und daher zu Schadenbelastungen geführt, die nur langfristig in der Zukunft abgebaut werden können. Dies trifft vor allem für die Haftpflichtversicherung zu, die mit Abwicklungszeiten zwischen 10 und 20 Jahren rechnen muß. Mehr als in anderen Wirtschaftsbereichen wirken hier geschäftspolitische Fehler der Vergangenheit hinein in eine im übrigen besonders für den Gerling-Konzern aussichtsreiche, ertragbringende Entwicklungsphase.

Unsere Zuversicht gilt in erster Linie unserem Versicherungsgeschäft in Deutschland. Die Auslandtätigkeit hingegen wird demgegenüber in einzelnen Ländern belastet durch unterschiedliche Einstellungen zur wirtschaftlichen Bedeutung der Versicherung, die oft lediglich als Handelsobjekt betrachtet wird, wie beispielsweise am Londoner Lloyds Markt, oder in den USA als Finanzierungsquelle zur Ausnutzung fremder Vermögen und als Einnahmequelle für Prozeßspekulationen von Anwälten zwecks Ausnutzung der vermögenden Versicherer zugunsten des unvermögenden Verbrauchers, verbunden mit der Erzielung maßlos überhöhter Anwaltshonorare. Unter den heutigen rechtlichen Verhältnissen noch eine Haftpflichtversicherung in den USA abzuschließen oder fortzusetzen bedeutet ein Vabanque-Spiel. Der Versicherer nimmt teil an einem Spiel, das in finanzieller Hinsicht tödlich ausgehen kann. Daß der Gerling-Konzern sich gegenüber einem solchen Spiel weitgehend zurückhält, ergibt sich vor allem aus dem Bestreben, die deutsche Wirtschaft im Hinblick auf ihre Tätigkeit in USA aus der Sicht des Versicherungsrisikos so zu beraten und zu schützen, daß sie nicht in die offenen Messer amerikanischer Anwälte hineinläuft und Schicksale erleiden muß wie die Asbestos-Hersteller in USA oder die Union Carbide mit der indischen Katastrophe.

Wir stehen im deutschen und im weltweiten Versicherungsmarkt an einem Punkt, an dem wir in Gemeinsamkeit mit der Industrie zu klären haben, was ist wirklich versicherbares Risiko und was ist eigenes Unternehmensrisiko der Industrie. Diese Klärung steht noch aus; sicher ist nur, daß die deutsche Industrie ebenso wie der Handel in USA auf jeden Fall für dortige Schäden in Anspruch genommen wird, der Versicherer aber nur dann, wenn ein Vertrag geschlossen wurde, der diese Risiken nach deutscher Rechtsauffassung eindeutig abdeckt.

Für diesen Standpunkt haben wir im letzten Jahr in wachsendem Maße bei unseren Industrie- und Handelskunden Verständnis gefunden. Es ist uns gelungen, die große Beratungskapazität zur Geltung zu bringen, die wir mit unseren speziellen Gerling-Instituten haben, insbesondere mit dem Institut für Risk Management und Risk Consulting.

Der Gerling-Konzern ist mit diesem und zwei weiteren Beratungsinstituten in Deutschland auch auf dem Gebiet der beratenden Serviceleistungen das führende Versicherungsunternehmen. Wer, wie wir als Gerling-Konzern, eine zukunftsorientierte Risikoanalyse betreibt, führt damit zu neuen Erkenntnissen, für deren Aufnahme und Anerkennung wir zwar oft eine Hemmschwelle bei den Betroffenen zu überwinden haben, dann aber doch Anerkennung finden für die Pionierleistung der richtigen Risikoanalyse und Risikoeinschätzung. Demgegenüber treten Wettbewerber im Versicherungsmarkt mit dem Anspruch auf, diese Erkenntnisse als unrichtig oder unwichtig abzutun und mit Verharren und einer überholten Position Stärke zu demonstrieren: Gerade die Wettbewerber, die das größte Volumen vorweisen können, glauben, mit ihrer Finanzkraft auch große Verluste zu Lasten der Gewinne und des Kapitals ihrer Aktionäre tragen zu können. Sie überlassen die Industrie, die sie als Massenversicherer nicht gut beraten können, ihrem Schicksal und versuchen zugleich, durch unfairen Wettbewerb auf anderen Gebieten in die bestehenden Verbindungen des Gerling-Konzern als Industrieversicherer einzudringen. Dies ist drei hier nicht genannten Konkurrenten – hiervon zwei in Deutschland und einem in der Schweiz – bisher nur in Ausnahmefällen gelungen, in denen der Kunde auch aus anderen Gründen für den Gerling-Konzern nicht mehr tragbar erschien. Diesem bedenkenlosen und der Funktionsfähigkeit des Versicherungsmarktes abträglichen Wettbewerb stellen wir uns, und dies sicherlich nicht nur passiv. Unser Grundsatz jedoch bleibt bestehen: Wir versichern weiterhin nur versicherbare Risiken, für die eine Prämie kalkulierbar ist. Wir achten mehr denn je darauf, ausreichende Reserven zu bilden sowie die Ertragskraft des Unternehmens für zukünftig wahrscheinliche Belastungen zu stärken, um der Industrie und allen unseren sonstigen Kunden zu jeder Zeit ein verläßlicher und zahlungskräftiger Versicherer zu sein und zu bleiben.

Es sprengt den Rahmen dieses Vortrages, auf die Serviceleistungen der Gerling-Institute im einzelnen einzugehen, von denen hier zunächst nur die Risikoanalyse und das Risiko-Management von industriellen und gewerblichen Unternehmen angesprochen wurde. Für die weitere Entwicklung des Konzerns und die richtige Betreuung unserer Kunden in allen Wirtschaftsbereichen und in sämtlichen Versicherungssparten, auch in ihrem Privatschutz, sind diese Serviceleistungen für unsere Kunden aber ebenso wichtig wie für unseren Außendienst und den bleibenden Erfolg unseres Vertriebs, wie nicht zuletzt ebenfalls für die Qualität des gesamten Versicherungsbestandes des Gerling-Konzern.

Zur Vervollständigung der Übersicht über die Beratungsdienste des Gerling-Konzern ist das Gerling Institut für Betriebliche Altersversorgung zu nennen, dessen Einsatz im Rahmen der Lebensversicherung von Tag zu Tag bedeutsamer wird, nachdem die gesetzliche Altersversorgung immer weniger ausreichend wird, um eine Sicherstellung der Rentner in angemessenem Umfang zu gewährleisten.

In den Hauptzweigen der Versicherung kann der Konzern nicht mehr erreichen, als der Erzeugermarkt und der Verbrauchermarkt an realem Wachstum hervorbringen. Der Versicherungsmarkt als Ganzes profitiert davon, daß im kommenden Jahr beide Märkte voraussichtlich Wachstumsraten ausweisen werden, die dem Dienstleistungssektor vermehrt Chancen einräumen. Versichern und Sparen gehören zu den Dienstleistungen, die mit wachsender Nachfrage rechnen können – die Versicherung, wie schon gesagt, wegen wachsender Unsicherheit und dem erweiterten Bedürfnis nach finanzieller Sicherung des persönlichen Lebens und aller Wirtschaftstätigkeiten der Unternehmen, und das Sparen fast aus der gleichen Motivation heraus, vor allem auch in Anbetracht einer unzureichenden Rentenversorgung bei Invalidität und im Pensionsalter.

Diese erweiterten und zusätzlichen Chancen werden vom Vertrieb und der Organisation der Konzerngesellschaften planmäßig genutzt. Dies setzt voraus, daß der Mitarbeiterstab des Konzerns weltweit in seiner Qualität den hohen Anforderungen entspricht, die von der Konzernleitung und nicht zuletzt von den Versicherungskunden gestellt werden. Die Erweiterung des Aufgabenkreises verlangt eine Erweiterung durch einen hochwertigen Stab von Mitarbeitern. Für Gerling als Dienstleistungsunternehmen ist dies die hauptsächliche Investition, die über den Erfolg des Unternehmens entscheidet.

Das Vertrauen, von dem und mit dem unser Unternehmen lebt, hängt entscheidend ab von dieser personellen Investition, die nur dann in ausreichender Qualität möglich ist, wenn sie nicht nur als Kostenfaktor betrachtet wird, sondern als langfristiger Anlagevorgang, dessen finanzielle Auswirkungen sich erst im Laufe von Jahren einstellen werden.

Mitarbeiter, die den gestellten Anforderungen genügen, sind weder im Angestelltenbereich noch im Führungsbereich auf dem Arbeitsmarkt zu finden – von Ausnahmefällen abgesehen. Wir haben daher stets die Ausbildung und die Weiterbildung selbst in die Hand genommen und tun dies nun in verstärktem Maß. Wenn man sich vor Augen führt, daß in der Zahl der Arbeitslosen rund zwei Drittel ungelernte Arbeitskräfte sind, nimmt es nicht wunder, wenn diese nur unter großen Schwierigkeiten, wenn überhaupt, eine Arbeit finden können. Der Strukturwandel in der Wirtschaft hat dazu geführt, daß nur diejenigen eine Chance haben, eine Tätigkeit zu finden, die eine spezielle Ausbildung in einem bestimmten Arbeitskreis haben.

Es ist zu bezweifeln, ob das Angebot an Arbeitskräften heute noch der gegebenen Nachfrage nach ausgebildeten oder ausbildungsfähigen Arbeitssuchenden entspricht und ob genügend getan wird, um das Angebot im Arbeitsmarkt durch Ausbildungsmaßnahmen oder Umschulungen der veränderten Nachfrage anzupassen, die der Strukturwandel der Wirtschaft herbeigeführt hat und nicht mehr rückgängig zu machen ist.

Es ist für ein Versicherungsunternehmen, wie der Gerling-Konzern es ist, der nicht vom Massengeschäft lebt, die Frage, wie weit die hohe Arbeitslosigkeit die Nachfrage nach Versicherungsschutz betrifft. Bisher hat sich für unseren Vertrieb hieraus kein Nachteil ergeben, vielleicht auch deswegen, weil Versicherungen des privaten Bereichs häufig durch

Vermittlungsstellen der Industrie an uns herangetragen werden und unser sonstiger Kundenkreis im übrigen mehr in der Zielgruppe der höheren Einkommen liegt. Von der Arbeitslosigkeit als einem voraussichtlich fast konstanten Faktor der Wirtschaftsentwicklung ist der Gerling-Konzern so gesehen nicht betroffen, auch nicht in der Lebensversicherung.

Der Gerling-Konzern zeigt nicht nur hier, sondern auch in anderer Beziehung, einen hohen Grad autonomer Entwicklungsmöglichkeiten. Autonomie im hier verstandenen Sinne heißt einerseits größere Unabhängigkeit von den Wettbewerbern dank fast konkurrenzloser Serviceleistungen des Konzerns und weitgehender Unabhängigkeit von allgemeinen konjunkturellen Entwicklungen, die der Spezialisierung auf das Industriegebiet zu verdanken sind. Diese relative Autonomie bezieht sich sowohl auf die Wachstumsmöglichkeiten, die durch den festangestellten Außendienst und das direkte Geschäft mit Industrie, Handel und Gewerbe gewährleistet sind als auch auf die entsprechende Kostengestaltung, die weniger Aufwand erfordert, je größer der Kundenkreis mit hohem Prämienaufkommen im Einzelfall ist, das mit verhältnismäßig geringeren Verwaltungskosten zu bewältigen ist als das einer großen Anzahl kleinerer Kunden.

Die Autonomie des Konzernergebnisses ist nicht zuletzt durch die hohe, langfristige Rendite abgesichert, die mit den Vermögensanlagen aus den Reservestellungen erzielt wird. Im Zusammenhang mit der Größe des Unternehmens ergibt sich daraus eine Marktstellung, die unabhängige unternehmerische Entscheidungen im Versicherungsmarkt möglich macht und damit für unsere Versicherungskunden das Eingehen auf ihren individuellen Bedarf ermöglicht und dem Gerling-Konzern in der Summe der genannten Autonomie-Faktoren eine Flexibilität verbunden mit einem besonderen Know-how verschafft, die wohl kein anderes bedeutendes Versicherungsunternehmen in Deutschland vorzuweisen hat.

Diese große Unabhängigkeit dient mehr denn je dazu, allen Gefährdungen begegnen zu können, die durch unvorhersehbare und oft unkalkulierbare Schadenentwicklungen herbeigeführt werden. Die Instrumente der Risikoanalyse, der Selektion und der Schadenverhütung genügen erfahrungsgemäß nicht, um unerwartete Großschäden oder Kumulierungen von großen Einzelschäden aufzufangen.

Abgesehen von der notwendigen und ausreichenden Rückversicherung muß daher die Finanzkraft so ausgebaut werden, daß auch das Unwahrscheinliche in die Wahrscheinlichkeit der Ergebnisrechnungen und der Rückstellungen einkalkuliert wird. Die Schwierigkeiten, die hierbei entstehen, liegen weniger im finanziellen Bereich und in der Ausstattung mit Eigenmitteln als darin, den Steuerbehörden die Notwendigkeit von Reservierungen für noch nicht eingetretene Versicherungsfälle klarzumachen. Bei dieser Behörde aber – wie eben bei Behörden überhaupt – stößt man auf ein geringes Verständnis für wirtschaftliche Notwendigkeiten, statt dessen aber auf eine eingefahrene Bürokratie, die zu neuen Einsichten nicht zu bewegen ist. Genau dort ist die Unabhängigkeit des Unternehmens dann endgültig zu Ende: Der Staat tritt auf mit dem Anspruch der Ordnungsmacht und der bekannten Rechthaberei, die von der Bürokratie so gerne als Waffe gegen den sogenannten mündigen Bürger verwendet wird. Eine dem allgemein gebildeten Steuerzahler unverständliche Sprache und dazu jeder Logik widersprechende, aber rechtlich unwiderlegliche Argumente verstärken dieses Verhalten der Steuerbürokratie.

Die wachsende Bürokratie überhaupt, gleich ob alt oder neu, ist zu einem der größten Probleme für die weitere Entwicklung der sozialen Marktwirtschaft sowie für die Einleitung und Verfestigung eines konjunkturellen Aufschwungs, ja des Wachstums überhaupt, geworden. Die Begrenzung der Bürokratie in ihrer Vermehrung und in ihren Ausuferungen ist eine der wichtigsten jener staatspolitischen Aufgaben, die zwar häufig angesprochen werden, aber niemals in Angriff genommen werden. Die Einschränkung der Bürokratie ist ebenso überfällig wie eine strukturell bereinigte, modernisierte und antriebsfördernde Besteuerung der Körperschaften.

Trotz der Faktoren Steuern und Bürokratie wird der Konzern seine unabhängige Geschäftspolitik weiterhin ausbauen. Dies ist die Voraussetzung und die Grundlage für die Aufgaben, die das Gerling-Unternehmen sich gestellt hat. In erster Linie bedeutet dies, daß der Gerling-Konzern wirklich ein Unternehmen bleiben soll im Sinne des Unternehmerischen und nicht des Bürokratischen. Ein so großer Konzern, wie er inzwischen entstanden ist, gerät nur allzuleicht selbst in die Gefahr, ein bürokratisch verwalteter Betrieb zu werden. Sie konnten meinen Ausführungen entnehmen, daß ich selbst alles tun werde, um dies zu verhindern und dem Unternehmen die Initiative zu erhalten, durch die es zu seiner jetzigen Größe und Qualität anwachsen konnte. Es ist sicherzustellen, daß dies so bleibt.

Die das Unternehmen umgebende Bürokratie wird im Gerling-Konzern überall auf Widerstand stoßen, wenn sie versucht, das Unternehmen in die allgemein üblichen Standardvorstellungen und Handlungsweisen einzuzwängen. Dies geschieht nicht zuletzt des öfteren über das

Aufsichtsamt für das Versicherungswesen, das dazu neigt, in ständiger Überschreitung seiner gesetzlichen Kompetenzen das Versicherungswesen, und speziell den Gerling-Konzern als Außenseiter, in seinem Sinne zu steuern und diesen auf dem Wege der Gleichmacherei seiner unternehmerischen Flexibilität zu berauben.

Die Unabhängigkeit des Gerling-Konzern und das Vertrauen, das das Unternehmen in der Wirtschaft genießt, wird nicht den Bürokraten – gleich welcher Herkunft – zum Opfer gebracht. Unsere große Versicherungskundschaft und unser besonders qualifizierter Mitarbeiterstab hat von dieser selbständigen Haltung in allen hinter uns liegenden Jahrzehnten nur profitiert. Es muß uns allen bewußt bleiben, daß die Autonomie des Unternehmens das wichtigste und höchste Gut ist, das wir in unserem gemeinsamen Wirken zu bewahren haben.

Auf diesem Fundament sind alle Planungen und Zielsetzungen des Unternehmens für die Zukunft aufgebaut. Welcher Art diese Ziele sind und mit welchen Mitteln sie durchgeführt werden sollen, habe ich nur in Umrissen geschildert. Die meisten von Ihnen wissen aus ihren Mitgliedschaften in den Organen des Gerling-Konzerns, welche Ideen zur Verwirklichung kommen und welche Arbeit im einzelnen zur Erfüllung der unternehmerischen Aufgabe geleistet werden muß. Sie alle haben meinen Mitarbeitern und mir geholfen, dem Gerling-Konzern nicht nur eine erfolgreiche Vergangenheit, sondern zugleich die Gewißheit für eine aussichtsreiche Zukunft zu verschaffen. Hierfür danke ich Ihnen, auch im Namen aller derjenigen, die den heutigen Tag nicht mit uns gemeinsam erleben können.

Ich begrüße Sie zum Schluß mit dem Ausdruck meiner steten inneren Verbundenheit.

Gerling Contra Risiko

Der Gerling-Konzern ist ein Sicherheits-Faktor, ein Erzeuger von Sicherheit für die Wirtschaft. Er trägt Risiken, die Unternehmen gefährden können, und er bildet den finanziellen Fundus und das organisatorische Fundament, auf dem die Wirtschaft neu aufbauen kann, wenn Schäden und Verluste die Kraft der einzelnen übersteigen. Dieses Fundament, auf dem die Absicherung der Wirtschaft beruht, ist im vergangenen Jahr im Gerling-Konzern weiter verstärkt worden und dem Deckungsbedarf, der im Hinblick auf die wachsenden und veränderten Risiken immer größere Anforderungen stellt, in zielbewußter Weise mit risikoumfassenden Produkten angepaßt worden.

Gerling als Versicherungsunternehmen lebt in der vorgreifenden Erkenntnis zukünftiger wirtschaftlicher, struktureller Entwicklungen und erbringt infolgedessen Dienstleistungen, welche die Interessen und den Bedarf der Industrie sowie aller Wirtschaftsbetriebe und die täglichen Ansprüche der arbeitenden Menschen und ihrer Familien voll erfassen.

Der Versicherungskunde und seine Entlastung vom Risiko steht im Mittelpunkt aller Tätigkeiten des Unternehmens. Der Gerling-Konzern gibt hierfür die ständig zunehmende Gewähr und führt den Kunden sicher in die Zukunft. Der allgemein wachsenden Verunsicherung in allen Lebensbereichen stellt sich der Konzern mit allen verfügbaren Mitteln entgegen und handelt nach der Devise: *Gerling Contra Risiko.*

Gegenwärtig und in Zukunft geht es also um die Mittel, mit denen dieses umfassende Ziel sicher zu erreichen ist. Der Versicherer Gerling hat dafür ein festes finanzielles und konzeptionelles unternehmerisches Fundament, auf dem für seine Kunden eine Versicherungsgruppe aufgebaut ist, die ihnen für alle Fälle eine schützende Zuflucht bietet, um den stürmisch steigenden Risiken und den daraus folgenden Schäden und Ersatzansprüchen eine ausreichende Deckung zu bieten. Dies ist ein unabdingbares Erfordernis in einer hochtechnisierten Wirtschafts-

Rede anläßlich der Gesamtsitzung der Aufsichtsräte, Verwaltungsräte, Beiräte und Geschäftsleitung des Gerling-Konzerns am 30. Oktober 1987 in Köln

welt, in der die ständigen schnellen Veränderungen zu unüberschaubaren Schäden für Mensch und Umwelt führen können.

Das Contra, das der Gerling-Konzern dem Risiko bietet, muß also zugleich ein Pro des Versicherungskunden darstellen. Das ist kurz gefaßt das Ziel des Unternehmens, das in der Struktur aller seiner Tätigkeiten diesem Grundgedanken entsprechen muß.

Mit der Durchführung des kundenbezogenen und ertragsorientierten Wachstums ist dies in den letzten Jahren in zunehmendem Maß geschehen. Es wurden Versicherungsprodukte entwickelt wie die Ertragssicherungs-Police und die Existenzsicherungs-Police, die eine im Sachversicherungsbereich, die andere für die Lebensversicherung, dazu noch die Privatschutz-Police als umfassende persönliche Versicherungsdeckung – diese drei nur als Beispiele dafür, daß bei diesen Lösungen das Interesse des Kunden an einer einfachen und umfassenden Absicherung im Mittelpunkt gestanden hat.

Dieses Vorgehen hat zu Ergebnissen geführt, die ein nachhaltiges Wachstum sowohl des Prämienvolumens und der Vermögenserträge als auch der Ertragskraft des Unternehmens mit einer weiter verbesserten Schaden-Kosten-Quote entscheidend förderten. Schon das Jahr 1986, das jetzt mit der Aufstellung der Konzern-Bilanz und des entsprechenden Geschäftsberichts zum Abschluß kam, zeigte den großen Fortschritt in der Ertragskraft des Unternehmens. Der Konzern-Jahresüberschuß stieg von rund 35 Mio DM auf rund 130 Mio DM im Jahre 1986 an, womit der vorjährige Konzern-Verlust in einen Konzern-Gewinn von rund 50 Mio DM verwandelt wurde. Der Grund für den starken Zuwachs ist die Verbesserung der Ertragslage bei allen Konzern-Gesellschaften, insbesondere bei der Globale Rückversicherung. Die Ergebnisverbesserung führte zugleich zu einem Anwachsen der bilanziellen Eigenmittel in der Konzern-Bilanz, und zwar um rund 90 Mio DM auf rund 308 Mio DM.

Soweit der Abschluß des Jahres 1986, der im wesentlichen den im Vorjahr geplanten Zielsetzungen entsprach. Der Verlauf des Jahres 1987 war bislang ebenso ermutigend wie das Vorjahr und wird voraussichtlich ein weiter verbessertes Ergebnis des Gesamt-Konzerns vorweisen.

Das Fundament des Unternehmens wird sich also weiter verstärken und die Möglichkeit eröffnen, sich mehr noch als bisher dem »Pro« der Versicherungskunden zu widmen und das »Contra« zu den Risiken in größerem Maße zu verwirklichen: Das ist der kurz gefaßte Inhalt der Konzern-Planung, die bereits 1987 zum Tragen kam und für 1988 und für die Folgejahre verstärkt fortgesetzt und ergänzt werden soll.

Im laufenden Versicherungsjahr 1987 ist dieses Ziel mit Nachdruck weiter verfolgt worden. Das gute Ergebnis zeigt sich überzeugend auf der Seite des anhaltenden Wachstums des Prämienvolumens und der Vermögenserträge des Gesamt-Konzern, die beide zusammengenommen für das Jahr 1987 weltweit auf rund 8 Milliarden DM um rund 4,0% ansteigen werden. Hiervon entfallen auf die Prämieneinnahmen rund 6,5 Milliarden DM mit einem Steigerungssatz von rund 4,8%, wobei in dieser Ziffer das Volumen der Frankona Rückversicherung in konsolidierter Form enthalten ist.

Die beiden Größen Prämienvolumen und Vermögenserträge müssen als ein Ganzes gesehen werden, da die Existenzfähigkeit und die Ertragskraft von Versicherungsunternehmen angesichts der Marktverhältnisse im weltweiten Bereich nur dann gesichert sind, wenn die Verluste, die auf der rein versicherungstechnischen Seite immer noch eintreten, durch ausreichende Vermögenserträge kompensiert werden. Mit Ausnahme der Lebensversicherungen, die allerdings auch in erster Linie aus den Erträgen der Sparvermögen ihre Gewinne für die Versicherten erzielen, erzeugt die Gesamtheit aller übrigen Sparten immer wieder erhebliche Verluste, die bisher in ihrer Gesamtheit keinen Ausgleich durch ausreichende Prämieneinnahmen und angemessene Prämiensätze erhielten.

Den Versicherungsunternehmen ist daher als Hauptaufgabe gestellt, in allen Sparten der allgemeinen Versicherung und der Rückversicherung eine Risikobeurteilung und eine Prämienkalkulation zu erreichen und durchzuhalten, die den weltweit veränderten tatsächlichen Risikoverhältnissen der modernen hochtechnisierten Wirtschaft entspricht. Die Versicherungskunden selbst müssen sich bewußt werden, und es muß ihnen zugleich bewußt gemacht werden, wie weit sie selbst Risikoerzeuger sind und wie weit die Gefahrendeckung auf einen Versicherungsträger abwälzbar ist. Es geht also in erster Linie um die Erkenntnis und die Erforschung der Risiken und ihrer ständigen Veränderung im Laufe der Produktionsentwicklung, verbunden mit der Herbeiführung von Maßnahmen zur Verminderung der Gefahren und dem Management der Risikobereiche durch Überprüfungs- und Kontrolleinrichtungen. Diesen akuten Bedarf an Know-how über das Risiko und seine Bekämpfung können einzelne Unternehmen und Wirtschaftsbereiche kaum aus eigener Erfahrung und aus den vorhandenen personellen und organisatorischen Gegebenheiten entwickeln, so daß ein Risk-Management und ein Risk-Controlling von der Versichererseite her unabweisbar geworden ist.

Aus dem Vorhandensein des ständig zunehmenden Bedarfs der Versicherungskunden an Risiko-Beratungs-Leistungen hat der Gerling-Konzern die Schlußfolgerung gezogen und die Beratungs-Institute aufgebaut, die in diesem Jahr unter dem Gerling Welt Institut Für Risiko-Beratung Plus Sicherheits-Management zusammengefaßt wurden und im Ausland durch die Gerling Consulting Gruppe in Zürich für die weltweite Beratungstätigkeit vertreten sind. In Kurzform ergibt sich für die beiden Institute aus den Anfangsbuchstaben »G« für Gerling, »Ri« für Risiko-Beratung, »P« für Plus und »S« für Sicherheit die Bezeichnung »GRIPS«-Institute. Inzwischen wurde GRIPS im eigenen Hause zu einem Begriff für schnelles Begreifen und Handeln. Weder den Begriff noch die Schlußfolgerungen hieraus möchte ich Ihnen vorenthalten.

Diese GRIPS-Institute also spielen zusammen mit den drei vorhandenen Gerling-Instituten, und zwar den

Gerling Institut Pro Risk Management und Risk Controlling GmbH (GIRM)

Gerling Institut Pro Schadenforschung, Schadenverhütung und Sicherheitstechnik GmbH (GIS)

Gerling Institut Pro Betriebliche Altersversorgung und Vorsorge-Management GmbH (GIBA),

die Rolle einer zusammenfassenden und übergeordneten Risiko-Beratung der Versicherungskunden und haben die Aufgabe, das Bewußtsein der Versicherungskunden für ihre tatsächliche Risikolage im Rahmen ihrer Unternehmen zu erweitern und ihnen zusätzlich zu einer mündlichen Beratung über die Erstellung von Gutachten die Unterlagen in die Hand zu geben, mit denen sie einen eigenen Überblick über die notwendigen Maßnahmen zur Risikobeherrschung und zu ihrer Kontrolle gewinnen können.

Die Unternehmensberatung, mit dem speziellen Gewicht auf der Risikoberatung, wird damit zu einem zweiten Unternehmensziel des Gerling-Konzern, das unabhängig vom Versicherungsschutz besteht und in Parallele zur Versicherungsgruppe organisiert wird, aber nicht in Abhängigkeit hiervon. Sicherlich ist der Beratungskunde, der gutachtlich betreut wird, auch ein potentieller Versicherungskunde und umgekehrt. Beide Funktionen aber werden unabhängig voneinander ausgeübt und lassen dem Kunden die volle Freiheit, sich für das eine oder andere zu entscheiden. Nimmt er beides von Gerling, Beratung und Versicherung, dann erhält er zweimal GRIPS, womit er eine abgerundete Bedarfsdeckung erhält.

Die Kombination der Unternehmens-Risikoberatung mit der Gefahrendeckung aus einer Hand ist ein Novum für den Kunden und ein ergänzender Neubeginn für den Konzern, worin eine zukunftsweisende Entwicklungschance für das Gerling-Unternehmen liegt.

Die Unternehmensberatung wird noch erweitert durch Untersuchungen zur Lösung finanzieller Fragen, wie beispielsweise in der Ertragssicherung und dem Management von Versorgungseinrichtungen in der Lebensversicherung. Dabei spielen Finanzierungsplanungen und Vermögensanlagen eine wesentliche Rolle, womit wiederum die Erfahrungen des langfristigen Investments eines Versicherers eine besondere Bedeutung gewinnen.

Welches Gewicht und welchen Erfahrungswert die Vermögensanlagen im Rahmen des Konzerns darstellen, beweisen schon die folgenden Zahlen: Der Gerling-Konzern wird mit dem Jahresende 1987 Vermögensanlagen mit einem Gesamtvolumen von 16 Milliarden DM und 630 Mio DM verwalten und damit den Bestand des Vorjahres um fast 9% gesteigert haben. Das Jahr 1988 wird voraussichtlich eine weitere Steigerung auf rd. 17 Milliarden DM und 880 Mio DM, also um rund 7,5% vorweisen.

Geschäftspolitisch sind hierzu einige wesentliche grundsätzliche Aussagen zu machen: So sehr wie der Konzern als Industrie- und Firmen-Versicherer die Deckung von Risiken als den Mittelpunkt seines Aufgabenbereichs betrachtet, so sehr ist auf der Seite des Investments der Grundsatz der Sicherheit und der Liquidität der Anlagen maßgebend. Das Ziel der vollen dauernden Erfüllbarkeit der Versicherungsverträge muß stets gewährleistet bleiben, was einerseits eine spekulative Anlagepolitik ausschließt, andererseits aber auch das Investment in Unternehmensbeteiligungen mit ihrem unkalkulierbaren Risikopotential, mit ihrer Bewertungs- und Kursanfälligkeit und damit ihrer mangelnden Liquidität so gut wie ausschließt. Das Fundament, das im Investment des Konzerns liegt, darf nicht in seiner Festigkeit angreifbar sein, und zugleich muß es in seiner Ertragskraft die stürmischen Wellen brechen können, die aus dem Versicherungsgeschäft mit hohen Schadenquoten und gegebenenfalls auch mit Währungskursverlusten auf das Unternehmen zukommen können.

Im Hinblick auf die Erzielung und die Aufrechterhaltung einer beachtlichen Durchschnittsverzinsung, die sich für die gesamten Vermögensanlagen in diesem Geschäftsjahr immerhin noch auf 7,7% beläuft, trägt diese langfristig angelegte Anlagepolitik ihre Früchte. Dies gilt auch für die Verzinsung der Gerling Investment Fonds, die auf den 30. September 1987 berechnet eine Rendite von 7,9% aus einem Anlagevermögen von annähernd 1 Milliarde DM erbringen, wobei diese Rendite sich auf die Gewinnausschüttung dieses Jahres bezieht.

Die geschilderte Anlagepolitik sicherer Ertragskraft hat sich über Jahrzehnte bewährt und wird sich im Gerling-Konzern nicht ändern. Immerhin hat sie sich in der Börsenkrise der letzten Wochen des Oktobers wieder als richtig erwiesen und dem Konzern Abschreibungen auf den Wertpapierbestand erspart und wahrscheinlich sogar noch realisierte Kursgewinne als Positivum hinterlassen. Auch nach vorsichtigen Berechnungen bleiben zudem nach den eingetretenen Kursverlusten noch mindestens eine halbe Milliarde DM an Kursreserven dem Konzern erhalten.

Es läßt sich also mit gutem Gewissen sagen, daß Gerling mit GRIPS arbeitet und der Begriff »Gerling als Risiko Plus Sicherheit« in allen Geschäftsbereichen Gültigkeit besitzt und in Zukunft gemäß der Konzernplanung weiter vermehrt werden wird.

In der Gewinn- und Verlustrechnung des Unternehmens stehen den genannten Vermögenserträgen und Prämieneinnahmen die Aufwendungen für Schäden und Kosten der Erst- und Rückversicherer gegenüber, die kombiniert als Schaden-Kosten-Quote das Versicherungsergebnis entscheidend beeinflussen.

Im Hinblick auf die Kooperation dieser beiden Unternehmensbereiche bedarf die Personalentwicklung einer besonderen Beachtung. Die Tätigkeiten aller Arbeitskräfte im Dienstleistungsbereich sind zu vergleichen mit der Produktion, die mit industriellen Anlagen erzielt wird. Wie die Qualität dieser Produktion abhängig ist von der Qualität der eingesetzten Anlagen, so ist die Qualität der Versicherungsdienste und der Beratungsleistungen abhängig von dem Einsatz einer qualifizierten und motivierten Mitarbeiterschaft.

Personalpolitik ist daher hautpsächlich unter Produktivitäts- und Qualitätsaspekten und nicht nur unter Kostengesichtspunkten als die wichtigste Investition eines Dienstleistungsunternehmens zu behandeln. Dies gilt in erster Linie für die Führungskräfte und ihren Nachwuchs, aber auch für alle Mitglieder des betrieblichen Ablaufs. Die Personalentwicklung für Dienstleistungen jeder Art ergibt sich aus dieser Zielsetzung, so daß in der Bewertung des Kostensatzes im Personalsektor im Vergleich zu den Erträgen aus Versicherungs- und Beratungsdiensten die Leistungsqualität und die Produktivität der entscheidende Bemessungsfaktor bei der Investition im Bereich der Arbeitskräfte sein muß.

Was die Gesamtheit des Kostenbereichs im Konzern angeht, ist festzustellen, daß das ertragsorientierte Wachstum zu einem Gleichschritt in der Entwicklung der Ertragsseite und der Kostenseite geführt hat. Anders verhält es sich mit der Schadenentwicklung:

Der Schadenverlauf in der Sach- und Rückversicherungs-Gruppe des Konzerns hält sich insgesamt auf einem Niveau, das nur ein allmähliches Hineinwachsen in versicherungstechnische Gewinne zu ermöglichen scheint. In diesem Jahr bewegt sich die Brutto-Schadenquote der Gerling Allgemeine noch um rund 75%, in der Rechtsschutz-Branche um rund 60% und in der Kreditversicherung um rund 67%. Der Durchschnitt für alle Sparten ergibt eine Schadenquote von rund 70%, wobei auf rund 3,5 Milliarden DM Bruttoprämie rund 2,4 Milliarden DM Bruttoschäden entfallen. Die durchschnittliche Kostenquote dieser Gesellschaften, die rund 30% ausmacht, führt also im Jahr 1987 zu einer kombinierten Schaden-Kosten-Quote von rund 100%, was bedeutet, daß kaum ein marginaler Gewinn aus dem Versicherungsbereich – also ohne Hinzurechnung der Vermögenserträge – zu erwarten ist.

Durch die Geschäftsentwicklung bei der Globale Rückversicherung wird keine nennenswerte Veränderung dieses Ergebnisses, auf jeden Fall keine Verbesserung eintreten, so daß die Gesamtbetrachtung des versicherungstechnischen Verlaufs in allen genannten Sparten einen weiteren schwerwiegenden Grund darstellt, sich noch mehr als bisher mit der Risikoanalyse und dem Änderungsrisiko in der Industrie- sowie in der Firmenversicherung und im Privatbereich, einschließlich der Lebensversicherung, zu befassen.

Daß die Vermögenserträge sich zudem auf einem abfallenden Weg befinden, sowohl was die allmählich sinkende Durchschnittsverzinsung als auch die abnehmenden Kursreserven und Vermögensgewinne angeht, veranlaßt die Konzernleitung, sich weiterhin mit großem Nachdruck der Ertragsorientierung, des Wachstums, der Erweiterung des Kundenbestandes und der Mehrung des Vertrauenskapitals des Unternehmens zuzuwenden, um einem Abstieg der gesamtwirtschaftlichen Entwicklung in eine mögliche krisenhafte Phase rechtzeitig entgegenwirken zu können. In dieser Beziehung hat die Zukunft des Konjunkturverlaufs im kommenden Jahr 1988 im Hinblick auf die zu erwartende bleibende weltwirtschaftliche Verunsicherung mit der gegenwärtigen Börsenkrise bereits begonnen.

In diesem Zusammenhang gewinnt die Lebensversicherung mit ihrem berechenbaren Risiko, zugleich mit der Ansammlung großer Sparvermögen und ihren langfristigen Verträgen, an unternehmerischer Bedeutung als stabilisierender Faktor. Jedoch auch hier werden von finanzpolitischer Seite mit der Einführung der Quellensteuer und anderer belastender Maßnahmen hemmende Einflüsse spürbar, die zu einer Verunsicherung unseres Kundenkreises führen, mit psychologischen Folgen, die, in Kombination mit den bereits gegebenen Unsicherheiten in fast allen wirtschaftlichen Bereichen, übertriebene negative Auswirkungen haben können. Ein Gegenmittel hat die Gerling Lebensversicherung gerade mit der Einführung einer Existenzsicherungs-Police geschaffen, die, angefangen von der Berufsunfähigkeit infolge Invalidität bis zu einer Unfall- und Todesfall-Deckung, eine Absicherung mit Rente oder Kapital garantiert. Die Deckung der Risikofaktoren spielt in dieser Kombination die entscheidende Rolle, so daß der Faktor Kapitalverzinsung und Besteuerung für den Kunden nicht mehr erwähnenswert ins Gewicht fällt. Jetzt schon läßt sich erkennen, daß dieses neue Gerling-Produkt – das im übrigen bislang so gut wie konkurrenzlos ist – großen Anklang findet und wohl auch in Zukunft einen breiten Kundenkreis erschließen wird.

Zum Erfolg der Lebensversicherung des Konzerns sind noch einige aufschlußreiche Zahlen zu nennen: Es ist in diesem Jahr damit zu rechnen, daß Gerling-Leben ein Neugeschäft mit einer Summe von rund 3,7 Milliarden DM und mithin einen Zuwachs gegenüber dem Vorjahr von 6% erzielen wird. Es ergibt sich dann ein Lebensversicherungsbestand in der Erstversicherung zum 31.12.1987 von rund 33 Milliarden DM, der mit rund 5,7% über dem Vorjahresbestand liegt. Die Globale Rückversicherung wird zum gleichen Zeitpunkt einen Lebensbestand von rund 29 Milliarden DM nach einem Jahreszugang von 7,8% zu verzeichnen haben. Der Gesamtbestand des Konzerns in der Lebensversicherung wird demnach zum Jahresende rund 62 Milliarden DM Versicherungssumme erreichen.

Für die Erweiterung des Versicherungsbestandes in 1988 wird die betriebliche Altersversorgung angesichts der Unzulänglichkeiten der gesetzlichen Rentenversicherung eine zunehmende Rolle spielen, wobei der Einsatz des Gerling Institut Pro Betriebliche Altersversorgung und Vorsorge-Management hierfür als Beratungs- und Management-Unterstützung mit seiner gutachtlichen Tätigkeit ein förderndes Element sein wird. Das Lebens-Risiko, verbunden mit dem Finanzierungs-Risiko, das in der Altersvorsorge und bei unerwarteten Todesfällen einer sorgfältigen und weitschauenden Risikoanalyse bedarf, ist für das Firmenmanagement zu einem wichtigen Instrument der bilanziellen Kalkulation geworden.

Risk-Management überhaupt, ob in den Sparten der Sachversicherung, der Ertragssicherung oder der Vorsorgekalkulation, ist als Beratungsfaktor immer notwendiger geworden, dies auch gerade wegen der hohen Anforderungen, die aus dem Umweltschutz für die Industrie und jede Art wirtschaftlicher Produktion und sogar im Handel und mit dem Transport umweltgefährdender Erzeugnisse in haftungsrechtlicher Weise entstehen. Für diese Haltung bedarf es zumindest einer Straf-Rechtsschutz-Versicherung des Managements und seiner Entscheidungsträger, um ihre Risikobelastung in Grenzen zu halten.

Das kommende Jahr 1988 wird im Umweltschutz wohl zum Jahr der Entscheidung über den Umfang der Haftungen sowie der zu prüfenden und zu kontrollierenden Risiken werden. Hierbei die erforderlichen Risiko-Berater in Form der Gerling-Institute in Deutschland und ebenso weltweit zur Hand zu haben wird es der Wirtschaft und den Behörden leichter machen, die bisher noch im ungewissen liegenden Risikoprobleme zu erhellen, die erforderlichen Erkenntnisse zu vermitteln und das Risikobewußtsein zu stärken, das zur Eingrenzung und Absicherung von Umweltschäden unerläßlich ist.

Außer den Gerling-Instituten gibt es keine vergleichbaren Organisationen oder Einrichtungen, die sich in so konzentrierter und auf langjähriger Erfahrung beruhender Weise mit dem Problem der Risikobeherrschung befassen können. Die Parallelschaltung von Versicherung und Unternehmensberatung zur Risikoerfassung und zur Stärkung des Risikobewußtseins verschafft dem Gerling-Konzern einen Wettbewerbsvorsprung, der so schnell von Konkurrenten nicht einzuholen sein wird. Dieser Vorsprung soll im kommenden Jahr 1988 gezielt genutzt werden und dafür sorgen, daß Konjunkturschwächen im Wachstum und im Ertrag kompensiert werden.

Für die Konzernplanung der folgenden Jahre gibt es damit schon aus heutiger Sicht Wachstumsantriebe, die sich aus der risikobehafteten Wirtschaftsstruktur ergeben, wobei aus der stärkeren Risikobelastung ein positiver Faktor für den Verlauf des Versicherungsgeschäfts abgeleitet werden kann, wenn es gelingt, die richtige Gefährdungskalkulation in die entsprechende Prämienkalkulation umzusetzen. Diese erfordert Einsicht und Vernunft auf beiden Seiten: auf seiten der Gerling Versicherungsfachleute und auf seiten der Versicherungskunden aus der Wirtschaft.

Der Gerling-Konzern ist kein Massenversicherer. Daher kann jeder Kunde erwarten, individuell behandelt zu werden. Der Kunde darf davon ausgehen, daß der Versicherer Gerling dafür da ist, sein Risiko zu decken, und nicht, um dem Risiko auszuweichen. Gerling ist Risikoträger und nicht Verwalter von Versicherungsverträgen.

In diesem Sinne wurde auch die Herausforderung aufgegriffen, eine Umweltschutz-Police zu schaffen, und nicht – wie es von der Verbandsseite der Massenversicherer geäußert wurde – Versicherungsdeckung für Umweltrisiken überhaupt abzulehnen. Der Gerling-Konzern steht nach wie vor zu seinem Wort, eine solche Deckung in die Form einer kalkulierbaren Versicherungsdeckung zu bringen. Der Umfang des Risikos und die Haftungsverhältnisse hierfür liegen in der Hand der staatlichen Bürokratie. Ob diese aber Verhältnisse schafft, die ein Versicherungsvertrag ganz oder wenigstens teilweise erfassen kann, liegt im Rahmen der Gesetzgebung. Hierauf müssen wir nun warten und möglichst aktiv dabei mitwirken, daß der Gesetzgeber das Mögliche erkennt – und das Unmögliche in den Bereich der Utopie verweist. Die Gefahr ist groß, daß das Streben nach utopischen Zielen an der Wirklichkeit vorbeigeht und damit eine Blockierung marktwirtschaftlicher Unternehmen herbeiführt. Um so mehr bemühen wir uns als Versicherer, gangbare Wege in eine menschliche gestaltete Zukunft zu weisen. Die Devise hierfür könnte heißen: Durch Umweltschutz zum Selbstschutz.

Diese Forderung ist eine Herausforderung, die einerseits die Wirtschaftsstruktur und die Wirtschaftsentwicklung in das Spannungsfeld des Umweltschutzes rückt, andererseits den Menschen als ein schutzwürdiges Wesen zum Mittelpunkt des eingetretenen Struktur- und Wertewandels und der zukünftigen Zielsetzungen für den Verhaltenskodex im Zusammenleben und im Zusammenwirken jeglicher Art erklärt. Zusammen leben und zusammen wirken bedeutet – in einem umfassenden Begriff ausgedrückt – »Kooperation«. Der Selbstschutz ist nur in Kooperation der einzelnen gesellschaftlichen Gruppierungen und der volkswirtschaftlichen Produktions- und Sicherheitsträger zu erreichen. Im Rahmen der Versicherungstätigkeit ist mithin einerseits der Gefährdung des Menschen durch seine – von ihm selbst geschaffene – Umwelt zu begegnen, andererseits zu erkennen, daß die Menschen ebenfalls selbst in ihrem Versagen, in ihrem Fehlverhalten, mit ihren Irrtümern, Unterlassungen und Aggressionen die ursprüngliche Gefährdung herbeiführen, also selbst als Risikoverursacher anzusehen sind. Also: Der Mensch ist die Gefährdung der Menschlichkeit: Alle Umweltrisiken entstehen durch ihn.

Im Versicherungswesen ist dieser Tatbestand bisher sehr undeutlich umschrieben worden mit der Erklärung, daß ein »subjektives Risiko« in allen versicherbaren Bereichen besteht, nicht nur bei der Personenversicherung, sondern eher mehr noch in der Versicherung von Unternehmen der Industrie und aller Arten von Wirtschaftsbetrieben.

Mit der Gewährung von Versicherungsdeckung für den Umweltschutz ist das Risiko des menschlichen Versagens daher zum zentralen Beurteilungsfaktor für die Kalkulierbarkeit der Prämienentgelte geworden und damit für die Gestaltung der Schutzverträge, die dementsprechend von Fall zu Fall nur individuell sein können. Nur eine intensive Begutachtung der einzelnen Risiken kann also zu einer angemessenen Prämienbemessung führen.

Versicherung gestaltet sich so zu einer Kooperation mit dem Risiko und daher zu einer Kooperation mit dem Kunden, denn dieser ist das Risiko. Die Begutachtung der Gefährdung kann angesichts der recht komplexen Beurteilungsgrundlagen nur ein Institut mit Spezialkenntnissen durchführen. Das ist einer der Hauptgründe, aus denen Gerling als Risikoträger als gleichwertige Institutionen auch den Einsatz von Instituten als Risiko-Berater für unerläßlich hält und, wie vorhergehend erklärt wurde, die erforderlichen Gutachteraktivitäten in einer speziellen Beratungs-Gruppe organisiert hat.

Das Jahr 1988 stellt sich unter den dargestellten Gesichtspunkten als ein Jahr des Neubeginns dar, ein Neubeginn im Sinne der Erweiterung und Ergänzung der Fundamente, auf denen das Gerling-Unternehmen als Ganzes beruht. Es beginnt eine Periode der gesteigerten Risiken für die gesamte Wirtschaft, die jedoch vom Gerling-Konzern die Gewißheit erhält, daß er als Träger dieser Risiken ein sicherer Garant ist. Die letzte Konzern-Bilanz gibt dieser Garantie eine überzeugende Stütze: Sie erbrachte seit der erstmaligen Erstellung eines Konzern-Abschlusses vor 20 Jahren das weitaus beste Jahresergebnis.

Das kommende Jahr 1988 wird eine weitere Steigerung der Ergebnisse bei der Gesamtheit der Konzern-Gesellschaften bringen. Das Unternehmen wird im Sinne einer Funktionsoptimierung seine weitgehende Unabhängigkeit von konjunkturellen Tendenzen gerade in einem Jahr der wachsenden Risiken beweisen. Damit wird zugleich der weitreichenden Aufgabe entsprochen, die Marktwirtschaft in Anpassung an den weltweiten Struktur- und Wertewandel nach neuen Grundsätzen zu gestalten und zu fördern sowie in diesem Sinne auch bei der Erfüllung der entsprechenden langfristigen wirtschaftspolitischen Aufgaben mitzuwirken. In Kooperation mit den Führungskräften der Wirtschaft wird der Konzern auf diese Weise sein Wort »Gerling Contra Risiko« in ständiger Aktivität wahrmachen.

Gesamtsitzung des Gerling-Konzerns 1981 mit Friedrich A. Detjen, geschäftsführender Gesellschafter der Detjen Schiffahrt GmbH, Hamburg und Bremen (links im Bild), und Eberhard von Brauchitsch, ehemaliger geschäftsführender Gesellschafter der Friedrich Flick Industrieverwaltung KGaA, Düsseldorf

1989 mit Rudolf August Oetker, Inhaber der Firma Dr. August Oetker, Bielefeld

Gesamtsitzung des Gerling-Konzerns 1989 mit Gerhard Cromme, Vorsitzender des Vorstandes der Krupp GmbH, Essen, Günter Vogelsang, langjähriges Aufsichtsratsmitglied verschiedener Konzern-Gesellschaften ab 1975, und Rolf Rodenstock, Inhaber der Optischen Werke G. Rodenstock, München

1989 mit Rudolf Müller, Vorsitzender des Konzern-Betriebsrates auf dessen 25jährigem Dienstjubiläum

1985 Besichtigung des Feuer-Großschadens von über 150 Mio DM bei ROW (Rheinische Olefin-Werke GmbH), links im Bild: Helmut Pfannmüller, Technischer Geschäftsführer der ROW, Wesseling, rechts: Willi Kalenberg, Vorstandsmitglied der GKAllgemeine - Industrie-Feuer und Technische Versicherungen

100jähriges Jubiläum der Frankona 1986 in München mit Ehepaar Groß. Herr Groß war bis 1992 Vorstandsmitglied der Frankona Rückversicherungs-AG.

Die Entwicklung einer innovativen Unternehmens-Sicherung

Die Unternehmens-Sicherung steht im Mittelpunkt unternehmerischen Handelns. Die Entwicklung der Sicherheit eines Unternehmens ist die wesentliche Führungsaufgabe des Unternehmers, seines Führungsstabes und seines Managements. Unternehmens-Sicherung und sichere Unternehmens-Führung sind strukturbedingte Zwillinge im Hinblick auf die Zielerfüllung unternehmerischer Aufgaben.

Diese Aufgaben und ihre Erfüllung befinden sich gegenwärtig in einer Entwicklungsphase, die durch den Begriff der Innovation zu umfassen ist. Daraus ergibt sich die Notwendigkeit, die Sicherung eines Unternehmens mit innovativen Maßnahmen zu erreichen.

Innovation als Grundbedingung der Wirtschaftsentwicklung ist ein wesentlicher Faktor unternehmerischer Entscheidungsfindung. Innovation ist einerseits eine eingetretene Veränderung des wirtschaftlichen und gesellschaftlichen Umfeldes, andererseits eine Veränderung und Erneuerung der Organisation, der Produkte und ihrer Herstellungsweisen, wie auch der Verwaltung und des Vertriebs industrieller Erzeugnisse und gewerblicher Dienstleistungen. Innovativ als Unternehmer zu sein heißt also, das Wesen der vorhandenen innovativen Kräfte zu erkennen und hieraus zugleich die erforderlichen Schlußfolgerungen für die zeitgemäße und zukunftsorientierte Gestaltung des eigenen Unternehmens zu ziehen.

Die Innovationsphase, in der sich Wirtschaft und Gesellschaft gegenwärtig befinden, stellt einen Neubeginn im wahrsten Sinne des Wortes dar. Sie ist bedingt durch den Generationenwechsel, der mit der Ablösung der Vorkriegsjahrgänge durch die Nachkriegsgeneration in der Führungsebene sowohl wirtschaftlich wie auch politisch zu vollziehen ist.

Generationenwechsel ist kein wählbarer Vorgang, und es ist ein Irrtum zu glauben, er könne übergangen oder sogar rückgängig gemacht werden. Es handelt sich um einen Vorgang geschichtlicher Dimension,

Rede anläßlich des Unternehmer-Treffens in Wien am Mittwoch, dem 31. März 1989 der sämtliche Lebensbereiche betrifft und seit einigen Jahren mit aller Deutlichkeit in das Bewußtsein der Menschen und ihrer gesellschaftlichen Verhaltensweisen eingedrungen ist.

Bestimmte Ideen, Vorstellungen, Triebkräfte und Wertvorstellungen sind ausgelöst worden, die auch im unternehmerischen Bereich eine Innovation der Unternehmens-Sicherung erforderlich machen.

Hierbei ist die Forderung nach Umweltsicherung eines der wesentlichen Elemente, das einen neuen Faktor der Unternehmenspolitik darstellt und die Beachtung der Ökologie als Richtlinie des Handelns zum Schutz der menschlichen Existenz zum Mittelpunkt der Sicherung nicht nur der Umwelt macht, sondern in vielen Fällen zugleich zur Existenzfrage der Unternehmen.

»Entwicklung einer innovativen Unternehmens-Sicherung«, so lautet das übergeordnete Thema. Grund der Innovationserfordernis – so läßt sich feststellen – ist die »Umwertung aller Werte«, die mit dem Generationenwechsel unauflöslich verbunden ist, ob dies der vorangegangenen Generation gefällt oder nicht. Ein tiefer Bruch zwischen alt und neu, zwischen dem Heutigen und dem Gestrigen ist entstanden. New Age und Computer haben einen Siegeszug angetreten. Was sind die Folgen, und wie kann diese grundlegende Innovation bewältigt werden?

Eines ist hierbei vorwegzunehmen, um nicht den Eindruck entstehen zu lassen, das unvorhergesehene Auftreten der Innovation als Inhalt menschlicher Gestaltungsweisen müsse unbedingt zu revolutionären Ausbrüchen anstatt zu evolutionären Umgestaltungen führen. Der Weg, der begangen werden sollte, ist jedenfalls der Weg der Entwicklung und nicht der Weg der Zerstörung der vorhandenen Grundlagen oder etwa die Absage an die Fundamente der bisherigen Wachstumserfolge und des Wohlstandes, der unbestritten – und doch oft umstritten – auf einer freien und sozialen Marktwirtschaft beruht.

Das Abweichen von diesem Weg allerdings und das Beschreiten der vielen denkbaren Irrwege führt immer wieder zu Fehlentwicklungen, die auch politisch gefährliche und zerstörende Wirkungen für ganze Volkswirtschaften und Völker haben.

Es muß also klargestellt werden, welche Grundlagen und welche Inhalte die vorzunehmenden Innovationen haben müssen, um gegenwärtig den richtigen Weg in die Zukunft zu gehen, in dem Bewußtsein, daß schon die richtige Wahl des Weges das richtige Ziel geistig im voraus erschafft. Von rein ideellen und weltanschaulichen Zukunftsideen allerdings sollte man sich – seien sie noch so schön und verführerisch – nicht beeindrucken lassen, sondern beharren auf dem erkannten Weg, der das Ziel ist.

Für den einzelnen Unternehmer bedeutet das Beschreiten dieses Weges, daß er ihn schon bei Antritt der großen Reise in die Zukunft überschaut und diese ersten Schritte wie auch die folgenden in ihrer maßgeblichen Bedeutung erkennt und das Wesen des Unternehmerischen nicht aus den Augen verliert.

Es gibt nur wenige, aber um so wichtigere zukunftsweisende Schritte auf dem Wege der Entwicklung eines gesicherten Unternehmens zu tun.

Der erste Schritt gilt der Gründung und Begründung des Unternehmens: Die Entwicklung und Darstellung des Geistkapitals, das sowohl den Ursprung wie das Ziel bestimmt und damit den sinnvollen und sicheren wirtschaftlichen Bestand des Unternehmens gewährleistet.

Der zweite Schritt gilt der Bildung und der Heranziehung von Humankapital im Rahmen der Verwirklichung einer funktionsbezogenen überzeugenden Unternehmensidee:

Das Humankapital, das an der Spitze der Unternehmensführung von der Unternehmer-Persönlichkeit selbst dargestellt wird, bedarf zu seiner Wirksamkeit eines Stabes von Mitarbeitern und eines leitenden Top-Managements, das sich der Idee und dem Geistkapital des Unternehmers und des in Entwicklung und ständiger Innovation befindlichen Unternehmens in sinnvoller Weise verpflichtet fühlt und aus eigener Überzeugung an der Entwicklung teilnimmt und sie fördert.

Die Einbeziehung der Unternehmens-Kultur als ein Element des Humankapitals gewinnt in diesem Zusammenhang die Bedeutung eines Sicherungsfaktors für die Bestandsfestigkeit der Sozialstruktur eines Unternehmens. Auch dieser Faktor ist eine Innovation.

Der Einsatz des gesamten Humankapitals ist verbunden mit einer Sozialverpflichtung, die das ganze Team der Mitarbeiter umfaßt und als gesicherter Bestandteil der Unternehmensführung bei dem Aufbau und zur Bewahrung eines krisenfesten Mitarbeiterstabes Wesentliches beiträgt.

Der dritte Schritt besteht in der bewußten Darstellung des Geistkapitals und des Humankapitals als Grundlagen des Vertrauenskapitals, von dem das Unternehmen als anerkannter Wirtschaftsfaktor leben kann und sich weiterentwickeln läßt im Konsens mit volkswirtschaftlichen, gesellschaftlichen und verbraucherbedingten Erfordernissen. Im Rahmen der Unternehmens-Sicherung ist das Vertrauenskapital das wohl wichtigste Element einer dauerhaften Existenz und Weiter-Entwicklung.

Und nun der vierte Schritt: Die Bildung von Finanzkapital, sowohl als Folge wie auch als Bedingung einer bleibenden Unternehmens-Sicherung. In der klassischen Lehre der Wirtschaftswissenschaften und in der Vorstellung der Allgemeinheit wie auch der Finanz-Institute sollte wohl für den Aufbau eines Unternehmens zunächst einmal Finanzkapital beim Unternehmen vorhanden sein oder als gesicherter Kredit zur Verfügung stehen. Ob man diese Einstellung in allen Fällen für maßgeblich hält oder die von mir dargestellte Reihenfolge als unternehmerisch tragfähiger und fundierter ansieht, bleibe dahingestellt. In diesem Zusammenhang nur eine Frage: Woher soll Kredit kommen, wenn er nicht auf Vertrauen basiert!? – und eine Feststellung, die hier in einem Gerling-Unternehmer-Treffen sicherlich vorgetragen werden darf:

Die erste Gesellschaft des Gerling-Unternehmens wurde vom Konzerngründer Robert Gerling im Jahre 1904 mit einem – im übrigen geliehenen – Betrag von 25.000,-- Goldmark gegründet. Hierzu nur eine Zahl von heute: Die konsolidierte Bilanzsumme des Konzerns belief sich Ende 1988 auf 7,5 Milliarden DM. Der Gerling-Konzern ist dennoch – wie Sie wohl alle wissen – Familienbesitz zu nahezu 100% ohne nennenswertes Fremdkapital geblieben.

Wenn Geistkapital, Humankapital, Vertrauenskapital und Finanzkapital zusammengenommen als wesentliche Faktoren einer innovativen Unternehmens-Sicherung Geltung beanspruchen können, so sicherlich in diesem Fall. Sie, meine sehr verehrten Zuhörer, mögen also zugleich sicher sein, daß ich weiß, wovon ich rede.

Was aber hat diese Darstellung gesicherter Unternehmensentwicklung mit der gegenwärtigen Phase der Innovation des Wirtschaftslebens in Europa, ja in der ganzen Welt, zu tun?

Zunächst einmal: Innovation und Kontinuität sind zwei Seiten der gleichen Medaille. Keine Innovation darf auf die Grundlagen verzichten, die aus der kontinuierlichen Entwicklungsidee eines Unternehmens entstanden sind, ebensowenig wie eine Volkswirtschaft verzichten kann und darf auf die Grundlagen, auf denen sie erfolgreich aufgebaut wurde. Wie der Unternehmer – ob bewußt oder intuitiv – die Faktoren Geistkapital, Humankapital, Vertrauenskapital und Finanzkapital als Bausteine für seine sichere Unternehmens-Struktur eingesetzt hat, und wie die freie und soziale Marktwirtschaft die bekannten Wirtschaftswunder vollbracht hat, so bedeutet Kontinuität die Bewährung in der Anwendung richtiger und wichtiger wirtschaftlicher Grundsätze. Wie die Innovation der Lebens-Strukturen auf der Basis dieser kontinuierlichen Gegebenheiten sinnvoll aufgebaut werden kann, das ist nun das Problem unserer Zeit.

Hierzu läßt sich feststellen: Innovation besteht unternehmerisch in der Weiterentwicklung und Erneuerung aller Bereiche der gewerblichen und industriellen Wirtschaft, angefangen von den Herstellungsverfahren über das Produkt und den Kundenservice bis zur Umweltsicherung und die damit verbundenen rechtlichen Haftungsverhältnisse der Unternehmen.

Der Wertewandel, der auf diese Weise innovativ entstanden ist, verlangt konsensfähige und tragbare Lösungen. Eine der Grundbedingungen, die erfüllt werden müssen, um diese Konsensfähigkeit mit der neuen Generation herzustellen, liegt darin, daß der einzelne Mensch wieder als Mittelpunkt wirtschaftlicher Tätigkeiten anerkannt wird und daß ihm der Sinn seiner Tätigkeiten von der Unternehmensführung vermittelt wird. Der reine Kapitalismus des 19. Jahrhunderts hat dies nicht gekonnt, und die satte Zufriedenheit mit der anspruchsvollen Lebenshaltung des Wohlfahrtsstaates des 20. Jahrhunderts in der Folge von zwei Weltkriegen hat sogar das Gegenteil bewirkt: weitgehende Sinnentleerung wirtschaftlicher Tätigkeiten, die Entwertung kreativen Schaffens, die Oberflächlichkeit der Freizeit-Gesellschaft und die Spielerei mit Techniken, wie sie der Personal-Computer ermöglicht.

Die neue Generation will ihre Sinnhaftigkeit im kreativen Wirken und Mitwirken wahrnehmen können; wenn nicht, so will sie zumindest das Überkommene und Veraltete zerstören, in der fehlgeleiteten Annahme, sich so den Weg dafür freizumachen, sich selbst Unabhängigkeit, Bedeutung und Anerkennung zu verschaffen. Die abtretende Generation ist nicht in der Lage, solche Werte zu vermitteln, schon deswegen nicht, weil sie selbst solche Werte weder ausreichend erkannte noch entwickelte.

Eine innovative Unternehmens-Sicherung wird in erster Linie durch eine gegen äußere Eingriffe abgesicherte Unternehmensführung geschaffen. Dies bedeutet Unabhängigkeit der Unternehmensführung von Bürokratie und politischer Beeinflussung im Sinne einer freien und sozialen Marktwirtschaft, die eine unternehmerische Entwicklung in autonomer Verantwortlichkeit zuläßt.

Die Herstellung einer Autonomie unternehmerischer Entscheidungen ist wohl der wichtigste Faktor, der die Innovation einer Unternehmens-Sicherung in wirksamer Weise überhaupt erst ermöglicht. Die neue Generation der Führungskräfte ist weniger denn je bereit, ihre gerade erreichte Eigenständigkeit einer bürokratischen und obrigkeitsstaatlichen Bevormundung zu unterwerfen.

Mit diesen Feststellungen ist die endgültige Absage an den Kapitalismus des 19. Jahrhunderts ebenso wie an den Marxismus verbunden. Dies bedeutet zugleich die Abwendung von der Bürokratie als Instrument der Wirtschaftslenkung und andererseits die Hinwendung zu einer autonomen und liberalisierten Unternehmensführung. Es darf mithin keine Renaissance des Dirigismus in Europa geben, keine Harmonisierung unternehmerischer Entscheidungsspielräume und keinen Binnenmarkt als Festung Europa.

Hierzu eine Randbemerkung an diesem Ort für dieses Land, in dem wir uns befinden: Gerade die Stellung Österreichs in Europa sollte die eines Marktführers im Rahmen einer liberalisierten Wirtschaftsverfassung sein, die dem unabhängigen, sozialverpflichteten Unternehmer die Autonomie des Handelns im Wettbewerb beläßt und damit die Chance des Erfolges in einem weltweiten Wirkungsbereich.

Unternehmerische Autonomie ist Grundlage und Folge des Wertewandels: politisch, gesellschaftlich, wirtschaftlich, kulturell und persönlich. Unternehmer und Unternehmungen müssen im Vollzug der Innovation und des Wertewandels autonome Entscheidungsträger sein.

Andererseits sei nicht vergessen: Das Risiko der Autonomie, die Übernahme der Verantwortung und die volle eigene Haftung für die Folgen der unternehmerischen Entscheidungen gehört dazu. Übertragung, Abwälzung, Teilung sowie Verhütung und Minderung des unternehmerischen Risikos bedarf dann der Klärung durch den Einsatz von Risiko-Consulting, Sicherheits-Management, Sicherheits-Organisation und schließlich Versicherung. Hieraus ergibt sich die Aufgabenstellung für die Gerling Consulting-Gruppe als Berater und den Gerling-Konzern als Versicherer. Der Gerling-Konzern ist ein Unternehmen, das der Innovation zugewandt ist. Sicherung dessen, was Menschen geschaffen und erarbeitet haben und hierbei die Anwendung und der Einsatz von Produkten und Mitteln, um das Risiko zu überwinden, das der Mensch von seiner Natur aus und mit seiner Technik selbst darstellt, das ist das Ziel des Unternehmens. Das ist auch sein Beitrag zur Sicherung aller Unternehmen, die auf ihre Weise mit ihrer Kreativität in sichere Fahrwasser geleitet werden wollen und sollen. Die Innovation, die das Gerling-Unternehmen hierbei leistet, liegt vor allem in der richtigen Erkenntnis der Lebens- und Arbeitsrisiken, nicht zuletzt der technischen Risiken, die von der Consulting-Gruppe in professioneller Weise als Beratungsinstitute erfaßt werden und den Kunden des Unternehmens als Beratungsleistung zugänglich gemacht werden.

»Der Kunde und sein Risiko«, das ist das Problem, mit dessen Lösung sich der Industrieversicherer Gerling in wachsendem Maße befaßt. Wer Unternehmer ist, geht stets ein Risiko ein, ja, eine Fülle von Risiken, die jedoch nur teilweise versicherbar sind. Daher ist die Erkenntnis der Gesamtheit aller Risiken so wichtig, die nur durch professionelle Risikostudien und Analysen ermittelt werden kann. Gerling ist für beides da, für das Consulting und das Versichern. In beiden Fällen wird dem Kunden geholfen, die Summe aller Risiken tragbar und berechenbar zu machen, sowie schließlich das ganze Unternehmerrisiko zu erfassen und zu bewältigen.

Die innovative Unternehmensführung bedient sich systematisch dieser Möglichkeiten. Es geht hierbei letztlich um die Bewußtwerdung der Tatsache, daß der Mittelpunkt und der Verursacher aller Risiken der Mensch selbst ist: »Der Mensch, das subjektive Risiko«. Man kann soweit gehen, zu sagen, daß die Technik zwar sicher sein mag, aber die Menschen, die sie handhaben, nicht immer sichere Kandidaten sind.

Unternehmer sein heißt Verantwortung tragen und einzustehen für die Folgen der Risikobelastungen und die zuweilen überdimensionalen Schäden, welche die Finanzkraft auch größter Industrieunternehmen übersteigen.

In paradoxer Weise belegt der Gesetzgeber solche aus dem subjektiven Fehlverhalten entstehenden und nicht kalkulierbaren Risiken, die nur zu oft zu unkontrollierbaren Großschäden führen, mit dem beschönigenden Begriff »Restrisiko«. Dabei handelt es sich in Wirklichkeit um Katastrophenschäden, die vielfach menschheitsgefährdend sind. Nach dieser Version stellte beispielsweise Tschernobyl ein »Restrisiko« dar, ungeachtet der Tatsache, daß die Auswirkungen dieses Schadenfalles vielen Menschen und der Natur den »Rest« gegeben haben - von dem Vertrauensverlust in die angeblich sichere Technik ganz zu schweigen.

Risikoübernahme durch Versicherung ist daher einer Existenzsicherung des Kunden gleichzustellen. Auch Unternehmer haben berechtigte Existenz-Ängste, die mit dem Wachstum neuer Risiken und der Begrenzung des Unternehmenswachstums im harten Wettbewerb der Weltwirtschaft eng zusammenhängen. Die Überwindung dieser Ängste gibt allen Maßnahmen zur Unternehmens-Sicherung zusätzlich ihren besonderen Sinn und Inhalt. Ob eine Kompensation dieser Ängste durch das neuerdings häufiger diskutierte »qualitative Wachstum« gelingen kann, ist eine offene Frage.

Consulting und Versicherung vermögen den Wertewandel klar zu erfassen und zur aktiven Bewältigung der Risiken wesentliches beizutragen und hiermit der unternehmerischen Wirtschaft eine neue Sinngebung in kreativer Richtung zu verschaffen.

Ein Blick in die nahe Vergangenheit mag zum Thema Risikoerkenntnis und Sinneswandel bei der Unternehmens-Sicherung aufschlußreich sein: Bisher war es Tradition der konventionellen Versicherer, das Risiko als gegebenes Faktum hinzunehmen und nach Bedingungen und Prämien zu suchen, um die vorhandenen Risiken hieraus finanziell abzudecken. Die Versicherer spielten – und die meisten Versicherer spielen immer noch in dieser Weise – die Rolle von Feststellungsbeamten für Schäden, bei gleichzeitiger Prüfung der Angemessenheit von Prämien, Bedingungen und Rechtsgrundlagen. Der Gerling-Konzern hat sich mit dieser Rolle nie begnügt, sondern das Interesse des Kunden nach angemessener Absicherung gegen das Risiko in den Mittelpunkt der Versicherungs- und Consulting-Tätigkeit gestellt.

In dieser jetzigen Phase der Innovation steht daher das Risiko-Consulting im Vordergrund, das mit dem Gerling Welt Institut für Risiko-Consulting-Plus-Sicherheits-Management – kurz GRIPS genannt – die Kunden, vornehmlich also die Industrie, in die Lage versetzen soll, ihr Risiko in seiner Gesamtheit zu erkennen, zu erfassen und im Sicherheits-Management zu organisieren.

Das Fazit aus dem vorher Gesagten: Am Anfang und am Ende der Sicherung eines Unternehmens, das im Sinne der Innovation seine Entwicklung und seine Erneuerung betreibt, steht

– die Persönlichkeit des Unternehmers, der den richtigen Weg mit seinem Geist erfaßt und seinen Unternehmer-Geist als Geistkapital einsetzt,
– eine Persönlichkeit, die das Wesen humaner Führung versteht und im Rahmen des Unternehmens mit seinem Stab, seinen Managern und seinen Mitarbeitern in wirtschaftlich wirksames Humankapital verwandeln kann,
– zudem eine Persönlichkeit, die auf dieser Grundlage Vertrauenskapital bildet und dem Unternehmen damit den Kredit im weitesten Sinne verschafft, mit dem die Weiterentwicklung des Unternehmens gesichert ist
– und somit eine Persönlichkeit, die Finanzkapital als Mittel zum Zweck optimaler Funktionserfüllung des Unternehmens heranzieht und durch unternehmerische Leistungen in der Lage ist, angesichts aller vorhandenen unternehmerischen Risiken der Magnet zu sein für die finanzielle Ausweitung und die feste kapitalmäßige Fundierung des Unternehmens.

So dient der Unternehmer der Sicherheit des Eigentums, der Entwicklung der Wirtschaft, der Wohlfahrt der Gesellschaft und dem politischen Bestand seines Landes in der Gemeinschaft der Völker.

Dies wünsche ich Österreich.

Der Gerling-Konzern als innovativer Versicherer: Standortbestimmung und Zukunftsentwicklung

Unsere heutige Zusammenkunft, an der alle leitenden Führungskräfte der Gerling-Unternehmen im In- und Ausland teilnehmen, steht unter dem geschäftspolitischen Motto Innovation der Unternehmens-Entwicklung.

Nach dem grundlegenden Strukturwandel in der Politik und der Wirtschaft beginnt für den Konzern in diesem Jahr eine neue Entwicklungsphase. Welchen Inhalt sie haben soll, wird sich aus unserem heutigen Zusammentreffen ergeben. Ein neuer Anfang wird gesetzt. Die unternehmerische Grundlage hierfür ist vorhanden. Die Innovation beruht auf der Basis der Kontinuität der bisherigen Erfolge. Die Schwerpunkte der weiteren Erörterungen sind in den Themen der Tagesordnung enthalten. Sie werden im einzelnen erläutert und erörtert werden. Schon ein kurzer Blick auf die Tagesordnung zeigt, wie komplex die Führungsaufgabe des Unternehmens ist. Um so mehr ist es wichtig geworden, die Unternehmensführung solchen Führungskräften in die Hand zu geben, die sowohl in der Gesamtkonzeption wie auch in bestimmten Einzelbereichen unternehmerisch und als Experten tätig werden können, um den Ansprüchen der Unternehmensleitung gerecht zu werden.

Ein großes Unternehmen ist wie ein Magnet. Es hat eine Anziehungskraft, nicht künstlich, sondern fast »naturgegeben«. Diese Natur jedoch verlangt auch, daß in dem Magnet eine Persönlichkeit integriert ist, die den bleibenden Inhalt der Ausstrahlung ausmacht, die mit der Anziehung zugleich einen Komplex bildet mit einer tiefgehenden Verwurzelung im Unternehmen.

Die unternehmerische Persönlichkeit des Gründers Robert Gerling enthielt diese Faktoren, bewußt oder unbewußt. Der Drang, ein eigenes Unternehmen zu schaffen, war voll bewußt. Das war im Jahre 1904 nicht anders als 1944 bei Hans Gerling, der sicherlich von anderen Motivationen bewegt war, aber doch im Innersten überzeugt war, daß sein

Rede anläßlich der Geschäftsführungstagung am Donnerstag, dem 7. März 1991

Leben und sein Werk nur Wert erlangen konnte, wenn es geistige Qualitäten erhielt, die nicht in Worten steckenblieben.

Mit einer gewissen Mißachtung betrachtete er die Möglichkeit, sich nur der intellektuellen Formulierung von Gedanken und Gefühlen zu widmen. Er sah es als Notwendigkeit an, das Gewachsene seines Erbes durch produktive Tätigkeit weiterzuentwickeln.

Diese Motivation hat ihn sein Leben lang begleitet. Er hatte zunächst keine Gesprächspartner, die hierzu Stellung beziehen konnten oder wollten – er stand allein.

Aber schon die ersten Wege und Schritte in das Innere des Unternehmens und die Kontakte mit den Menschen, die ihrer Aufgabe wegen oder in rechtlicher Weise dem Unternehmen verbunden waren, machten ihm klar, daß es keinen Weg gab, das Ererbte nur aus eigener Kraft zu seinem geistigen Besitz zu machen und zum wirtschaftlichen Erfolg zu führen.

Persönlichkeiten aus dem Umkreis des Konzerns kamen auf ihn zu, um ihn in seiner Aufgabe zu bestärken. Zu seiner Verwunderung wurde er allerseits mit offenen Armen empfangen. Er schilderte seine Lage und die des Unternehmens. Er fand Verständnis und Hilfe. Der verlorene Krieg 1945 war für viele – und gerade auch für führende Persönlichkeiten – der Anlaß, die verlorene Menschlichkeit und Aktivität wieder zu gewinnen. Man kam sich näher, als man früher je gewesen war, und Hans Gerling konnte auf einer bleibenden Vertrauensbasis aufbauen, die ihm die Sicherheit verlieh, auf dem richtigen Wege zu sein und der Bestimmung folgen zu müssen, den Aufbau des Unternehmens in Produktivität und Menschlichkeit zu vollziehen.

Die erste Begegnung, an die er sich erinnert, war die mit Konsul Harney, der in führender Stellung der Commerzbank den Gründer des Konzerns schon gut gekannt hatte und ihm bei dem Aufbau seiner Gruppe Unterstützung gewährt hatte.

Hans Gerling besuchte ihn alsbald in seinem Haus in Meerbusch bei Düsseldorf, um gemeinsame Ideen für den Wiederaufbau des Gerling-Unternehmens zu erörtern. Der Aufsichtsrat mußte neu besetzt werden, und die Wahl eines Vorstandes war unerläßlich. Damit wurde die Grundlage für die Wiederaufnahme der Versicherungstätigkeit gelegt, die von den Besatzungsmächten ohne Widerstände genehmigt wurde. Diese sahen, daß hier ein junger Unternehmer im Sinne einer freien Wirtschaft tätig werden wollte, und begrüßten alle Maßnahmen, die dieser in freier Entscheidung ohne staatliche Bevormundung traf. Ihre Kontrolle beschränkte sich auf die Einhaltung der Militärgesetze. Praktisch konnte der 6. Juni 1945, der 30. Geburtstag von Hans Gerling, auf diese Weise zum zweiten Gründungstag des Gerling-Konzern werden. Der Unternehmer begann zu handeln. Um es gleich zu sagen: Seitdem hörte Hans Gerling nicht wieder auf. Er blieb dem Gerling-Konzern und seiner eigenen freien Meinung als unabhängige Persönlichkeit verpflichtet. Der Mensch durchdrang die Organisation. Die Organisation bewegte das Kraftfeld des Unternehmens. Das Unternehmen entfaltete sich als maßgeblicher Faktor der Wirtschaft und insbesondere des Versicherungsmarkts. Auch diese Faktoren blieben als Grundlagen der inzwischen eingeführten freien und sozialen Marktwirtschaft erhalten.

Es entwickelte sich eine unternehmerische Kraft, die nicht mehr aufzuhalten war. Alle Bemühungen der großen Konkurrenz, den Gerling-Konzern klein zu halten, enthüllten sich als kontraproduktiv. Die deutsche Industrie hielt dem Unternehmen aus eigener Überzeugung die Treue und dies auch, als für Hans Gerling und den Gerling-Konzern eine höchst gefährliche Krise durch den Zusammenbruch des Bankhauses Herstatt entstand. Daß diese bedrohliche Phase dennoch durchstanden werden konnte, verdankte Gerling der Industrie und der eigenen persönlichen Kraft. Beide Energien zusammengenommen erwiesen sich als unüberwindbar für die Großangriffe der Bankenwelt und der Versicherungskonkurrenten.

Gerling blieb und wurde mehr. Hans Gerling überwand alle Hindernisse und bewies seine Unternehmerpersönlichkeit und seine Durchhaltekraft. Die Kraft seiner Überzeugung, daß die Richtigkeit seiner Geschäftspolitik und die Unnachgiebigkeit seiner geistigen Haltung sich durchsetzen mußten, führten zum schließlichen Erfolg. Gerling und sein Konzern überlebten. Selbstachtung, kreatives Denken und produktives Handeln erhielten ein intaktes Unternehmen aufrecht, das im Unternehmertum eine beispielgebende Rolle übernehmen konnte. Nach dem Fall kam der Aufstieg. Er hat nicht nur wirtschaftliche Erfolge erbracht, sondern einen geistigen Rückhalt für das Unternehmertum, das selten – oder nie zuvor – solche moralische Stärke vorweisen konnte.

In einer Welt, die einem bisher noch nicht dagewesenen politischen und wirtschaftlichen Strukturwandel unterworfen ist, hat der Unternehmer Hans Gerling die Bedeutung gewonnen, einen Markstein geschaffen zu haben, der den Wendepunkt zu einer humanen Wirtschaftsordnung einleitet.

Andere Unternehmer erkannten dies. Sie unterstützten Hans Gerling in der industriellen Welt und in seinem persönlichen Aufstieg. In vielen

Gesprächen brachten sie zum Ausdruck, daß das Unternehmertum durch Hans Gerling in dieser Weise beispielgebend verkörpert wurde.

Nur scheinbar ist unsere Tagesordnung in ihren Einzelteilen ein Produkt eines analytischen intellektuellen Geistes. In Wirklichkeit kreist alles um die dienende Funktion des Gesamtunternehmens.

Daß Spezialisten und Experten unter zielbewußter und kenntnisreicher Führung die Gemeinsamkeit der Zielsetzung verfolgen müssen, ist mit der Struktur jeder großen Organisation verbunden. Jeder von uns muß der Versuchung widerstehen, in seinem Bereich alles selbst zu machen und kontrollieren zu wollen:

Aus der Sicht der Konzernleitung sind daher Dezentralisation und Delegation unabdingbare Voraussetzung für eine wirkungsvolle Führung. Es fällt der menschlichen Natur oft schwer, die notwendigen Schlußfolgerungen aus dieser Erkentnnis zu ziehen. Dennoch kann auf die unbedingte Einhaltung dieser Grundsätze nicht verzichtet werden. Sicherlich fehlen oft die Mitarbeiter, die zur Übernahme einer delegierten Aufgabe fähig sind. Dann allerdings gehört es zu den Pflichten der Führung, unmittelbar Abhilfe zu schaffen, bevor es zu spät ist. Zuviel persönliche und menschliche Rücksichtnahme spielen dann eine Rolle. Ein Abnehmen der Wachstumsquote und der Erträge sind die Folge. Seit einigen Jahren hat der Konzern sich hiermit auseinanderzusetzen und hat einen Rückgang seines Marktanteils in Kauf nehmen müssen. Diese Periode ist beendet und wird von der personellen Seite der Konzernführung nicht mehr geduldet. Dies sind nicht nur Worte, sondern es werden Lösungen personeller Art – auch im Zusammenhang mit dem Einsatz von Experten – unter dem Zwang der Notwendigkeiten rechtzeitig durchgesetzt. Die Zeiten wohlwollender Rücksichtnahme sind vorüber. Die Leistungen entscheiden und nicht die sentimentale Beurteilung einer unzulänglichen Tätigkeit. Wir sind auf dem Wege, den bleibenden und wachsenden Erfolg abzusichern und mit Initiative voranzutreiben. Ich bin guten Mutes, und Sie alle bieten die Gewähr dafür, daß der Konzern eine zunehmende globale Bedeutung gewinnt. Für Ihre Hilfe danke ich Ihnen.

Ich werde Ihnen die Zahlen und Fakten, die diese Äußerungen belegen, nicht im einzelnen darlegen. Jedenfalls kann ich nicht den Standpunkt vertreten, daß es sozial ist, die Könner für die Nieten mitarbeiten zu lassen. Der Vorstand des Konzerns – und seine Geschäftsführer sowie ich selbst – muß sich diesen Richtlinien fügen, will er nicht jetzt, im Zeitpunkt schwieriger Entscheidungen und großer Möglichkeiten, versagen.

Beruhigend ist trotz allem die Weltbilanz des Unternehmens, durch die auch eine kritische Betrachtung weitgehend kompensiert wird. Sie weist aus, daß die Basis stimmt und der zukünftige Erfolg greifbar ist. Für eine Entmutigung ist kein Raum; für neue Wege und Erfolge sind die Tore der Wirtschaft geöffnet: Schreiten Sie hindurch aus einer verwirrenden Vergangenheit in eine heilsame Zukunft.

Eins haben wir hierbei sicherlich gemeinsam:

Den Mut hierzu!

Lebensdaten

Juni 1915	Am 6. Juni wird Hans Gerling als zweiter Sohn von Robert Gerling (1878–1935) und Frau Auguste Gerling, geb. Hoffmeister (1879–1964), geboren
März 1933	Abitur am Realgymnasium »An der Kreuzgasse« in Köln
August 1933	Volljährigkeitserklärung durch das Amtsgericht Köln auf Antrag des Vaters Bestellung zum Vorstandsmitglied der Gerling-Konzern Rheinische Versicherungs-Gruppe-AG (der Holdinggesellschaft des Gerling-Konzerns) zusammen mit seinem älteren Bruder Robert
Sommer 1933	Beginn des Studiums der Betriebs- und Volkswirtschaftslehre an der Universität zu Köln. Weiterführende Studien: Winter 1933 – London School of Economics Sommer 1934 – Technische Hochschule München Winter 1934 – Ecole des Hautes Etudes Commerciales in Paris Sommer 1936 – Abschluß des Studiums als Diplom-Kaufmann an der Universität zu Köln
Sommer 1935	Robert Gerling stirbt im Alter von 56 Jahren. Robert Gerling jun. wird Vorstandsmitglied aller Konzerngesellschaften. Walter Forstreuter, bereits zu Lebzeiten von Robert Gerling sen. zum Vorstandsmitglied bestellt, übernimmt als Vorstandsvorsitzender und Generaldirektor aller Konzerngesellschaften die Konzernleitung
Sommer 1937	Promotion zum Dr. rer. pol. an der Universität zu Köln Thema der Dissertation: »Geldwert und Arbeitslosigkeit«
1937–1939	Einarbeitung in sämtliche Versicherungszweige bei der Robert Gerling & Co. GmbH in Düsseldorf. Beförderung zum Bevollmächtigten und zum Prokuristen
Juni 1938	Robert Gerling jun. wandert in die USA aus und legt am 10. Dezember 1940 seine Vorstandsmandate nieder

Januar 1940 – Februar 1945	Wehrmacht: Soldat bei der Baukompanie in Westerland auf Sylt Ende 1940 Gefreiter der Flakbatterie in Kopenhagen und Hamburg Sommer 1941 Marinelazarett Ende 1941 bis Herbst 1943 Flakbatterie in Stettin; Beförderung zum Obergefreiten und später zum Unteroffizier ab Herbst 1943 Fähnrich der Flakbatterien in der Nähe von Köln Ende Februar 1945 Militärdienst wegen Krankheit beendet
September 1942	Heirat mit Irene Gerling, geb. Uhrmacher
Juli 1944	Geburt der Tochter Helen
September 1944	Hans Gerling wird Vorstandsmitglied aller Konzerngesellschaften
Juni 1945	Am 2. Juni Genehmigung der Militärregierung von Köln zur Wiederaufnahme des Geschäftsbetriebs der Gesellschaften des Gerling-Konzerns. Der Gerling-Konzern ist das erste Versicherungsunternehmen, dem nach dem Kriege die Wiederaufnahme der Geschäftstätigkeit gestattet wird. Hans Gerling beginnt mit einem kleinen Team von zunächst 10 Mitarbeitern und einer Kundenkartei den Wiederaufbau des Konzerns
Oktober 1945	Erste Geschäftsführungstagung in Köln nach dem Krieg
Mai 1947	Geburt der Tochter Brita
Januar 1949	Geburt der Tochter Dany
Februar 1949	Hans Gerling übernimmt die Konzernleitung und wird zum Vorstandsvorsitzenden aller Konzerngesellschaften bestellt. Walter Forstreuter wird als Generaldirektor abberufen
November 1949	Erste Gesamtsitzung aller Aufsichtsräte und Beiräte sowie aller Vorstände und Geschäftsführer des Gerling-Konzerns seit 1937
November 1951	Richtfest für das Gerling-Hochhaus am Gereonshof in Köln
Juli 1953	Gründung der Gerling-Konzern Versicherungs-Zentrale AG als neue Holding des Konzerns
April 1954	Gründung der Gerling-Konzern Speziale Kreditversicherungs-AG Gründung der Gerling-Konzern Globale Rückversicherungs-AG
Dezember 1954	Geburt des Sohnes Rolf
März 1956	Mit der Gründung der Gerling Global Investment Corp. in Toronto beginnt der eigenständige Aufbau des Auslandsge-

schäfts. Ihr folgen in Toronto die Gerling Global Life (September 1956), die Gerling Global Re (Januar 1957) und die Gerling Global General (Oktober 1957). Über die nächsten 10 Jahre wird der Ausbau des internationalen Rückversicherungsgeschäftes forciert: Stockholm (1959), Paris (1960), London (1961), New York (1961), Johannesburg (1962), Zug (1963), Mailand (1963), Madrid (1969), Mexiko-City (1971), Luxemburg (1973). Weitere Gründungen folgen in den nächsten Jahren

März 1956	Grundsteinlegung für den Neubau des »Friedrich-Wilhelm«- und des »Globale«-Gebäudes am Gereonshof und Beginn der Bauarbeiten für das Verwaltungsgebäude der Friedrich-Wilhelm und Magdeburger Versicherungsgesellschaften
Juni 1956	Ernennung zum Königlich-schwedischen Konsul (Mai 1959 zum Generalkonsul)
September 1958	Einweihung des Verwaltungsgebäudes der Gerling-Konzern Globale Rückversicherungs-AG sowie des Brunnenplatzes
Januar 1963	Erwerb der Kapitalmehrheit an der im Jahre 1886 gegründeten Frankona Rückversicherungs-Aktien-Gesellschaft in München. Zusammen mit der Gerling-Konzern Globale Rückversicherungs-AG wird der Gerling-Konzern zu einem der größten Rückversicherer der Welt
Oktober 1964	Eröffnung der Baukunst-Galerie am Theodor-Heuss-Ring in Köln. Die Baukunst hat mit ihren beiden Abteilungen – Architekturbüro und Kunstgalerie – unter Geschäftsführung von Irene Gerling die innere und äußere Gestaltung sämtlicher Konzerngebäude maßgeblich bestimmt. Darüber hinaus hat sie für internationale Auftraggeber Bauvorhaben in ganz Europa verwirklicht.
Juni 1967	Erwerb der Global Bank AG. Sie wird im Juli 1976 im Zusammenhang mit der Herstatt-Krise mehrheitlich an die National Westminster Bank in London veräußert
November 1967	Gründung der Gerling Investment Kapitalanlage GmbH mit den Publikumsfonds Gerling Rendite Fonds Gerling Dynamik Fonds Gerling Global Rentenfonds Gerling Deutschland Fonds Ivera Fonds
September 1968	Gründung der Gerling-Konzern Rechtsschutzversicherungs-AG
März 1969	Gründung des Gerling Institut Schadenforschung, Schadenver-

	hütung und Sicherheitstechnik GmbH (GIS). Zweck der Gesellschaft ist das steigende Schadenpotential der Industrie durch Maßnahmen der Schadenbegrenzung und -verhütung zu entschärfen
Juli 1969	Ausweitung des Erstversicherungsgeschäft im Ausland Wie Ende der 50er Jahre ein forcierter Ausbau der Rückversicherungsaktivitäten stattfindet, beginnt im Jahre 1969 der Ausbau des Erstversicherungsgeschäfts im Ausland. Den bereits bestehenden Vertretungen Wien (1958) und Zürich (1961/nur Kreditversicherung) werden hinzugefügt: Madrid (1969), Brüssel (1969), Zürich (1969), London (1969), Paris (1970), Mailand (1971), Amsterdam (1972), Rio de Janeiro (1977), New York (1979). Weitere Gründungen folgen in den nächsten Jahren
Juni 1974	Zusammenbruch des Kölner Bankhauses I. D. Herstatt, an dem Hans Gerling im Jahre 1956 die Aktienmehrheit erworben hatte. Das Bankhaus ist durch Fehlspekulation bei Devisentermingeschäften durch einen unredlichen Mitarbeiter in eine schwere Krise geraten. Zur Ermöglichung eines Vergleiches trennt sich Hans Gerling von 51% seines Konzerns und stellt freiwillig einen Betrag von 210 Mio DM den Herstatt-Gläubigern zur Verfügung. Die Zürich Versicherungsgesellschaft übernimmt 25,1% am Konzern, ein deutsches Industriekonsortium (VHDI) 25,9%. Hans Gerling wechselt aus dem Vorstand aller Konzerngesellschaften als einfaches Mitglied in den Aufsichtsrat der Holdinggesellschaft Die Beteiligung Dritter am Gerling-Konzern führt zu einer völligen Neustrukturierung der Gruppe, an deren Spitze seit Mitte 1976 die Gerling-Konzern Versicherungs-Beteiligungs-AG als Holdinggesellschaft steht Im Februar 1978 veräußert die Zürich Versicherungsgesellschaft ihr direktes Engagement bei Gerling an die Versicherungsholding der Deutschen Industrie. Im April 1978 erwirbt die Flick-Gruppe die Mehrheit an der VHDI und erlangt somit bestimmenden Einfluß im Gerling-Konzern Anfang November 1978 einigt sich Hans Gerling mit Friedrich-Karl Flick. Hans Gerling wird Vorstandsvorsitzender der Konzern-Holding und kehrt damit wieder in die Schaltzentrale des Konzerns zurück. Zum 1. Januar 1986 wird Hans Gerling wieder 100%iger Eigentümer des Gerling-Konzerns, nachdem er von Friedrich-Karl Flick 88,83% der Anteile an der VHDI zurückerwerben konnte
Oktober 1979	Gründung der Gerling Institut für Risk-Management und Risk-Consulting GmbH (GIRM)
März 1984	Gründung des Gerling Institut Pro Betriebliche Altersversorgung und Vorsorge-Management GmbH (GIBA)

Februar 1987	Gründung der Gerling Consulting Gruppe GmbH Die zwei Beratungsinstitute GIS und GIRM werden im Juli 1991 mit der Consulting Gruppe verschmolzen. Der Gerling-Konzern bietet als erstes Versicherungsunternehmen eine umfassende Beratungsleistung im Bereich Schaden / Vorsorge / Risiko / Sicherheit gegen Honorar an Dritte
Juni 1990	Tod von Irene Gerling
August 1991	Am 14. August stirbt Hans Gerling im Alter von 76 Jahren in seinem Kölner Haus, der Marienburg
September 1991	Adolf Kracht übernimmt als Vorstandsvorsitzender der Konzern-Holding die Führung des Gerling-Konzerns
Juli 1992	Rolf Gerling verkauft 30% des Aktienkapitals der Konzernholding an die Deutsche Bank AG
Dezember 1992	Rolf Gerling übernimmt den Vorsitz des Aufsichtsrates der Konzern-Holding
Mai 1999	Hans Gerling wird als außergewöhnliche Unternehmerpersönlichkeit in die Hall of Fame im Haus der Geschichte der Bundesrepublik Deutschland in Bonn aufgenommen

Sachregister